나도 **카레이싱**을 할 수 있다
개정판
서킷 공략법

THE CIRCUIT

サーキット走行入門

The Original British Edition Copyright ⓒ 2005
by the Grand Prix

Korea translation right arranged with Grand Prix

Korean translation copyright ⓒ 2008 by Golden-bell Publishing Co.

※ 이 책의 한국어판 저작권은
일본의 『Grand Prix』와의 독점 계약으로
한국어 판권을 도서출판 『골든벨』이 소유합니다.

저작권법에 의하여 한국 내에서 보호를 받는 저작물이므로
무단전재와 무단복제를 금합니다.

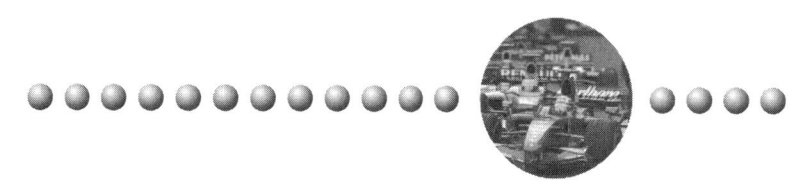

머리말

　자동차 운전은 인간에게 있어서 상당히 고도의 조작이라고 할 수 있다. 그렇기 때문에 도로를 달리기 위해서는 연습을 하고 면허를 따야 하는 것이다. 하지만 서킷 드라이빙은 더욱 높은 수준의 조작 능력이 필요하다. 그것은 자동차라는 기계가 갖는 능력을 100% 발휘시키는 극한의 조작이고, 자신의 신체기능도 최대한 이용해야 하는 고도의 조작이기 때문이다. 그런 만큼 잘 조작할 수 있다면 기쁨도 즐거움도 배가 될 수 있는 것이다.

　그러나 빨리 달린다는 것, 잘 달린다는 것은 어렵다. 달리면 달릴수록 그 어려움을 알 수 있다. 그것을 극복하고 자신의 테크닉을 높이는데서 오는 충실감은 다른 것에 견줄 바가 아니다. 게임처럼 실패했다고 해서 간단하게 리셋을 할 수 있는 것이 아니다. 리스크를 동반하면서 그런 가운데 자신의 테크닉을 높여 가는 충실감은 게임에서는 맛볼 수 없는 기쁨과 상쾌감이 있다. 단순한 스피드에 대한 동경이 아니다. 테크닉을 몸에 익히고 예전의 자신보다 혹은 타인보다 빨리 달리는 건 자동차라는 복잡한 기계를 자유자재로 컨트롤해서 얻은 결과이다. 이것이야말로 서킷을 주행하는 즐거움이고 묘미이다.

　최근에는 서킷 주행이 일반인에게도 쉽게 다가와 있다. 미니 서킷으로 불리는 소규모 서킷이 늘었고, 소위 말하는 주행회가 빈번히 개최되고 있다. 또한 규모가 큰 공인 서킷에서도 주행회를 위해 시간단위로 임대를 해주고 있어서 언제라도 주행회를 개최할 수 있도록 되어 있다. 주행회는 주최자가 서킷을 시간단위로 임대해 주행희망자를 달리게 하는 것이다. 특히 서킷의 스포츠 주행 라이선스가 없어도 주행회에서는 서킷을 달릴 수 있다.

　자동차는 번호판이 있는 보통 자동차라면 된다. 최근 자동차는 하체도 좋아졌고, 노멀 상태로 서킷 주행을 견뎌낼 수 있다. 특히 스포티한 사양의 차량이라면 더 말할 필요도 없이 서킷 주행을 충분히 즐길 수 있다.

연석에 걸리는 등의 일만 없으면 코스상에서 전복되는 일은 전혀 일어나지 않는다.

튜닝 파츠, 스포츠 파츠도 시중에 많이 나와 있기 때문에 예산에 맞춰 손쉽게 차량을 튜닝할 수도 있다. 서킷 주행은 이들 파츠의 효과를 실험하는 장으로도 효율적이다.

서킷 주행의 효용은 그것만이 아니다. 일반도로에서는 다른 요인으로 인해 치명적인 사고를 당할 수가 있지만, 자동차의 극한상태에서의 컨트롤에 익숙해져 있으면 이런 치명적인 순간을 맞아서도 최악의 상태에 빠지지 않고 피할 수 있는 가능성이 높다. 그런 의미로 단순히 즐거움뿐만 아니라 서킷 주행은 안전에도 이어지는 것이라고 할 수 있다.

이 책은 어디까지 서킷 주행을 경험해 보고 싶은 분들부터, 본격적인 레이싱 드라이버를 지향하는 분들, 혹은 이미 레이스에 참가하고 있는 분들까지 더 능숙하게, 더 빨라지고 싶어하는 드라이버를 대상으로 서킷 주행 매너나 습관에서 드라이빙 테크닉의 기본, 응용까지 주행이론을 섞어 해설해 봤다. 서킷 주행이라는 멋진 스포츠를 많은 분들이 즐기고, 배우는데 도움이 되었으면 다행이겠다.

飯塚昭三

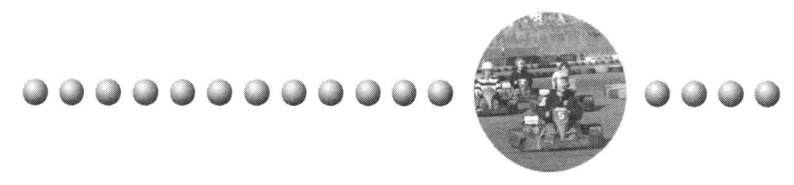

우리말로 옮기면서

국내에 모터스포츠가 상륙한지 20년이 지났고 그 저변 인구도 많아졌지만 아직 그 발전은 더디기만 하다. 특히 자동차에 관련된 동호회 인구가 폭발적으로 증가했을 뿐만 아니라 대학에서도 많은 자동차과가 있지만 아직 관련 서적이 턱없이 부족하며 그 수준 또한 낮은 편에 속한다.

현장에서 뛰면서 교육을 하고 있는 필자의 입장에서도 부족한 것을 느낄 때가 많았고 또 알고자 하는 많은 사람들에게 효율적인 전달 방법을 찾지 못해 고민하던 중 일본에서 나온 '서킷 주행입문'이란 책을 만나게 되었다. 너무나 반가운 마음에 이 책을 번역하기에 이르렀고 거기에 우리 실정에 맞도록 몇 가지 내용을 추가하였다.

이 책은 단순히 서킷 주행법에 머물러 있지 않고 다양한 내용을 담고 있다는 것이 장점이다. 단순한 서킷 공략법을 떠나 안전운전에 대한 기본 지식을 포함하고 있다. 자신의 안전이 보장되지 않고는 어느 누구도 자동차를 타고 달릴 수 없을 것이다. 그러므로 안전이 기본이 될 수밖에 없다. 거기에 주행을 위해 필요한 섀시 튜닝의 기초와 국내 서킷 주행법, 라이선스 취득법 및 레이서에 관심 있는 분에 대한 안내까지 폭넓은 내용이 포함되어 있다. 특히 부록으로 서킷 건설시 필요한 내용을 국내 최초로 담은 것도 뜻 깊다.

이 책이 자동차에 관심 있는 모든 사람들에게 도움이 되길 바라며 척박한 현실에도 불구하고 이러한 책을 내도록 선뜻 허락해주신 출판사 사장님 및 직원들에게 감사를 드리고 싶다.

2007년 10월 초
저자 일동

이 책의 차례

■ 나도 한번 서킷을 달려보자 / 13

1. 서킷주행의 준비와 룰

주행회와 스포츠 주행 —— 19
- 주행회라는 것은 / • 스포츠 주행이라는 것은 …………… 19~21

주행회 참가 방법과 순서 —— 22
- 주행회의 종류 / • 차량의 사전 점검정비 / • 당일 순서 …… 22~28
- 서킷에서 옷을 갈아입는 경우 …………………………… 29
- 실제 주행 / • 스페셜 메뉴 ……………………………… 32~34

준비해야 할 장비들 —— 35
- 필수품 / • 추천하는 휴대용품 ………………………… 35~37

신호기 —— 39
- 신호기의 의미 …………………………………………… 40

드라이버의 장비 —— 42
- 헬멧 / • 글러브 / • 슈즈 / • 레이싱슈트 및 복장 ……… 42~44

자동차 장비 —— 45
- 시트 벨트 / • 롤바(롤 케이지) ………………………… 45~46

2. 주행을 위한 기초지식

처음 주행 —— 49
- 피트인 / • 처음으로 서킷을 주행할 경우 ……………… 51~52

효과적인 연습주행 —— 53
- 달리지 않고 드라이빙 테크닉을 익히는 법 …………… 54

스핀과 트러블 대처법 —— 55
- 스핀했을 경우 / • 머신으로부터 탈출 ………………… 55~57
- 머신 트러블이 일어날 경우 / • 충돌 혹은 전복될 경우 … 58~59
- 다른 차의 접촉사고와 사후처리 / • 서킷 사고의 법칙 …… 60

3. 주행에 대한 기초지식

타이어의 그립(grip) — 63
- 타이어는 마찰의 법칙을 따르지 않는다! / • 그립의 정체 …… 63~67

타이어의 중요성과 마찰원 — 68

타이어의 성능 — 71
- 슬립 앵글(Slip angle) / • 슬립(Slip)률 …… 71~73

코너링의 역학적 의미 — 74
- 선회는 '공전+자전'의 운동 / • 스티어 특성 …… 75~77
- 중심 근처에 중량의 집중은 움직임을 민첩하게 한다 …… 78
- 하중 이동 …… 79

라인잡기의 역학적 고찰 — 81
- 작은 회전과 큰 회전의 한계속도 / • 구간 타임의 비교 …… 81~83
- 다시 나아가는 구간(가속구간)의 고찰 …… 87
- 진입 부분을 더 생각하자 …… 88

4. 드라이빙 테크닉의 기본

드라이빙 포지션(운전자세) — 93

스티어링 웍 — 96

시프트 웍(기어 조작) — 99

힐앤토 — 101

브레이킹 — 105

라인타기의 기본 — 107
- 아웃 인 아웃 / • 연석을 타야 하는가? …… 108~110
- 긴 직선구간 바로 앞 코너의 중요성 …… 111
- 클리핑 포인트를 어디서 잡을 것인가? / • 슬로 인 패스트 아웃 … 113~114
- 가장 그립이 좋은 것은 약간 액셀을 열어놓은 상태 …… 115

AT차로 서킷주행 — 116
- AT차의 종류와 특성 / • 왼발 브레이킹의 유용성 …… 117~119
- 왼발 브레이킹 연습 / • 변속 레버와 시프트 포지션 …… 120~121
- 2페달 주행의 실제 …… 122

5. 실전 드라이빙 테크닉

연속되는 코너의 라인 잡기	127
추월의 실제	130
슬립 스트림(slip stream)	134
웨트 노면	138
● 사전준비, 대책 / ● 웨트용 세팅 / ● 웨트 상황 때의 드라이빙	138~141
● 하이드로 플래닝	145
경쟁과 주로 방해	147

6. 튜닝파츠의 지식과 세팅

차량 튜닝의 순서	151
브레이크	153
● 서킷주행에서 요구되는 패드의 성능 / ● 노멀 패드와 스포츠 패드	153~154
● 패드의 종류	155
타이어 지식	156
● 공도도 달릴 수 있는 S타이어는 실질 경기용 / ● 타이어 세팅	156~158
휠의 기본 지식	159
● 구입시에는 공인 마크를 확인한다	159
● 휠 교환시 어떤 효과가 있나?	161
휠 얼라인먼트	161
● 토인은 본래 캠버의 보정의 위한 것 / ● 킹핀축의 개념	161~163
● 얼라인먼트 조정	163
LSD(리미티드 슬립 디퍼런셜)의 지식	165
● 굉장한 디퍼런셜의 기능과 그 약점	165
● 디퍼런셜의 움직임에 제한을 가하는 LSD	166
● 마찰판식 LSD의 작동원리 / ● LSD 세팅	167~168
서스펜션의 역할	171
각 부품의 튜닝	173
● 스프링 / ● 쇼크 업소버 / ● 스태빌라이저 / ● 부시 / ● 필로볼	173~183

스트럿 타워바(스트럿바) ——— 184
- 스티어링 리스폰스 향상 ……… 184

에어로파츠 ——— 185
- 프런트 스포일러 / • 범퍼 / • 리어 스포일러/윙 / • 리어 범퍼 ……… 186
- 디퓨저 / • 사이드 스텝 / • 보닛후드 / • 트렁크 리드 ……… 186~187

버킷 시트 ——— 187
- 스포츠 주행에 적합한 것을 선택 ……… 187

4점식(풀하니스) 시트벨트 ——— 188

좋은 컨디션을 유지하기 위해서 – 오일 ——— 189
- 엔진 오일 / • 기어오일 ……… 189~191

7. 국내 서킷 소개

챔프카와 미완성 안산 서킷 ——— 199
- 안산 경기장_ 코스별 공략법(제1~7코너) ……… 200~203

용인은 한국의 모터스포츠 클러스터인가? ——— 204

태백 서킷 ——— 205
- 태백 경기장_ 코스별 공략법(제1~5코너) ……… 207~209

코리아 인터내셔널 서킷(KIC) ——— 210
- 영암 경기장_ 코스별 공략법(제1~16코너) ……… 215~221

8. 국내 서킷 공략법

용인 에버랜드 스피드웨이 코스별 공략법 ——— 223
- 제1코너 공략법 ……… 224
- 제2코너 공략법 ……… 225
- 제3코너 공략법 ……… 226
- 제4, 5코너 공략법 ……… 227
- 제6, 7코너 공략법 ……… 228
- 제8코너 공략법 ……… 229
- 제9, 10코너 공략법 ……… 230
- 제11, 12코너 공략법 ……… 231

9. 라이선스를 취득하자

모터스포츠 참가에 필요한 라이선스는 3가지 ──── 233
- F1에 참가하려면 슈퍼 라이선스 필요 ……… 236
- 국제 라이선스와 공인경기 ……… 237
- 선수 라이선스 취득방법 ……… 238

카레이서가 되고 싶다고요? ──── 239
- 먼저 꿈과 목표부터 정한다 ……… 239
- 처음엔 부모의 도움없이는 시작하기 어려워 ……… 239
- 가장 중요한 것은 드라이빙 테크닉 연마 ……… 242
- 카레이서 되기 4단계 전략 ……… 246

부 록 supplement

아스팔트 속에 숨겨진 신비한 서킷 이야기 ──── 251
모터스포츠 관장 기구 ──── 281

introduction

나도 한번 서킷을 달려보자!

우리나라는 서킷이 몇 군데 없고 그나마 정상적으로 운영되는 곳도 거의 없다. 그러나 자동차에 관심 있는 사람들 치고 서킷을 달려보고 싶지 않은 사람은 거의 없을 것이다. 어느 순간부터 서킷을 달려보는 것이 꿈이 될 만큼 자동차와 서킷은 우리 옆에 가까이 와 있다. 그러나 아직도 많은 사람들이 서킷은 특별한 사람들만 달릴 수 있다고 생각하고 있다. 아직도 그런 생각을 하는 당신은 바로 '서킷판 문맹'이라 할 것이다.

시대에 뒤쳐지는 문맹이 되고 싶지 않는 당신에게 지금부터 서킷을 달릴 수 있는 방법을 제시해주겠다.

첫 번째 서킷을 달릴 수 있는 사람은 당연히 카레이서가 되는 것이다. 물론 이 방법은 아무나 택할 수 없다. 그러나 최근에는 프로 경기 외에 아마추어 경기가 많이 생기면서 카레이서가 그다지 멀게만 느껴지지는 않는다.

아마추어 경기는 저렴한 비용으로 혹은 자신이 가진 자동차로도 참가가 가능하기 때문에 큰 이점이 있다. 또 한 가지 아마추어 경주들은 대부분 번호판을 단 차로 시합에 참가하기 때문에 무척 편리하다. 원래 경주차는 번호판을 떼기 때문에 공도에서는 주행할 수 없어 이동시 트레일러나 트럭 등에 실어서 옮겨야 하는 번거로움이 있고 이로 인한 비용이 만만찮은 게 현실이다.

아마추어 경주는 번호판을 그대로 단 채 시합에 임하기 때문에 이동이 자유롭고 이로 인한 비용이 그다지 들지 않는다. 또한 개조 범위가 거의 없는 종목도 많아 과도한 튜닝으로 인한 금전적 부담에서도 벗어날 수 있다. 또한 개조범위가 적기 때문에 누구나 같은 조건에서 경쟁을 펼칠 수 있기 때문에 아마추어 정신에도 어울린다.

자, 그렇다 할지라도 아직은 레이서가 되어 서킷을 달리는 것이 쉽지만은 않다. 그런 사람들을 위해서 제시된 방법이 바로 서킷에서 마련한 스포츠 주행 시간이다. 서킷에서 일정 시간을 정해서 원하는 사람들이 달릴 수 있도록 하는 방법이다.

용인 에버랜드 스피드웨이의 경우 수요일부터 토요일까지가 바로 이 주행 시간을 가지고 있다. 다만 수요일과 토요일은 임대가 들어올 경우 주행시간이 없어지므로 사전에 확인하고 가는 것이 좋다. 목요일과 금요일은 거의 상설로 주행 시간을 두고 있는데 30분 간격으로 차량이 달릴 수 있도록 나눠져 있다. 보통 이 시간대를 이용하여 카레이서들은 연습도 하며 취미로 자동차를 타는 사람들도 서킷을 맛볼 수 있다.

보통은 포뮬러, 스포츠 주행, 일반 주행 등 3가지로 나눠져 교대로 서킷을 달리게 되는데, 비용은 30분 단위로 3만5천원이며 일반 주행은 그보다 싼 2만5천원이다. 단지 취미로 서킷을 달리고 싶은 사람들은 이 일반 주행 시간을 이용하여 달리면 되는데 비용도 비교적 저렴하므로 권장하는 편이다. 서킷 라이선스 교육이나 주행에 관한 궁금증이 있으면 용인 에버랜드 스피드웨이(☎ 031-320-8987)나 태백 서킷(www.tbracingpark.com)에 문의해서 알아볼 수 있다.

국내에서 가장 오래된 프로 자동차경주인 CJ 슈퍼레이스 경기 장면

그러나 취미로 서킷을 달리려 해도 몇 가지 준비물이 있다. 당연히 자동차는 있어야 하나 최소한의 안전장치는 해야 한다. 물론 경주차처럼 롤케이지 같은 하드한 튜닝은 강요하지 않지만 최소한의 안전시설 및 복장은 갖추어야 한다. 기본적인 차량 안전장비는 4점식 안전벨트, 소화기이며, 드라이버는 헬멧과 드라이버 복장을 입어야 한다. 또한 앞서도 설명했듯이 서킷 라이선스도 사전에 발급받아야 한다.

취미로 서킷을 달리는 경우 물론 자신의 자동차를 이용하는 방법도 있지만 서킷 주행용 자동차를 별도로 장만해서 활용하는 방법도 있다. 만약 자신의 자동차를 그대로 서킷 주행에 이용할 경우 타이어나 브레이크 등의 마모로 인한 트러블이 있을 수 있으므로 주행 후 집으로 돌아가기 전 반드시 점검을 해야 한다. 특히 비가 오는 날에는 더욱더 조심하는 것이 좋다. 차량은 승용차에 한하며 밴이나 SUV처럼 무게중심이 높은 차는 전복의 위험 때문에 용인 스피드웨이에서는 금지하나 태백 서킷에서는 일부 허용된다. 단순한 주행이라면 굳이 수동기어를 고집할 필요가 없다. 오토매틱으로도 충분히 즐길 수 있다. 특히 요즘은 자동과 수동 겸용 기어가 많아 특별히 문제가 없다.

세 번째는 자동차 회사나 자동차 관련 회사들이 개최하는 이벤트에 참가하는 방법이다. 이 경우에는 사전에 이벤트를 통해 선정된 사람들이 대부분 참가한다. 비용을 낼 때도 있고 아니면 공짜로 참가할 수도 있으므로 이를 잘 활용하는 것도 한 방법이다. 이벤트에 따라서는 자신의 차를 이용하거나 아니면 주최측에서 준비한 자동차를 가지고 서킷을 주행하는 수도 있다. 잘만 하면 자신이 평소에 타고 싶던 차로 서킷을 누비는 행운을 만날 수도 있다.

아마추어들이 참가할 수 있는 레이스인 스피드 페스티벌은 원메이크 경주로 열린다.

마지막 방법은 레이싱스쿨에 참가하는 방법이다. 서킷은 그냥 달린다고 해서 달릴 수 있는 곳이 아니다. 그러므로 서킷을 잘 달리기 위한 방법을 배울 필요가 있다. 그런 테크닉 및 안전운전을 위한 기본기를 가르치는 곳이 레이싱스쿨이다. 레이싱스쿨은 잘 알려진 서킷에서 진행하는 곳(www.racingschool.co.kr)을 참가하는 것이 좋다. 레이싱스쿨은 서킷 공략 테크닉뿐만 아니라 안전운전 방법까지 함께 가르치므로 배우면 그만큼 자신과 가족의 안전을 보장할 수 있다는 장점이 있다.

자신이 혼자서 감당하기 어렵다면 레이싱팀이나 동호회에 가입하는 것도 방법이다. 이럴 경우 KARA 등 관련 기관의 홈페이지(www.kara.or.kr)를 이용하는 것도 고려해볼 일이다. 레이싱스쿨에서도 상담을 통해 자신에게 알맞은 프로그램을 찾을 수 있다. 특히 레이싱스쿨의 경우 교육을 받으면서 강사들이 참가자들의 장단점 및 특성을 파악할 수 있어 개인에게 가장 알맞은 방법을 안내받을 수 있다는 점이 장점으로 꼽힌다.

자 그럼 이제부터 본격적인 서킷 주행에 들어가 보자. 일반 도로도 안전하게 주행을 하자면 해야 할 일이 많다. 서킷 주행은 그보다 더 많은 준비와 연습이 필요하다. 이유는 안전 때문이다. 그러므로 기본적인 안전수칙과 원리를 이해하고 있다면 누구나 쉽게 서킷을 달려볼 수 있으며 새로운 재미에 빠질 수 있다. 서킷 주행, 특별한 하는 것이 아니다. 누구나 할 수 있고 당연히 여러분도 할 수 있다. 이 책이 그에 대해 자세히 안내해줄 것이다.

I

서킷공략법

서킷주행의 준비와 룰
주행을 위한 기초지식
주행에 대한 기초지식
드라이빙 테크닉의 기본
실전 드라이빙 테크닉
튜닝파츠의 지식과 세팅
국내 서킷 소개
국내 서킷 공략법
라이선스를 취득하자

01 서킷주행의 준비와 룰

주행회와 스포츠 주행
준비해야 할 장비들
신호기
드라이버의 장비
자동차 장비

1 주행회와 스포츠 주행

서킷을 달리기 위해서는 2가지의 방법이 있다. 하나는 주행회에 참가하는 방법, 또 하나는 서킷 스포츠 주행시간대에 주행하는 방법이다. 서킷 트라이얼과 레이스에 출전하는 것도 서킷을 주행하는 방법 중 하나이지만 경기에 출전하기 위해서는 반드시 연습주행이 필요하기 때문에, 그 전 단계에는 반드시 순서가 있다. 느닷없이 진짜 경기에 출전하는 것은 위험하기도 하거니와 더군다나 이길 수도 없다.

주행회라는 것은

주행회**라고 하는 것은 주최자가 서킷으로부터 시간대를 임대하고서 미리 모집해서 모여진 주행 희망자를 주행할 수 있게 하는 것이다. 주최자는 참가자에서 받은 참가비 등을 기본으로 하여 코스 사용료를 서킷에 지불하는 것으로 운영된다.

01

기본적으로 주최자의 책임으로 운영되기 때문에 주행 라이선스가 필요하지 않다. 드라이버의 안전장비가 갖추어져 있으면 차량의 장비는 자동차경주협회(이하 '협회' 라 칭함) 공인레이스 정도로 까다롭지 않아, 주최자의 재량에 맡겨져 운영되어진다. 따라서 일반 승용차와 같은 노멀 차량도 많다.

공인 레이스로 개최되는 큰 경기장에는 코스 임대비용이 높기 때문에 상당히 큰 이벤트로 차량대수를 모으지 않는 한 채산이 맞지 않아 시간임대가 많다. 그렇지만 미니서킷에는 그것에 비해 임대료가 저렴하기 때문에 반일 또는 전일의 주행회가 많이 열린다.

주행회의 주최자는 여러 가지 형태로 존재된다. 협회의 등록 클럽, 이 이외의 자동차클럽, 튜닝업계의 카 숍뿐만 아니라, 현재에는 주행회를 생업으로 하는 전문업자도 많다. 타이어 메이커의 주행회도 있다.

편집자 Tip **주행회** : 우리나라에서는 주행회가 열리지 않았으나 최근 활성화되고 있다. 그러나 인원이 어느 정도 모여야 하고 비용도 만만치 않아 쉽진 않다. 모터스포츠가 발전하고 드라이빙에 대한 이해나 수준이 높은 외국에서는 주행회가 자주 있는 편이다. 다만 우리나라의 경우 일부 트랙의 경우 스포츠 주행시간이 있어 언제든지 차를 탈 수 있으므로 주행회의 필요성이 적은 편이다. 최근 동호회들이 주행회를 많이 개최하고 있다. 공도에서 모임 및 주행을 갖는 것보단 훨씬 안전하고 바람직하기 때문에 앞으로 더 활성화될 것으로 보인다.

주행회는 라이선스가 없어도 즐겁게 서킷을 즐길 수 있다. 큰 규모의 서킷에서 미니서킷까지 전국 각지에서 여러 형태로 열리고 있다. 주말이나 휴일은 말할 것도 없이 평일에 개최하기도 한다.

스포츠 주행이라는 것은

스포츠 주행은 서킷 자체에서 할당된 시간대로, 통상, 안전면에서 2륜과 4륜으로 나누거나 포뮬러카와 투어링카(승용차)로 나누기도 한다. 그 스포츠 주행시간대에 주행하기 위해서는 그 서킷의 주행 라이선스가 필요하기도 하고 그렇지 않기도 한다. 이 라이선스는, 협회의 선수 라이선스와는 별도의 것으로, 그 서킷의 고유한 라이선스다. 그것을 취득하기 위해서는 서킷이 개최하는 라이선스 강습회를 수강해야 취득이 가능해진다.

서킷 패독의 지정된 장소에 주차한다. 내려할 짐은 차 뒤에 가지런히 둔다. 주행회에서 배정받은 그 주차 공간은 본인의 공간이 된다.

이 스포츠 주행은 레이스 출전을 고려하고 있는 사람이 드라이빙 연습이나 머신세팅 등의 장소로 사용되고 있다. 물론 레이스에 출전할 예정은 아니지만 튜닝카 등이라도 안전장비가 구비가 되어있고 주행 라이선스를 소유하고 있으면 주행이 가능하다. 하지만 서킷에서는 서스펜션 등을 개조한 진짜 레이스카가 많기 때문에, 파워가 떨어지는 노멀 차량 등의 주행은 스피드 차이가 있어 위험부담도 클 수 있다.

> **편집자주** 스포츠 주행이 주로 열리는 트랙의 경우 참가자격, 시간, 비용 등을 사전에 확인할 필요가 있다. 특히 2륜의 경우 참가제한이 많으므로 더욱 중요하다. 대부분 4륜만 참가할 수 있도록 한 곳이 많다.

01

2 주행회 참가 방법과 순서

처음부터 레이스 출전을 목표로 하고 있다면, 주행회를 건너뛰어 스포츠 주행부터 시작하는 방법도 있지만, 서킷주행의 경험이 없다면, 우선 주행회에 참가해서, 서킷주행을 경험해보는 편이 좋다. 그 경험은, 드라이빙 테크닉 면으로 봐도 차량관리 면으로 봐도 레이스출전 때에 반드시 도움이 될 것이다.

주행회의 종류

한 단어로 주행회라고 해도 그 내용은 여러 가지다. 우선 그립계와 드리프트계로 나뉘어져 있다. 짐카나의 경우에는 연습회라고 불리는 경우가 많지만 짐카나라도 미니서킷에서 열리는 것은 주행회라고 불리는 경우도 있다.

그립계는 통상 스피드로 경쟁을 하는 주행방법으로 보통의 자동차 레이스에 해당이 된다. 요컨대 랩타임이 빠른 것이 최고로 중요한 요소다. 한편 드리프트계는 차동차를 드리프트 상황으로 만들어 주행하는 것이다. 자동차의 극한 상태를 컨트롤하는 것은 그립 그룹과 똑같지만 그립을 단순히 랩타임으로 경쟁하는 것에 비해 드리프트는 그 드리프트라고 하는 연기의 뛰어난 기술을 경쟁하는 것이다. 마치 스케이트의 스피드 스케이트와 피겨 스케이트와의 차이점과 같다고 보면 된다.

현재는 드리프트를 즐기는 사람들도 많아 'D1그랑프리(우리나라의 경우 DDGT 시리즈와 연계되어 있다)' 라는 시리즈전도 개최된다. 테크닉 적으로도 상당히 깊이가 깊고 유명한 레이싱 드라이버가 활약하기도 한다. 경기로 볼 때 피겨 스케이트와 똑같이 채점경기다. 타임만을 다투는 그립계와는 경쟁하는 내용이 다른 이벤트다.

여기에는 그립계의 주행회를 전제로 이야기를 진행하지만 그 그립계에도 참가자의 레벨이나 실지 내용에서 또 나누어진다. 더 많은 신인 참가자를 모이게 하기위해 초보자에 대응하기위한 경우가 많지만 특별히 큰 서킷에서의 주행회는 레벨이 높은 경우도 있다. 초보자를 중시한 주행회에는 어드바이스를 해주는 경우와 유명 드라이버를 강사로서 드라이빙 스쿨을 하기도 하는 등 드라이빙을 배울 수 있는 주행회도 있다. 또 단순히 자유롭게 주행하거나 해서 마지막에 모의 레이스를 하는 경우 등 여러 가지 방법이 있다.

순수하게 랩타임을 추구하는 그랩계의 주행. 협회 공인 레이스를 시작해서 통상 레이스는 그립계다. 다만 주행회의 경우에는 그립계와 드리프트계로 나눠진다. 그립계는 랩타임이 순위판정의 요소이다.

드리프트는 그 드리프트라고 하는 옆으로 미끄러뜨리는 기술의 뛰어남을 경쟁하는 것으로 스케이트 경기의 스피드 스케이트와 피겨 스케이트와의 차이점과 닮아있다. 드리프트라도 빠르기의 요소가 전혀 없다고는 말할 수 없지만 기본적으로 채점으로 순위를 정하는 경기다.

    주행회의 개최정보는 튜닝 잡지나 모터스포츠지의 안내 란에 나있다. 또 최근은 인터넷에 이벤트나 주행회의 안내 페이지가 마련되거나 주행회 또는 연습회로 검사하면 여러 가지가 나온다. 달리고 싶은 서킷을 결정하면 서킷의 홈페이지를 열어서 일정을 파악하는 것도 한 가지 방법이다.

    참가신청은 초심자라면 잡지나 인터넷에서 선택한 주행회의 주최자에게 연락을 취해 내용을 확인하고 참가신청서와 계약서를 받아본다. 최근은 주최자의 홈페이지에서 신청용지를 다운로드하거나 직접 인터넷에서 신청가능하게 끔 되어 있는 주최자도 있다. 참가신청서를 받으면 필요사항을 기입해서 우편으로 보낸다. 참가비는 참가신청서와 동시에 지불한다.

차량의 사전 점검정비

    서킷주행은 통상 주행이상의 엔진, 구동계통, 타이어, 브레이크 등에 큰 부담을 준다. 따라서 서킷주행 일정이 결정되면 사전에 차량점검과 정비를 해둔다. 서킷

01

주행용으로 교환을 권장하는 파츠(부품)류도 여러 가지이지만 그 선택에 대해서는 별지에서 해설하는 것으로 여기서는 현장의 파츠의 소모나 마모 등에 대해서의 체크 포인트를 정리해본다.

01 타이어에 관한 지식

우선 타이어 마모의 체크. 서킷 주행회는 타이어의 마모가 비정상적으로 빠르다. 상당히 마모된 타이어는 주행 중에 완전히 트레드가 없어져 버리는 경우도 있다. 타이어의 마모는 타이어의 종류, 주행방법, 엔진 파워의 크고 적음 등에 따라 차이가 나기 때문에 한마디로 말하기는 어렵지만 통상 주행의 몇 배의 소모가 빠르다는 것을 알아두기를 바란다.

서킷주행에는 타이어의 마모가 상당히 빠르기 때문에 사전에 타이어의 트레드의 잔량을 체크해야 할 필요가 있다.

서킷에 따라서 타이어의 소모가 다르게 나타난다. 미니 서킷의 경우 공도의 아스팔트 포장과 다르지 않는 것이 많지만 협회 공인 레이스를 진행하는 대형 서킷의 경우에는 노면 뮤(마찰계수)가 높은 아스팔트 포장으로 되어있는 게 보통이다. 따라서 그립이 높은 대신에 마모가 그만큼 크다. 스즈카, 후지는 물론이거니와 쓰쿠바 코스2000 등도 뮤가 높은 포장으로 되어있다는 것을 알아두기 바란다.

타이어의 숄더 부분에는 원안에 표시된 것과 같은 삼각형 마크가 6개가 있다. 그 표시를 따라가 보면 트레드의 가로방향으로 슬립 사인이 있다. 슬립 사인이 트레드면과 같은 높이에 있다면 한도가 다 되었다는 뜻이다.

    타이어에 관해서는 공기압의 관리가 중요하다. 서킷 주행에는 타이어에 걸리는 하중도 크기 때문에 메이커의 지정 공기압보다 조금 높게 주행하는 게 보통이다. 공기압은 타이어가 차가운 냉간(冷間)시와 주행한 후 따뜻한 상황의 온간(溫間)이 있어 지정공기압은 보통 냉간으로 표시되어 있다. 온간의 쪽이 당연 공기압이 높지만은 냉간과 온관시에 어느 정도 온도차가 있는지 파악해두는 것이 좋다. 공기압은 조종성의 세팅에 관계하기 때문에 주행하면서 미세 조정한다. 즉 온간에서 공기압을 조정하는 일이 많기 때문이다. 공기주입은 별 이상이 없는 한 조금 높게 넣어두면 현지에서 미세 조정가능하다.

타이어의 공기압 관리는 중요하다. 주행 전에는 반드시 체크해서 적정량을 넣는다. 냉간시와 온간시에 수치가 틀리기 때문에 그 차이를 파악해서 주행시에 공기압을 변경해서 테스트해보면 좋다.

01

서킷용으로 타이어를 준비한 경우 8번의 타이어 교환 작업이 필요. 휠너트를 조일 때에 무리한 힘을 가하지 말도록 주의. 지정된 조임 토크는 의외로 크지 않다. 너트만 걸어놓고 조임을 잊지 않을 경우 저절로 풀리는 일은 거의 없다.

타이어를 교환한 경우에는 신경을 써야할 점은 휠 너트를 조이는 것을 잊는 것이다. 임시로 조인상태에서 완전히 조이는 것을 잊어버리는 경우다. 차의 모든 휠 너트는 완전히 조였는지 확인해두기 바란다. 휠 너트를 완전히 조일 때 신경을 써야할 부분은 필요 이상 너무 조이지 말아야 한다는 점이다. 너무 조여 버리면 휠에 무리한 응력이 발생해서 때에 따라 조여진 부분에 크랙(crack)이 생겨 거기서부터 휠이 깨지는 경우도 있다. 서킷을 주행한다고 해서 특별히 강하게 조일 필요는 없다. 조였는지 확인하는 것을 잊지 않는다면 주행 중에 볼트가 풀려서 빠져버리는 일은 없다고 생각해도 좋다.

일반 유저는 토크렌치 등을 가지고 있지 않는 것이 보통이기 때문에 특별히 조이는 토크를 의식하지는 않지만 정비 기준으로는 휠너트에도 지정 토크가 있다. 이 조임 토크는 생각한 것보다 크지 않다는 것을 알아주기를 바란다. 렌치에 체중을 실어 볼트를 조이는 일은 필요이상 조이는 결과를 낳게 된다.

02 브레이크와 엔진에 관계되는 지식

브레이크 패드의 상태를 파악해두는 것이 중요하다. 이것도 통상의 공도주행과 비교해도 서킷에서는 비정상적으로 소모가 빠르다. 노멀 패드는 특별히 소모가 빠르다는 것을 알아두기를. 가능하다면 서킷주행에 적합한 패드를 교환하는 편이 좋지만 일단 서킷주행을 경험해보고 싶은 경우라면 패드잔량이 충분히 있다는 것을 확인해야 한다.

엔진룸의 체크에는 먼저 오일량을 체크한다. 일정 거리를 주행한 오일이라면 교환하는 편이 좋다. 오일의 선택에 대해서는 별지에 서술하기로 한다. 코너링에 따르는 횡G에 오일이 한쪽 편으로 쏠려 오일유막이 잘리는 경우가 발생하는 일은 현재의 자동차에는 그리 발생하기 어렵지만 오일량을 레벨게이지의 상한에 맞추는 것이 기본이다. 너무 많을 경우 오일이 넘치는 경우도 발생할 수도 있으며 엔진의 저항도 된다.

서킷주행에는 브레이크 패드의 마모도 상당히 빠르다. 휠을 빼서 사전에 체크해 둔다. 캘리퍼는 반드시 점검용 창이 있으므로 그쪽으로 패드 잔량을 점검한다.

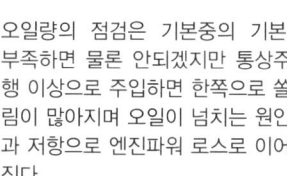

오일량의 점검은 기본중의 기본. 부족하면 물론 안되겠지만 통상주행 이상으로 주입하면 한쪽으로 쏠림이 많아지며 오일이 넘치는 원인과 저항으로 엔진파워 로스로 이어진다.

냉각수의 체크도 기본중의 기본. 리저버 탱크에 규정량이 들어있는 것을 확인. 엔진의 냉각에 관계해서는 오일도 그것을 담당하고 있지만 냉각수의 역할이 더 크다. 통상은 그냥 물이 아니라 색깔이 있는 쿨런트를 사용하고 있다. 이것은 부동액의 역할과 녹 방지의 역할도 있지만 쿨런트에 따라 냉각효과를 향상시키는 것도 있다. 발열량이 많은 터보차라면 그에 맞는 쿨런트의 사용도 효과가 있다. 수돗물을 보충한 경우 그것만큼 농도가 옅어지기 때문에 농도에 맞게 쿨런트를 보충한다.

라디에이터 캡은 어느 정도 압력에 견딜 수 있는 구조로 내오버히트성을 높게 해주는 역할을 한다. 냉각수양 체크와 캡 밀폐성이 이상이 없는지 체크한다.

공도주행보다 훨씬 큰 G가 걸리며 그 걸리는 시간도 많기 때문에 서킷주행에는 브레이크액의 한쪽 쏠림으로 브레이크라인에 에어가 찰 위험이 있다. 패드도 소모되면 그것만큼 유량이 낮아지기 때문에 브레이크액은 반드시 체크해 둔다.

브레이크액의 튜닝도 중요하다. 브레이크 패드가 마모가 진행되면 브레이크액의 레벨이 내려가게 된다. 그 액이 큰 감소폭으로 줄어든다면 브레이크 라인에 에어가 들어있는 위험이 있다. 보통의 주행 때는 문제가 없어도 서킷주행에는 종/횡의 G가 크기 때문에 브레이크액의 쏠림으로 에어가 들어가기 쉬워진다. 그리고 성능이 다른 브레이크액을 혼합해서 쓸 경우 화학반응을 일으켜서 성능이 떨어질 가능성이 크다고 알려져 있다. 따라서 보충시에는 반드시 같은 종류의 브레이크액을 사용해야 한다. 가능하다면 전부 새로 교체하는 것이 좋다.

당일의 순서

01 서킷도착 전에 해야 할 일들

주행회는 아침 일찍 시작하는 게 보통이다. 중식제공의 주행회도 있지만 그렇지 않은 경우, 가는 도중 편의점 등에서 도시락이나 음료수 등을 준비해오면 좋다. 미니 서킷은 매점이 없는 경우가 많기 때문이다. 아침을 거르고 출발하게 되면 조식도 구입. 준비할 것 중에 부족분이 있으면 이것도 구입해두어야 한다.

큰 서킷 내에는 주유소가 있지만 미니서킷은 거의가 없다. 사전에 가솔린을 가득 채우던지 현지에 도착해서 주유한다. 어느 정도 가솔린을 사용할 것인지는 주행거리(시간)에 따라 결정되어지기 때문에 한마디로 말할 수는 없지만 연료탱크에 반 이상의 잔량을 유지하는 게 좋다. 조금 무겁지만 가득 채우는 것도 문제는 없다. 주행시간이 많다든지 엄격한 가솔린 잔량으로 주행하고자 할 경우는 사전에 휴대용 금속제 가솔린전용 탱크를 준비한다.

적정량의 가솔린을 넣으려고 할 경우에 신경을 써야 할 것은 서킷 주행에는 가솔린을 최후까지 떨어지지 않게 하는 것이다. 잔량이 적어지면 코너링 때에 한쪽으로 쏠림에 의해서 연료펌프에서 연료를 송출하지 못하기 때문이다. 가솔린이 아직 남아있다고 판단돼도 코너링 직후에 엔진의 가속시 끊어짐이 발생한다면 연료공급이 부족하다고 판단할 수 있다. 이런 경우에 피트에 돌아가면 엔진은 다시 정상이 된다. 그대로 코스인해서 코너링시 똑같은 현상이 발생한다면 확실히 가솔린 부족이다.

서킷에서 옷을 갈아입는 경우

서킷에서 옷을 갈아입을 경우 스텝의 지시에 따라 정해진 장소에 주차한다. 그 장소는 주행회를 통해서 자기의 주차 또는 휴식의 장소가 된다. 곧 참가신청이 시작되면 신청서를 가지고 참가신청을 접수한다. 여기에서 넘버와 당일 타임스케줄 등을 받는다. 자동타임계측장치가 있는 서킷에는 타임계측용단말기(트랜스폰더)를 나누어 준다.

참가접수. 서킷에 도착하면 우선 참가접수를 한다. 이때 참가번호와 지급품을 받는다. 서킷에 따라 계측기 단말기를 제공하기도 한다.

01

서킷에 도착해서 제일먼저 해야 할 것은 차에 실려 있는 소지품을 내려놓는 것이다. 스페어타이어, 공구류 등도 물론이거니와 도어포켓 등에 있는 주행에 불필요한 물건들을 전부 내려둔다. 플로어 매트도 빼낸다. 내려놓은 물건들은 주차 페이스 뒤에 둔다.

    접수가 완료되면 주행준비로 들어간다. 우선은 실내와 트렁크의 물건 등을 내린다. 스페어 타이어, 공구를 비롯해서 주행에 불필요한 물품 전부를 내려놓는다. 이것은 가볍게 한다는 의미도 있지만 주행 중에 물건들이 이리저리 돌아다녀 운전에 방해를 주지 않도록 하기 위함이다. 종횡의 G가 상당히 크기 때문에 평상시에는 깊숙이 수납되어 있던 것들도 흩어질 수가 있으므로 도어 포켓 등의 수납물도 모두 다 내린다. 플로어 매트도 내려놓는 것이 상식이다. 내려놓은 물건들은 주차되어진 차의 뒤에 가지런히 정리해둔다. 비니 비람을 피하기 위해서는 플라스틱 케이스를 준비하면 좋다.

    현재에는 대부분이 알루미늄휠을 사용하고 있지만 스틸 휠에 휠 커버가 붙은 경우는 반드시 빼놓는다. 넘버는 비닐 테이프나 천 테이프로 붙여둔다. 붙이는 위치는 좌우의 앞부분과 보닛 위가 기본이지만 미리 지정된 곳이 있으면 그쪽으로 따른다. 이때 테이프는 아끼지 말고 상하좌우 4변을 완전히 붙인다. 들뜬 곳이 있으면 달리는 바람으로 넘버가 찢어지거나 떨어지기 때문이다. 자동계측 단말기를 받으면 그것을 자동차 천정 위에 천 테이프로 확실히 덧붙인다.

    헤드라이트의 렌즈는 비산방지 테이핑을 한다. 이것은 충격이나 전복시에 유리가 날아서 흩어지는 것(비산)을 방지하기 위함으로 플라스틱 재질에 대해서는 필요하지 않다. 오히려 브레이크 램프나 방향지시등에 테이핑을 하는 것은 그 램프의 기능을 저해할 수 있기 때문에 하지 않는 편이 좋다. 협회 공인레이스에는 이와 같이 지시되어 있지만 주행회 주최자에 따라서 하지 않는 경우도 있기 때문에 주최자의 지시에 따른다.

서킷주행의 준비와 룰

차량넘버는 천 테이프나 비닐테이프로 4변을 완전히 붙인다. 들뜸이 있으면 달리는 바람으로 찢어지거나 떨어지기 때문이다.

헤드라이트의 유리 비산 방지를 위한 테이핑.

　공식 레이스 때는 검차장으로 차량을 밀고 움직이는 것이 원칙이지만 주행회일 경우 검차의 원칙은 검사원이 움직여서 각 차량을 체크한다. 검차라고 해도 간단한 체크정도이기 때문이다. 테이핑이 확실히 되어있는지 방향지시등, 브레이크램프 등이 제 기능을 하고 있는지 그 외에 안전을 위주로 한 체크가 추가된다. 주최자에 따라서 특별히 검차를 하지 않는 경우도 있다. 주행 전에는 드라이버즈 미팅(브리핑)이 있다. 타임스케줄이 기록되어 있을 뿐만 아니라 장내방송으로도 알려주겠지만 시간이 되면 지정장소로 집합한다. 여기에서 당일 진행에 대한 설명과 주의할 사항 등을 알려주고 질문 기회도 제공되기 때문에 모르는 점이 있으면 이때를 이용하면 된다.

01

주행을 시작하기 전에 반드시 드라이버즈 미팅(브리핑)이 있다. 여기서 주행회의 운영상의 안내와 주행상의 주의점 등을 알려준다. 이때 질문도 받기 때문에 의문점이 있다면 꼭 물어볼 것.

실제주행

　서킷은 그 규모에 따라 주행할 수 있는 차의 대수가 정해져 있다. 큰 서킷의 경우는 40대 정도 주행이 가능하지만 미니 서킷은 10~20대 정도가 대부분이다. 따라서 주행회는 출주대수에 대해 그룹을 나누어 그룹 순에 따라 주행을 한다. 그 그룹은 차의 성능과 드라이버의 경험으로 신청할 당시에 나뉘어지는 게 보통이다. 1회 주행시간은 통상 15~30분 정도다(용인 에버랜드 스피드웨이의 경우 30분 간격이다). 주행의 기회는 반일 또는 전일이지만 혹은 참가대수에 따라 다르겠지만 전일의 경우 4회 혹은 6회라든가, 토털 1시간 이상은 주행할 수 있을 것이다.

자신의 주행시간이 다가오면 피트로드 입구 근처에서 차에 탑승하여 기다린다. 코스인 시간이 되면 담당자의 지시에 따라 피트로드를 따라 코스인 한다.

그룹의 주행시간은 타임스케줄에 나와 있는 대로 이것에 따라서 주행준비를 한다. 그리고 자기 그룹의 주행시간이 다가오면 우선 엔진시동을 걸어 웜업을 시작하고 그 사이에 헬멧 등의 장비를 갖추고 차에 탑승해서 피트로드의 입구나 피트로드 앞에 차를 정렬시킨다. 코스인 시간이 되면 담당자가 지시에 따라 차례로 1대씩 코스인 한다.

드디어 코스인. 최초는 페이스카의 선도가 있는 경우도 있다. 그렇지 않을 경우에도 첫 랩은 차와 드라이버의 워밍업 시간으로 페이스를 유지한다. 주행이 익숙한 서킷이라도 코스상의 변화가 있는지를 잘 관찰함과 동시에 차의 계기류 등도 체크한다.

처음 1바퀴는 페이스카가 선도하는 경우도 있고 그렇지 않을 때에는 1바퀴는 페이스를 올리지 않고 여유를 갖고 달린다. 그리고 타이어가 따뜻해지지 않았기 때문에 코스아웃의 위험도 있으며 자동차도 자체의 웜업할 시간으로 여기고 주행한다. 각종 계기판의 체크와 오감을 사용해서 차의 이상은 없는지 확인을 해둔다. 코스의 상태도 잘 관찰 해둔다. 처음으로 달리는 코스일 경우 달리면서 코스의 형태를 파악할 필요가 있으며 익숙한 코스일 경우에는 보통과 변화된 곳이 없는지를 보고 확인해 둔다. 1바퀴를 달린 후 컨트롤라인 위에 신호등이 파란색으로 바뀌면 드디어 페이스를 올려서 본격주행에 돌입한다. 여기서부터는 각자가 생각한대로 주행하면 된다. 자기 나름대로의 주행방법으로 주행해도 좋고 빠른 사람의 뒤에 붙어 달려 봐도 좋다. 자유롭게 주행을 즐긴다.

주행종료의 신호는 컨트롤라인에서 체커깃발로 알려진다. 체크깃발이 날려지면 페이스를 떨어뜨리고 대략 1바퀴를 더 주행한 후 피트로드로 들어와 지정출구에서 패독의 주차 장소에 정차한다. 터보차 등은 엔진을 곧바로 끄지 말고 잠시 동안 쿨다운(냉각)을 시킨다. 특별히 이상을 감지하지 않았어도 일단 보닛을 열어 이상이 있는지 없는지를 눈으로 확인하면서 점검해간다.

타임계측을 하는 주행회에는 곧바로 해당 넘버에 대한 베스트 타임이 발표된다. 프린트된 결과표가 컨트롤타워 부근의 게시판에 게시되거나 사무국에서 나눠준다.

주행의 끝남은 컨트롤 라인 부근에서 흔드는 체커기로 표시된다. 체커기를 받으면 페이스를 떨어뜨리고 대략 1바퀴를 주행 후 피트로드를 따라 패독으로 돌아온다.

상당한 베테랑이 아니라면 동승주행은 안 된다. 유명한 선수의 운전을 바로 옆에서 본다면 차의 한계가 높다는 것을 재인식할 것이다.

스페셜 메뉴

이와 같이 전부 자유스럽게 주행하는 프리주행의 주행회가 기본으로 되어 있어 앞에 서술했던 것처럼 주행회에 따라 여러 가지 매뉴얼을 채용하는 경우가 있다. 가장 일반적인 것은 베테랑 드라이버가 동승하는 주행이다. 대개 사전 신청이 필요하지만 초심자에게는 상당한 도움이 된다.

기본은 주최자가 준비한 차량으로 동승 주행하지만 참가자의 차를 베테랑 드라이버가 운전하는 경우도 있다. 초심자에게는 본인의 차의 한계가 자기의 생각보다 훨씬 넘어서는 높은 곳에 있다는 것을 알게 되기 때문에 귀중한 경험이 된다. 참가자가 운전하는 차에 동승하는 경우도 없지 않겠지만 이것은 상당히 드문 경우다.

이와 같은 경우들은 본래 자기가 주행해야하는 프리주행의 시간대를 이용해서 행하여진다. 특별히 유명 드라이버를 강사로서 초대할 경우 그 드라이버의 강의가 포함된 주행회도 있다. 예를 들어 타이어메이커 등의 주최 주행회에는 그 회사와 계약된 프로 드라이버를 초대해서 드라이빙 강의를 하는 등의 강좌를 포함한 주행회도 있다. 주행회의 최후에는 모의 레이스를 하는 경우가 많다. 이런 기회를 통해 가벼운 마음으로 레이스를 즐겨본다. 또 스타트 등의 고도한 긴장감이 따르는 장면을 체험할 수 있기 때문에 본격적인 레이스 참가에 뜻을 두고 있는 사람이라면 절호의 찬스다.

3 준비해야 할 장비들

필수품

- **에어게이지**

타이어의 공기압 체크를 위한 절대 필요로 한 장비다. 아날로그식과 디지털식 외에 여러 가지 타입이 나와 있지만 서킷주행에서 사용빈도가 높기 때문에 정확히 계측되어 수치를 읽기 쉬운 것을 선택한다.

- **+자 렌치**

서킷주행 때에는 타이어를 교환할 경우가 많게 된다. 차량에 탑재된 L자형 타이어 렌치로는 작업효율이 나쁘기 때

서킷주행에서 타이어 공기압 관리는 중요하므로 공기압의 체크와 조절을 할 일이 많다. 아날로그건 디지털이건 모두 좋지만 눈금이 잘 보이며 정밀하고 정확한 것을 준비할 것.

문에 타이어 교환이 빈번하게 되면 +자 렌치가 편리하다. 가격도 그리 비싸지 않기 때문에 꼭 준비해두는 게 좋다.

● 잭

잭도 차량에 탑재되어 있는 방식은 작업효율이 나쁘고 불안정하기 때문에 가능하다면 레버가 있는 개러지(정비공장) 잭을 준비하면 좋다. 현재에는 작고 가벼운 제품이 나와 있어 사용 및 운반이 편리하다.

차에 준비된 L자형 렌치에 비해 +자형 렌치는 작업효율이 더 높다. 그렇게 비싸지 않기 때문에 꼭 구비해 두기를. 그리고 충전식 전동 임팩트렌치가 구비된다면 더욱더 작업효율이 높아진다.

차량에 탑재되어 있는 타입은 작업효율이 나쁘고 불안정하기 때문에 가능하다면 레버가 있는 개러지 잭을 준비하면 좋다. 비교적 경량 콤팩트한 타입도 있다.

● 테이프

유리렌즈의 테이핑에 사용한다. 천 테이프나 전기비닐 테이프를 이용해서 필요한곳에 테이핑을 한다. 전기 비닐테이프는 절연성이 있기 때문에 배터리 단자나 배선피복이 벗겨진 곳 등에 사용되며 반드시 필요하다.

● 가위

테이프 등을 붙일 때 가위를 사용하면 잘린 면이 깨끗하기 때문에 확실히 잘 붙는다.

● 면장갑

특별히 힘을 들여서 작업을 할 때 필요하다. 힘을 주기 쉬워지고 상처로부터 손을 보호하고 더러움도 막을 수 있다.

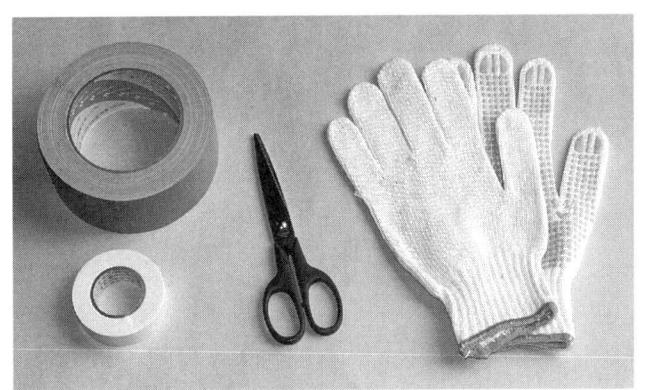

비닐테이프, 천테이프, 가위, 장갑. 비닐테이프를 자르려면 늘어나기 때문에 잘 잘려지지 않는다. 미관 상 좋게 보이기 위해서라도 반드시 가위를 사용한다. 장갑은 힘을 줄 때 뿐만 아니라 손을 보호할 때도 필요하다.

추천하는 휴대용품

• 에어펌프

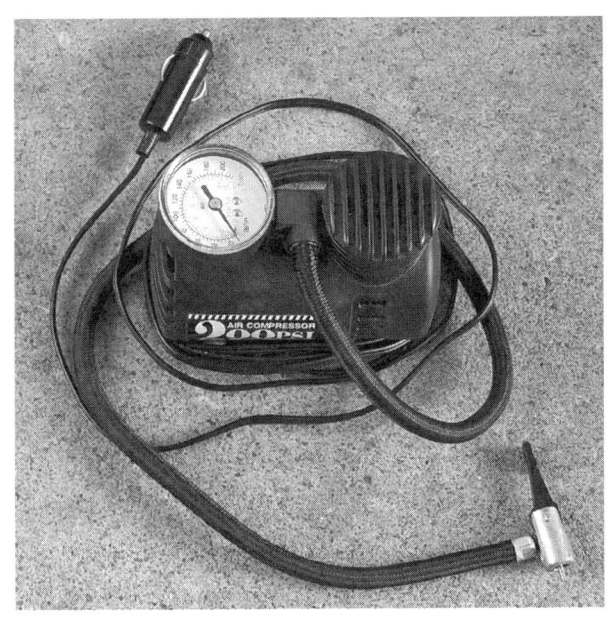

휴대용 전동 에어펌프. 전원은 자동차의 배터리로 시가라이터의 콘센트에 꽂아 작동시킨다. 전동식이라도 공기 주입은 다소 시간이 걸리지만 수동식의 펌프에 비하면 훨씬 편리하다.

사전에 주유소에서 공기를 많이 넣어두고 현지에 도착해 미세 조정만으로 주행 가능하지만 서킷주행 중에 민감하게 공기압 조정을 하는 경우 에어 보충도 필요하게 된다.

자전거용과 같은 공기주입기가 있다면(밸브 부분이 자동차용인지 확인) 발로 밟는 식의 에어펌프, 자동차 배터리 전원을 사용하는 휴대가 가능한 에어펌프 등도 있다. 어느 것이나 가격은 그렇게 비싸지 않기 때문에 장만해서 휴대하면 좋다.

• 레저용 의자

직접 주행에는 필요하지 않지만 자기 주행시간 외에 휴식을 취하거나 타인의 주행을 관찰하거나 할 때 필요한 의자다.

서킷주행을 즐기기 위해서나 심신을 안정시키기 위해서도 의자는 서킷에서 아주 유용한 도구다.

• 스톱워치

드라이빙 테크닉을 연마하기 위해서는 주행하는 랩타임이 어떻게 해서 나왔는지를 달리면서 알 필요가 있다. 그 피드백 없이는 랩타임이 줄어들지 않는다.

주행방법을 바꿨을 때 타임이 어떻게 변했는지 실수했을 때 어느 정도 타임이 떨어졌는지 등 그것들을 파악하기 위해서는 매 주행 때마다 타임계측을 빠짐없이 한다.

동승자가 있다면 피트에서 타임을 기록해주면 좋지만 피트요원이 없을 경우 스티어링 휠에 붙여서 스스로 계측 가능한 것도 있다. 또는 서킷의 설비와 연동해서 차내에 설치한 미터에서 랩타임이 표시되는 시스템도 있다.

최근엔 앞 유리 등에 부착하여 위성을 통해 기록 및 주행상황을 체크해주는 장비도 나오고 있다. 자기가 계측하든 타인에게 부탁하든 그것은 별도로 치더라도 주행 중 랩타임의 계측은 드라이빙 테크닉을 향상시키는 절대적인 요소다.

접이식 휴대의자. 자기주행시간 이외의 시간에 휴식과 다른 차의 주행을 관찰할 때 등 편리한 품목이다. 서킷에서 여러모로 쓰임새가 많으므로 필수품이라 할 수 있다.

랩타임을 재는 기본적인 계측기는 스톱워치다. 메모리 기능과 전 랩의 랩타임을 다시 볼 수 있는 것이 가능하다.

서킷주행의 준비와 룰

 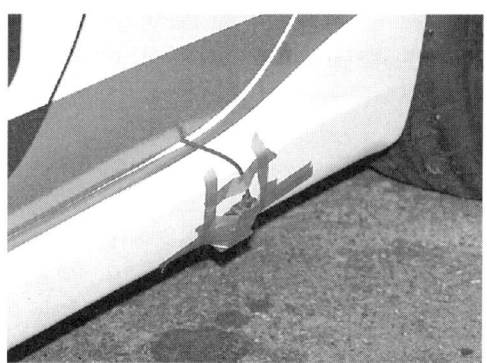

랩타임을 리얼타임으로 매주표시 되는'P-LAP'이라고 하는 랩타임 표시 시스템. 서킷에 매설된 기계와 연동으로 차내의 계기류에 자신의 랩타임이 표시된다. 사진(아래)은 차에 테이프로 붙인 센서.

● 견인 로프

차량이 부딪치거나 고장 등이 발생해서 수리장소로 견인할 필요가 생길 때도 있다. 휴대목록에 추가해 놓으면 안심. 우리나라의 경우 보통 서킷에는 대부분 견인차 및 견인로프가 준비되어 있어 사고나 코스아웃했을 때 서킷 담당자에게 도움을 청할 수도 있다.

4 신호기

서킷의 코스위에는 언제나 평온할 날이 없다. 사고도 있으며 고장차도 나온다. 내 앞으로 천천히 주행하고 있는 차도 있겠고 뒤에서부터 빠르게 다가오는 차도 있을 것이다. 이렇게 코스위의 상황을 드라이버에게 알려주는 것이 신호기다. 큰 서킷에는 코스 전구간의 요소요소에 코스 포스트가 설치되어 있고 거기에서 오피셜이 상황에 맞게 신호기를 사용해서 드라이버에게 상황을 알려준다. 그러나 미니서킷에는 경기장 전부를 한눈에 내려다 볼 수 있기도 하고 또 거기까지 경비를 들이지 않기 때문에 코스포스트가 설치되어있지 않은 곳이 많다. 이런 경우 메인포스트에서만 컨트롤하게 된다.

어차피 서킷 주행에 뜻이 있다면 신호기가 어떤 의미를 가지고 있는지 알 필요가 있다. 서킷 라이선스 강습회의 경우 실기 테스트에서 주로 사용되는 신호기에 대응할 수 있도록 교육을 받게 된다. 예를 들어 황색기가 격렬하게 날리는 곳을 스피드를 떨어뜨리지 않고 주행하는 것은 불가능하다는 뜻이다.

01

신호기는 여러 가지가 있지만 그중 특별히 중요한 기는 황색기와 적색기다. 서킷주행에 뜻을 둔다면 안전을 위해서라도 그것 이외의 기의 의미를 알아두어야 한다. 보통은 드라이버즈 미팅에서 설명해준다.

따라서 우선 신호기의 의미를 알고 실제 서킷 주행 시에 대응할 수 있게 하기 위함이다. 다만 주행회 등에서 가장 중요하게 사용되는 비율이 높은 신호기는 황색기다. 그 다음으로 적기, 흑기, 체커기 순서로 이것만이라도 반드시 기억해두고 계시되면 그기에 맞게 대응할 수 있게 하지 않으면 안 된다.

신호기의 의미

- **황색기(옐로 플래그) : 위험신호. 추월금지**

  황색기에 관해서는 표시방법이 3종류다. 부동표시는 '코스부근에 위험요소 존재'. 진동표시는 '코스 위에 위험요소 존재'. 2기 진동표시는 '슬로다운, 즉시 정지 준비'.

- **적기(레드 플래그) : 위험. 경기중지**

  즉시경기를 중지 또는 필요에 따라 즉시 정차 가능한 속도로 피트로 돌아옴.

- **녹색기(그린 플래그) : 코스 클리어. 위험요소 해소**

  황색기에 따르는 신호기의 신호의 해제를 표시. 그리드종료 정렬완료를 표시하는 경우도 있다. 어느 것이나 코스 위에 문제가 없다는 것을 표시.

- **청색기(블루 플래그) : 추월하는 차가 있다는 것을 알려 준다**

  부동표시는 '보다 빠른 차량이 뒤에서 다가오고 있다. 진로를 양보.' 진동표시는 '보다 빠른 차량이 추월하려는 상태에 있다. 즉시 진로를 양보'

- **백색기(화이트 플래그) : 코스 위에 저속 차량이 있다.**

  고장차나 구급차 등등 코스 위에 저속 차량이 존재하는 것을 알려줌.

  황색에 적색의 세로줄기(오일 플래그) : 노면이 미끄러지기 쉬운 상태

  오일기라고 불리어지며 반드시 오일에만 한정되지 않고 노면이 미끄러지기 쉬운 상태를 표시. 물이 고인 경우에도 그렇다.

- **흑색기(블랙 플래그) : 피트인하라**

  엔트리넘버와 함께 게시되어 그 차량은 피트인해서 지시에 따르라.

  페널티 차량을 강제로 피트인할 때 사용

● 서킷에서 사용되는 신호기

원칙적으로는 진동표시				부동표시	
황색기 (위험신호)	속도를 줄인다. 추월하는 것은 금지. 1기 진동 : 트랙 위에 위험요소 일부 위험 요소 존재 2기 진동 : 진로변경 및 정지준비. 전면적 또는 부분적으로 트랙이 폐쇄된다.	적기 (추월 금지)	레이스 주행중지. 즉시경기를 중지 또는 필요에 따라 즉시 정차 가능한 속도로 피트로 돌아옴.	흑기	엔트리넘버와 함께 게시되는 데 해당 차량은 피트인해서 경기 특별 규칙서에 지정된 장소에 정지하지 않으면 안 된다. 규정을 어긴 차량을 강제로 피트인시켜 일정 시간을 머물게 함으로써 시간적 손실 벌을 받게 하는 것
녹색기	트랙 주행 가능(클리어)을 의미. 황색기 표시가 필요했던 사고 현장 직후의 포스트에서 표시된다 (황기 해제)	예선중	자신을 추월하려 하는 빠른 차량에 진로를 양보	흑백기 (흑과 백이 사각으로 2분할된 기)	엔트리번호와 함께 게시된다. 주로방해 등의 스포츠맨십에 반하는 행위에 대한 경고로 개선되지 않으면 흑색기로 바뀐다.
백기	해당 포스트 관리하에 있는 트랙 구간에 고장나 구급차 등 저속 차량이 있다.	청색기 (추월신호)	주회가 늦은 차량에게 빠른 차량이 있으니 양보	황색에 적색의 세로줄기	일명 오일기. 트랙 위에 오일 및 물 등 노면이 미끄러지기 쉬운 물질이 있으니 주의. 물이 고인 경우에도 그렇다.
국기	레이스의 스타트 신호로 사용된다. 우리나라에서는 당연 태극기다. 때에 따라 주최측이 정한 기를 이용하기도 한다.	체커기(흑백기)	경기 주행 종료	흑색바탕에 오렌지원기 (오렌지볼기)	엔트리번호와 함께 게시되고 피트인 의무가 있다. 차량에 기계적인 고장 등이 있을 경우 위험하다는 것을 해당 차량에 알려줄 때 사용된다.

- **흑색바탕에 오렌지원기(오렌지볼) : 차량에 트러블 발생. 피트인하라**

  엔트리번호와 함께 게시되고 피트인 의무가 있다. 기계적인 고장 등의 경우 사용된다.

- **흑백기(경고기) 스포츠맨십에 위반하는 행위에 대한 경고**

  엔트리번호와 함께 게시된다. 주로방해 등의 스포츠맨십에 반하는 행위에 대한 경고로 개선되지 않으면 흑색기로 바뀐다.

- **국기(스타트기) : 스타트 신호기**

  레이스의 스타트 신호에는 여러 가지의 국기가 사용된다. 한국에서는 당연 태극기다. 때에 따라 주최측이 정한 기를 이용하기도 한다.

- **체커기(체커 플래그) : 골인신호**

  경주차가 골인할 때 흔드는 기.

5 드라이버의 장비

드라이버 장비에 대해서는 협회 공인레이스의 경우에는 상당히 엄격한 기준을 갖추고 운영되고 있다. 그러나 주행회 수준에까지 협회 공인레이스의 기준을 적용한다면 간단히 참가할 수 없는 상황이 되고 만다. 비공인의 주행회에는 통일기관이 없기 때문에 장비에 대해서도 규정이라고 하는 것은 없다. 그러나 최소한의 장비가 필요한 것은 확실하고 주최자에 따라서 조금씩 다른 기준이 존재한다. 최소한의 장비는 당연하고 그것이상의 것들까지 엄격하게 챙기지만 그것은 최종적으로 자기책임으로 판단하게 된다.

그 판단기준으로는 협회의 레이스 기준에 나와 있다. 장래 협회 공인 레이스 참가를 염두에 두고 있다면 처음부터 그 기준에 준해서 장비를 준비하는 편이 경제적이므로 참고하기를 바란다. 또 휴대하는 장비 등이 그 주행회, 이벤트에 허가되는지의 여부도 미리 주최자에게 물어보기를.

헬멧

서킷 주행에 절대 필요한 장비라고 하면 우선 헬멧이다. 서킷 주행에는 예를 들어 풀어택(full attack)하지 않을 때에도 헬멧의 착용은 필수다. 헬멧의 타입으로는 풀페이스형과 오픈페이스형이 있는데 풀 페이스형은 얼굴을 감싸는 부분이 많은 것만큼 안전면에서 뛰어나 가능하다면 풀페이스형을 권장한다. 오픈카가 아니라면 오픈페이스 헬멧도 관계는 없다. 그러나 귀가 덮이지 않는 모자형 타입은 허가되지 않는다.

헬멧의 가격은 저가에서부터 고가까지 여러 가지가 있다. 가격이 싼 것이라도 외견상은 고가의 헬멧과 큰 차이가 없는 것도 있다. 하지만 재질, 구조에는 큰 차이가 있고 안전성의 차이에도 결부되어진다. 생명을 지켜주는 것이기 때문에 헬멧 구입 때 이를 명심해서 선택할 필요가 있다.

참가하는 경기마다 헬멧에 대한 규정이 있으므로 잘 살펴보고 선택해야 한다. 아직 우리나라의 경우 헬멧에 대한 규정이 엄격하지 않은 편이나 추후 점차로 강화되고 있어 만약 구입한다면 선수를 꿈꾸는 사람이라면 다소 비싸도 FIA(국제자동차연맹) 공인 헬멧을 권하고 싶다. 주행회라도 승용차용으로 공인 기관에서 인정하는 것을 사용해야 될 것이다. 공사현장에서 사용하는 작업용 헬멧은 가능하지 않다.

바이크용 풀페이스 헬멧은 상하시선 이동이 크기 때문에 네 바퀴용보다도 눈 주위의 개방구가 큰 것이 특징이다. 일단 참가만 해본다면 바이크용 풀페이스 헬멧도 관계는 없다. 2륜용이라도 '특수헬멧'이라는 모터크로스용 등에 사용되는 헬멧은 안 된다. 또 오픈카에는 풀페이스형의 착용이 의무화되어 있다.

헬멧은 생명을 지키는 최고로 중요한 장비다. 오픈카가 아니라면 오픈페이스형이라도 좋지만 풀페이스 쪽이 얼굴을 감싸는 부분이 많은 만큼 안전성도 높다. 귀가 가려지지 않는 모자형 헬멧은 서킷에서는 사용할 수 없다.

글러브

또 하나의 필수품은 글러브다. 이것은 단순히 스티어링 휠을 미끄러지지 않게 하는 것뿐만 아니라 사고시나 화재시에 따르는 안전상의 관점에서 꼭 착용해야만 한다. 따라서 손가락 부분이 나와 있는 것이나 손 등의 부분이 매시타입으로 되어있는 글러브는 사용할 수 없다. 서킷주행을 위해서는 보통의 운전용 장갑이 아니라 손목까지 덮을 수 있는 긴 것이 경기용으로 있기 때문에 그와 같은 레이싱 글러브를 준비해야 한다.

슈즈

신발은 레이싱슈즈가 바람직하며 협회 공인 레이스에는 필수지만 주행회라면 스니커즈라도 문제는 없다. 다만 신발바닥이 너무 두껍지 않은 것을 선택한다. 전용 레이싱슈즈를 보게 되면 신발바닥이 얇다는 것을 알 수 있다. 이것은 브레이크나 액셀러레이터의 페달감각을 잡아내기 위함이며 특히 브레이크의 미세한 컨트롤을 위해 두꺼운 신발바닥이나 딱딱한 신발바닥은 레이싱 주행으로는 적합하지 않다.

글러브는 스티어링을 확실히 잡을 수 있기 위함도 있지만 크래시(충돌)나 화재시 손을 보호하기 위함이다. 손가락이 나오거나 그물타입의 운전용 장갑은 사용할 수 없다. 레이싱 슈트의 손목부분까지 덮을 수 있도록 긴 것이 시판되고 있다.

협회 공인 레이스에는 레이싱 슈즈가 필수품이다. 주행회 때는 스니커즈라도 참가할 수 있지만 가능하면 구비한다.

레이싱슈트 및 복장

드라이버의 장비로서 또 하나는 레이싱슈트가 있다. 지난해부터 용인 에버랜드 스피드웨이에서는 주행시 반드시 입도록 규정하고 있다. 그러나 주행회에는

레이싱슈트는 내화성 이외에도 만약의 사고시 드라이버가 의식을 잃었을 때 외부에서 구출이 용이하게 어깨에 잡을 수 있는 부분이 반드시 붙어있다.

의무가 아닌 경우도 있다. 그러나 서킷주행을 계속적으로 즐기려고 한다면 전용슈트를 구입하는 것이 좋다.

그러나 전용슈트를 구입할 수 없을 때는 알아두어야 할 것이 있다. 긴팔소매와 긴 바지의 착용이다. 서킷주행에는 반팔, 반바지는 안전상의 관점에서 인정되지 않는다. 한여름이라도 반드시 긴소매와 바지의 착용이 의무로 되어 있다. 작은 규모의 주행이라도 이런 의무가 지켜지지 않는 주최자가 있을 경우 그 안전의식을 의심해 봐도 좋다.

추운 계절이라면 필연적으로 긴소매를 착용하겠지만 여름과 같은 경우는 잊어버리기 쉽다. 달리기위한 복장을 생각해서 사전에 준비해두는 것을 잊지 말기를……

6 자동차 장비

시트 벨트

반드시 필요한 장비의 우선은 4점식 이상, 소위 풀 하니스 시트벨트다. 특별히 의무로 규정돼있지 않은 주행회라도 서킷을 주행하기 위해서는 절대라고 말해도 좋을 정도로 중요장비이다. 4점식 시트벨트를 졸라매고 헬멧을 쓰는 것만으로도 차의 전복시나 부딪쳤을 때 드라이버의 안전은 비약적으로 상승된다. 이것만의 장비를 정확하게 갖추고 있으면 미니서킷과 같은 최고속도가 그다지 높지 않은 코스라면 상당한 스피드로 부딪칠지라도 불운한 사고가 연속으로 발생하지 않는 이상 생명을 다투는 절체절명의 일은 없을 것이다.

자동차의 표준장비인 3점식 벨트는 정면으로 부터의 충격은 유효하지만 횡방향이나 비스듬한 방향으로 충격을 받거나 전복했을 경우 벨트가 신체로부터 벗겨질 위험이 다분히 있다. 역시 양어깨를 완전히 밀착시킬 수 있는 벨트가 필요하다.

4점식 시트벨트는 헬멧과 더불어 안전면에서 최고로 중요한 장비다. 이것만으로 사망이나 중상의 리스크를 극단적으로 감소시킬 수 있으며 반드시 구비해야할 품목이다.

4점식 벨트 장비에 대해서는 표준 3점식 벨트는 그냥 그대로 두고 추가하는 것으로 준비한다. 이것은 3점식 벨트는 안전기준상 필요한 것으로 떼어버려서는 안되기 때문이다. 필요에 따라 4점식을 붙였다 떼었다 하면 된다.

차를 아끼는 사람들의 경우 4점식 벨트를 부담스러워하는 사람들도 많으나 요즘에는 차에 구멍을 뚫지 않고 장착하는 기술이 보급되어 점차 많은 사람들이 부착하고 있다.

롤바(롤 케이지)

롤바는 자동차가 전복 등의 큰 사고시에 실내공간을 확보해서 드라이버를 지키기 위한 장비이다. 공인레이스에는 필수인 장비이지만 서킷주행의 레벨에는 장착하지 않아도 참가가능하다. 특별히 미니서킷 등은 그다지 최고속도가 높지 않기 때문에 롤바를 장착하지 않아도 그렇게 위험하지는 않다. 그러나 공인레이스가 열리는 큰 서킷에는 상당한 스피드가 나오기 때문에 롤바를 장착하는 것이 바람직하다.

또 오픈카일 경우 예를 들어 미니서킷이라 할지라도 롤바를 필수품이라고 생각해야 할 것이다. 최근 오픈카는 표준으로 롤바와 같은 역할을 하는 장치가 장착되어있는 경우가 많지만 만약 롤바가 없으면 전복될 경우 드라이버의 안전공간이 확보되어지질 않아 보다 위험에 처해질 확률이 높다.

세단이나 쿠페 등의 클로즈드 보디의 차로 미니서킷을 주행하는 것은 롤바가 없어도 개의치 않는다. 다만 하이파워 차로 고속서킷을 주행한다면 롤바를 장비하는 편이 만약을 위해서도 안심이다.

오픈카의 경우는 롤바는 필수품이다. 전복됐을 경우 프런트 필러만으로 지지되는 것은 생존공간의 확보가 상당히 어렵다. 최근에는 표준으로 롤바가 장착되어 나오는 차가 많다.

    그리고 규모가 작은 레이스의 경우라도 6점식 이상의 롤바를 장착해야 될 의무가 있으면 그 롤바의 장착에 대한 자세한 규정도 마련되어 있다. 공인레이스에 참가하지 않아도 롤바의 경험이 풍부한 전문 숍에서 설치하기를 바란다.

    더불어 롤케이지라고 부르는 것은 롤바가 새장(케이지는 새장이라는 뜻)과 같은 형상을 하고 있어 그렇게 부르고 있으며 일반적으로 6점식 이상의 복잡한 구성의 롤바를 부르는 것으로 롤바의 별명이라고 보면 될 것이다.

02 주행을 위한 기초지식

처음 주행
효과적인 연습주행
스핀과 트러블 대처법

1 처음 주행

    차량을 패독으로부터 피트레인으로 올려 드디어 서킷 주행회가 시작된다. 레이스의 결승스타트 이외에는 피트레인에서 본 코스로 나간다. 이때에 꼭 알고 있어야할 중요한 룰이 있다.

    우선 피트로드에는 작업 에어리어와 주행레인이 있다. 자기의 피트로 향할 때도 피트에서 본 코스로 나갈 때에도 반드시 주행레인으로 나가야 한다. 자기 피트의 직전에서 작업 에어리어로 들어가고 나갈 때에도 곧바로 주행레인으로 나가 가속한다. 작업 에어리어가 비어있다고 할지라도 그곳을 주행해서는 안 된다. 작업 에어리어의 피트맨은 자기 팀의 차량의 준비와 스케줄로 머리에 꽉차있어 타 차량으로 인해 주의가 산만해지는 경우가 많다. 주행레인에서 작업에어리어로 출입할 시는 접촉사고가 나지 않게 충분히 주의해야 한다.

    또 주행레인과 본 코스의 사이에 피트사인 에어리어가 있는 경우 사인맨이 주행레인을 횡단할 경우가 있다. 기본적으로 사인맨이 주의를 하지 않으면 안 되지만 달리는 측도 주의해서 규정된 스피드로 주행해야 한다. 특히 위험한 경우는 사인 에어리어로 가는 때보다도 사인맨이 피트로 돌아올 때다.

피트 아웃시에는 제1코너까지 절대로 코스 가운데로 나가면 안 된다. 엄밀히 너무 안쪽만을 고집하지 않아도 되지만 안쪽을 염두에 두면서 한다. 방향지시등은 제1코너 입구까지 계속 켜둔다.

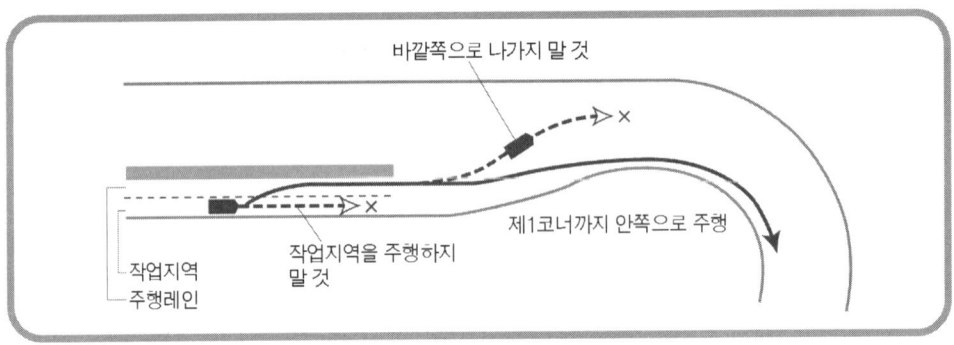

피트에서 스타트할 경우 방향지시기를 켜고 피트의 주행레인을 나가 그대로 본 코스로 진행한다. 방향지시기는 제1코너 진입의 바로 앞까지 켜 둔다. 여기서 중요한 점은 제1코너까지는 원칙으로 코스의 안쪽 가장자리를 주행할 것. 피트아웃해서 첫 랩의 제1코너는 인-인-아웃으로 주행한다는 생각으로 진입. 우리나라의 예를 살펴보면, 용인 에버랜드 스피드웨이의 경우 피트에서 코스로 진입시 1코너까지 흰색 실선을 그려놓아 이를 넘지 못하게 하고 있다. 이 레인을 넘거나 밟게 되면 페널티가 주어지니 주의해야 한다.

피트레인에서 본 코스로 진입하자마자 제1코너의 아웃 쪽의 라인을 잡기위해 코스를 가로질러 달리는 것은 위험함과 동시에 룰 위반이 된다. 예를 들어 본 코스를 달리는 다른 차가 없다고 할지라도 코스의 중앙으로 붙여서는 안 된다.

본 코스 위를 레이싱 스피드로 달리고 있는 차가 있다는 것을 반드시 의식하면서 피트아웃 할 것. 우선권은 본 코스 위의 차에 있다.

피트인

본 코스에서 피트로 돌아올 때에는 피트로드 입구에서 상당히 먼 곳에서부터 준비를 한다. 대부분의 서킷에는 피트로드 입구는 레코드라인에서 벗어나는 측에 있기 때문에 먼저 방향지시기를 켠다. 그리고 진로를 서서히 변경하면서 코스의 가장자리로 붙여 스피드를 떨어뜨리고 피트로드에 진입한다.

피트인할 경우 가능한 한 입구까지 방향지시기를 켜고 피트로드 입구로 들어간다. 통상 피트인시 비상등보다는 방향지시기가 다른 차에 의미를 전달하기 쉽다. 고장 등으로 페이스를 떨어뜨릴 때는 비상등이 좋다.

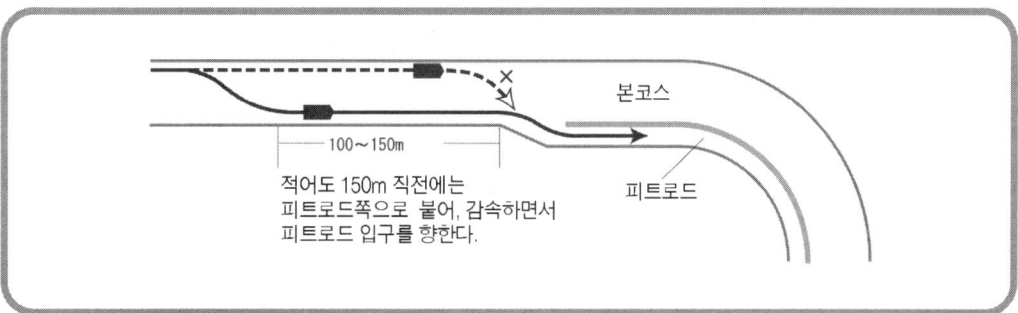

적어도 150m 직전에는 피트로드쪽으로 붙어, 감속하면서 피트로드 입구를 향한다.

급작스럽게 진로를 변경하거나 스피드를 떨어뜨리지 않도록 한다. 먼저 방향지시기를 켜고 피트인하겠다는 의사표시를 하는 것이 중요하다.

처음으로 서킷을 주행할 경우

그 서킷을 처음으로 주행할 경우 사전에 코스지도를 확보하여 코스를 머릿속에 숙지 할 것. 코스를 숙지하는 것은 단지 코스모양을 알아두는 의미보다는 그 코스형태에서 달리는 것을 상상해 그것을 통해 코스를 보다 세밀하게 알게 하자는 것이다. 그 서킷의 주행 경험자가 주위에 있다면 사전에 각 코너와 사용기어, 시프트 위치, 그 주의점 등을 들어두면 좋다. 차량과 튜닝 레벨이 다르면 자기와는 꼭 맞지 않겠지만 크게 보면 참고는 될 것이다.

최초의 1랩은 특별히 중요하다. 코스도로부터 이미지 트레이닝을 했을지라도 실제 주행해보면 예상외로 급한 코너가 있기도 하고 역뱅크와 같은 느낌으로 예상 외로 미끄럽다든지 등 코스도만으로 예상 할 수 없는 것을 실감하기 때문이다.

코스의 상황이 파악이 되면 서서히 페이스를 올리겠지만 최초의 2~3랩이 지나면 일난 피트인하는 것을 권한다. 처음으로의 서킷주행은 상당히 긴장하게 만들기 때문에 무아지경인 상태에서 주행에 몰입하기보다는 그 상황을 차분한 마음으로 돌리기 위해서라도 한번 피트인하면 좋다.

그 서킷을 처음으로 달릴 때에는 사전에 코스 도를 입수해두고 코스의 형태를 머릿속에 기억해 둔다. 단순히 형태만 기억할게 아니라 코너의 나이도, 사용기어비 등을 생각해 둔다. 경험자에게 물어봐도 좋다.

이미 그 서킷의 주행 경험이 있어도 그날 처음으로 주행하는 경우 처음부터 공격적으로 힘이 들어가면 좋지 않다. 우선은 머신의 웜업과 드라이버의 웜업을 위해 가볍고 여유있는 주행으로 코스 위와 머신의 상황을 체크한다. 보통의 타이어는 레이싱 타이어만큼 온도에 따라 성능차가 나지는 않지만 그래도 적당히 따뜻하게 되어야 타이어의 그립이 성능을 발휘한다. 그런 의미로 2랩 정도는 주변상황을 보면서 여유를 가진 주행이 필요하다.

웜업 주행이 끝나면 드디어 본격 주행에 들어간다. 단순히 서킷주행을 즐기기 위한 목적만으로 경우 적당한 안전마진을 갖고 주행하면 좋지만 '좀 더 빠르게 달리고 싶다' '좀 더 잘 달리고 싶다' 또는 '머지않아 레이스출전을 생각하고 있다'라고 생각하고 있다면 그에 맞게 주행방법도 달라져야 한다.

2 효과적인 연습주행

우선 주행 스케줄이 몇 분일지는 모르지만 어느 정도 주행 후 일단 피트인하는 것이 좋다. 처음부터 끝까지 너무 몰입해서 주행하기 보다는 한번 피트로 돌아와 계측을 해주는 피트맨과 자신의 주행을 상의해 보거나 그 내용을 냉정하게 분석하여 고쳐보는 게 좋다. 이렇게 하는 것이 느닷없이 타임어택을 계속하는 것보다 랩타임이 좋아지는 경우가 많다.

효과적인 연습 방법으로서 자기보다 빠른 차의 뒤에 붙어 달리는 방법이다. 구동방식이나 배기량, 튜닝 레벨 등이 비슷한 차가 보인다면 더할 나위 없다. 주행라인이나 브레이킹 포인트 등 뒤에 붙어 관찰하면 많은 공부가 된다.

드라이빙 테크닉을 향상시키기 위한 효과적인 연습방법은 빠른 차의 뒤에 붙어 달리는 방법이다. 굴림 방식과 배기량, 튜닝레벨 등이 너무 틀리면 안 되겠지만 자기와 비슷한 조건으로 좀 더 빠른 차를 발견한다면 그 차의 뒤에 붙어 달리면서 우선은 주행라인을 참고로 한다. 그리고 브레이킹 타이밍과 그 때 차의 자세 등을 읽어내야 할 것이다. 중요한 것은 자기와 다른 점이 어디에 있는지를 파악할 것.

다른 점을 파악했다면 어느 정도 그 주행과 같게 연습을 한다. 자기보다 랩타임이 좋다고 하는 것은 그것만큼 경험을 쌓은 드라이버로서 큰 참고가 될 것이다. 단지 주의해야 될 것은 선행차와 같이 달리려고 해서 무리를 하지 않는 것이다. 조건이 비슷하다고는 하지만 차의 세팅과 성능 그리고 드라이빙 테크닉의 레벨이 다르기 때문이다. 그 점을 기억해서 무리해서 선행차와 같은 브레이킹 포인트까지 들어가 스핀하는 경우가 없기를.

달리지 않고 드라이빙 테크닉을 익히는 법

주행경험을 많이 쌓는 것은 드라이빙 테크닉을 향상에 아주 중요하지만 주행하지 않고서라도 효과적인 방법이 있다. 그것은 '다른 차의 주행을 외부에서 보는 것'이다. 자기 주행시간이 아닌 때에 다른 차의 주행을 자기가 부족한 코너에서 관찰하는 것이다. 그 지점에서 보고 있으면 가지가지 차의 주행방법을 보는 것이 가능하고 빠르고 테크닉이 뛰어난 사람의 주행에는 공통된 것이 있다는 것을 발견하게 될 것이다. 주행라인과 브레이킹 타이밍, 차의 자세를 만드는 법, 이런 것들이 크게 참고가 될 것이다.

자신의 주행시간이 아닌 때에는 다른 차의 주행을 외부에서 관찰한다. 빠른 사람, 테크닉이 좋은 사람의 운전이 눈에 들어올 것이다. 라인잡는 법, 브레이킹 타이밍, 자세 만드는 법 등 큰 참고가 될 것이다.

3 스핀과 트러블 대처법

스핀했을 경우

서킷주행에서 타임을 목표로 해가면서 스핀이라는 것을 반드시 경험하게 마련이다. 스핀을 경험하지 않는다면 아직도 한계까지 드라이빙을 하지 않을 가능성이 높다. 서킷주행에서 스핀이 항상 뒤따르는 것이므로 스핀했을 경우 대처법을 체득할 필요가 있다.

우선 '스핀'이라고 판단했을 때 해야 할 것들은 우선 클러치를 끊고 브레이크를 밟는 것이다. 클러치를 끊는 것은 물론 엔진을 꺼뜨리지 않게 하기 위함이다. 엔진이 걸린 상태로 스핀으로 멈춘다는 것이 다시 복귀시의 어려움 정도가 틀려진다.

그러나 차가 완전히 횡방향으로 스핀하고 있다면 필연적으로 차륜의 회전도 적어지게 된다. 따라서 차체의 요 각도(옆 방향으로 밀리는 정도)가 심하게 되어 엔진이 멈춰질 확률이 높게 된다. 어느 정도의 각도에서 엔진이 멈추게 되는지는 액셀을 밟고있는 정도와 차체의 움직임에 따르는 것으로 한마디로 말할 수 없지만 액셀을 완전히 떼버리면 엔진스톱이 더 쉬워지거나 요 각도가 더 심해지기까지 클러치를 끊지않고 붙어있을수록 엔진스톱의 확률이 높아진다. 스핀해도 엔진을 꺼뜨리지 않기 위해서는 가망이 없다고 판단될 때 재빠르게 클러치를 끊고 스티어링 만으로 자세를 고쳐잡을 것이지만 구동력을 끊지 않는 쪽이 자세를 고쳐잡는 데 유리한 면도 있기 때문에 어느 것이 최선인지는 한마디로는 곤란하다. 베테랑 드라이버라도 멈추어야할 때는 멈춘다.

스핀했을 경우 브레이크를 밟는 것은 차를 즉시 멈추게 하기 위함이다. 옆방향으로 스핀한다면 필연적으로 차에는 브레이크가 걸리지만 뒤 방향으로 스핀할 경우라면 브레이크를 걸리 않으면 차바퀴가 회전되어 그대로 뒤 방향으로 움직여서 최악의 경우에는 가드레일까지 가버릴 때도 있다.

스핀해서 차가 멈춰버리는 장소도 여러 가지다. 우선은 코스위에 멈추는 것이 좋다. 포장되어있지 않은 이스케이프 존에 빠져버리면 서스펜션이 상하거나 엔진룸에 다량의 흙, 모래, 자갈 등이 들어와 머신 트러블의 원인이 되거나 복귀 후에도 몇 개의 코너에서 자신이 실어온 모래 등으로 인해 미끄러운 주행이 되거나 해서 운전이 어려워진다. 그렇기 때문에 되도록 빨리 멈추게 하기위해서라도 브레이크를 밟는 편이 좋다고 하는 이유다.

어느 정도의 각이면 엔진이 멈추는지는 액셀을 밟고 있는 정도와 차체의 움직임에 따르는 것으로 한 마디로 말할 수 없다. 상당히 테일이 흘러도 반대로 액셀을 밟아 드리프트 상태로 만들어 자세를 다시 고치는 주행도 FR차에는 흔히 있다.

스핀을 해서 엔진이 멈추었을 때는 침착히 엔진을 재시동한다. 엔진이 걸리면 기어를 1단에 넣고 나시 출발하면 되는데, 뒷차량의 주행을 방해하지 않으면서 코스로 복귀한다.

　　스핀해서 차가 멈춘 경우 엔진이 걸려있으면 침착하게 기어 1단을 넣어 코스 복귀한다. 이때 중요한 점은 다른 주행차량의 흐름이다. 스핀한 차가 코스의 진행방향과 같은 방향으로 멈춰진다면 좋겠지만 가로 방향이나 반대방향으로 향하고 있는 경우가 오히려 많다. 이런 경우 다시 주행복귀를 위해 코스 폭을 최대한 이용해서 U턴을 하지 않으면 안 되기 때문에 후속차가 오는지 안 오는지가 상당히 중요하다. 후속차의 주행을 방해하거나 접촉하지 않게끔 세심한 주의가 필요하다. 우선권은 후속차에 있다.

　　협회 공인 레이스 등과 연관이 있는 레이스에는 코스 오피셜이 즉시 황색기를 흔들어 후속차에 코스위에 위험을 알려주지만 주행회에 따라서는 오피셜이 전 포스트에 있지 않거나 있어도 경험이 부족한 사람이 있거나 해서 대처가 충분히 이루어지지 않는 경우도 있다. 후속차가 기세등등하게 달려오고 있는 경우를 가정해 서라도 무리해서 코스복귀는 하지 않는다. 냉정히 상황을 판단해야할 것이다.

협회 공인 코스의 이스케이프 존(탈출 지역)은 때때로 깊은 모래로 되어있는 경우 등은 탈출불능일 때도 있다. 이런 경우라면 포기할 수밖에 없다. 탈출가능 하다면 코스로 복귀하겠지만 이스케이프존의 노면상황을 잘 확인해서 차에 손상을 주지 않게끔 천천히 탈출해서 코스로 돌아온다. 이때에도 후속차의 흐름에 충분히 주의할 것. 코스로 복귀한 지점이 레코드라인 위에 있는 경우는 어쩔 수 없지만 얼마동안 코스의 가장자리를 주행해서 묻어온 흙과 모래 등을 제거한다. 가능한 한 레코드라인을 깨끗이 하는 배려가 필요하다.

코스로 복귀할 때에는 이스케이프존의 노면상황을 잘 보고 차의 충격이 적은 방향으로 천천히 탈출한다. 이때 코스 위를 달리는 차에 방해가 되지 않도록 충분히 주의한다.

머신으로부터 탈출

단순히 스핀이라면 충분히 주행복귀가 가능하겠지만 경우에 따라 엔진이 어떻게 해도 걸리지 않는다든지 엔진은 걸리더라도 구동계를 시작으로 다른 곳에서의 트러블로 주행 불가능할 때도 있다. 이런 경우에는 주행을 포기하고 차를 놓고 드라이버는 안전한 장소로 신속하게 이동하는 것이다. 이때 주의해야할 것은 탈출의 타이밍이다. 특히 차가 코스위에 멈춰진 경우 더구나 레코드라인 위에 있다면 후속차에 부딪칠 가능성이 높게 된다.

차에서 탈출을 결정했다면 우선 후속차의 흐름을 본다. 후속차가 다가오는 것을 계산해서 재빨리 시트벨트를 벗고 차에서 탈출하여 신속하게 가드레일 밖으로 나간다.

머신 트러블이 일어날 경우

주행 중에 차에 트러블이 발생해서 풀 가속이 되지 않을 경우도 있다. 곧바로 차를 멈추지 않으면 안 되는 긴급한 상황이 아니라면 서행으로 피트로 돌아간다. 서행으로 주행할 때는 비상등을 켜고 코스의 가장자리를 이용해 주행한다.

주행 중의 트러블에 대해서는 주행 불능 상태가 되거나 주행을 즉시 포기해야 될 경우도 발생한다. 이런 경우에는 차를 어디에 멈출 것인가가 중요하게 된다. 당연한 얘기겠지만 가능한 한 다른 차의 주행에 방해가 되지 않게 안전한 장소를 선택한다. 따라서 최종적으로 코스를 벗어나 이스케이프 존으로 들어가겠지만 가능한 한 가드레일까지 가서 붙여 멈춘다.

고장으로 차를 멈출 때에는 코스에서 가능한 한 멀리 가드레일 근처까지 이동시킨다. 머신을 체크하는 짓은 그만두고 즉시 가드레일 바깥으로 피난한다.

고장이 났을 경우에는 결코 생각한 지점에 세울 수 없을지도 모르지만 비교적 안전한 장소 어딘가로 차의 속도와 힘이 남아있는 동안 빠르게 판단하여 이동시켜 세운다. 코스 위에 차가 반 정도 걸쳐지는 경우가 생기지 않도록 주의한다.

코스를 벗어나면 어디라도 괜찮을 거라고 생각할지 모르지만 그렇지 않다. 이스케이프 존이라도 코너의 중간에서 출구의 바깥은 특히 위험하며 출구의 안쪽이라도 머신이 날라 들어올 위험이 큰 지점이다. 차를 움직이기에 곤란한 상황에서 반드시라도 생각한 지점에 세울 수 없을지도 모르지만 비교적 안전한 장소 어딘가에 차의 속도와 힘이 남아있는 동안 빠르게 판단한다. 판단이 늦어 결국 코스위에 반 정도 차가 걸쳐지는 경우가 생기지 않도록 주의한다.

충돌 혹은 전복될 경우

불행하지만 차가 충돌하거나 전복될 경우도 있다. 가벼운 충돌이어서 주행 가능하다면 서행해서 피트로 돌아오면 좋겠지만 주행 불능이 될 경우 역시 차에서 탈출하지 않으면 안 된다. 이것에 대해 이미 기술한 그대로다. 단지 충돌한 경우 차의 피해가 어느 정도인지를 알고 싶어 차에서부터 피난하지 않고 차의 아래쪽 주위를 살펴보는 사람이 있는데 이것은 매우 위험하다. 그 피해를 관찰한다고 해서 부서진 부분이 더 가벼워질 리가 없으며 2차적으로 사고에 휘말릴 수 있기 때문이다. 일단 가드레일 밖으로 나가 본인의 안전을 확보해야 한다.

전복했을 경우 처음으로 되돌아와서 멈추면 좋겠지만 옆으로 전복되었거나 거꾸로 전복되어 있는 상태라면 즉시 탈출할 방법을 생각한다. 왜냐하면 화재가 일어날 가능성이 있기 때문이다. 코스 위에 더구나 코너의 가운데 멈춰선 경우는 더더욱 후속차가 뛰어 들어올 위험도 있다. 예외적인 경우를 제외하고는 안전벨트를 즉시 풀고 탈출한다.

충돌한 경우 피해가 작다면 그대로 재주행하면 되겠지만 주행하면 할수록 충격이 커질 경우 단념하고 차에서 대피한다. 전복의 경우는 화재가 날 가능성이 있기 때문에 즉시 탈출한다.

02

여러 대의 차가 동시에 주행하는 서킷주행에는 때에 따라 접촉이나 충돌사고가 발생한다. 코스 위에 다른 차와 사고가 일어났을 경우 차의 충격보다도 피트로 돌아갈 것인가 그 장소에 멈출 것인가를 판단한다.

도어가 열리지 않을 경우 창이나 뒤 유리 또는 전면 유리가 깨져있을 경우 그 곳으로 탈출해도 된다. 여하튼 차에서부터 빨리 탈출해야 한다는 것을 기억하기를. 그리고 후속차에 주의하면서 코스 밖으로 피난한다.

다른 차의 접촉사고와 사후처리

서킷주행은 여러 대의 차가 동시에 주행하기 때문에 때에 따라 접촉사고나 충돌사고 등이 발생할 수 있다. 코스 위에 다른 차와 사고가 났을 경우 차의 피해에 따라 피트로 돌아올 것인가 그 장소에 세워둘 것인가를 결정한다. 경미한 피해라면 당연 그대로 피트까지 돌아오겠지만 주행에 따라 파손이 심한 정도가 더 커질 경우에는 무리하지 말고 안전한 장소로 이동해서 차를 세운다. 상대도 차를 세울 경우도 있지만 피해가 적다면 그대로 주행을 계속할 수도 있다. 어떤 방법이든 상대와의 대화는 그 후의 일이며 우선은 가능한 한 안전한 장소로 차를 이동시킨다. 차의 피해 상황을 관찰하는 것은 그만두고 본인들도 가드레일 뒤로 나간다.

서킷 사고의 법칙

서킷 내의 사고의 원칙은 '피해는 본인책임'이다. 공도에서 교통사고와 같이 어느 쪽이 잘못을 했는지 과실이 어느 쪽으로 가는지는 관계없다. 쌍방 둘 다 자신의 손해는 자신에게 있고 상대에게 손해배상을 요구할 수 없다. 앞차의 스핀에 휘말려 충돌하거나 경쟁 중에 부딪치는 결과가 있어도 차량의 수리비를 청구할 수가 없다.

따라서 자신이 원인이 되어 상대에게 손해를 끼쳤다손 치더라도 상대에게 보상을 할 필요는 없다. 다만 오해하지 말아야할 것은 사죄하지 않아도 좋다는 의미는 아니다. 내용에 따라 자기의 실수를 인정하거나 상대의 과실을 추궁하거나 사고의 원인에 대해 의견을 나누는 것에 대해서는 자유이며 또 그 필요도 있을 것이다. 그러나 과실에 대한 피해의 보상은 없는 것이 서킷의 법칙이라는 것을 명심하기를.

03 주행에 대한 기초지식

타이어의 그립(grip)
타이어의 중요성과 마찰원
타이어의 성능
코너링의 역학적 의미
라인잡기의 역학적 고찰

1 타이어의 그립(grip)

차의 운동성능은 모두 타이어를 매개로 하여 성립한다. 타이어의 그립에 대하여 인지하는 것은 드라이빙 기술을 연마하는 이상으로 많은 도움이 된다.

타이어는 마찰의 법칙을 따르지 않는다!

타이어의 그립은 일반적으로 타이어와 노면의 마찰에 의한 것이라고 한다. 학교의 물리시간에 배웠던 정지마찰과 운동마찰의 법칙에서는 마찰력(F)은 압력(N)과 마찰계수(μ)로 결정되며 접촉면적과는 관계가 없다고 한다.

수식에서는 「$F = N\mu$」로 나타나며 여기에 접촉면적은 나오지 않는다.

결국, 어느 쪽도 마찰계수가 같은 오른쪽 그림에서와 같이 직육면체의 물체가 있다고 한다면 이 물체를 밀어내기 위해, 물체를 어느 쪽 방향으로 놓아도 필요한 힘은 같다고 말할 수가 있다. 세워도 눕혀도 마찰력은 변하지 않는다. 세우면 밑면에 접촉면적은 줄지만, 그와 동일한 무게(압력)를 좁은 면적으로 받게 됨으로 단위면적에 대한 압력은 커지게 되어, 마찰력은 변하지 않는다고 말할 수 있다. 무게에 관계없이 접촉면적이 작은 쪽이 마찰도 작아진다고 한다면, 극단적으로 접촉면적을 작게 할수록 좋아진다고 할 수 있다. 그렇지만 그렇지 않다는 것은 실생활에서도 느낄 수 있다.

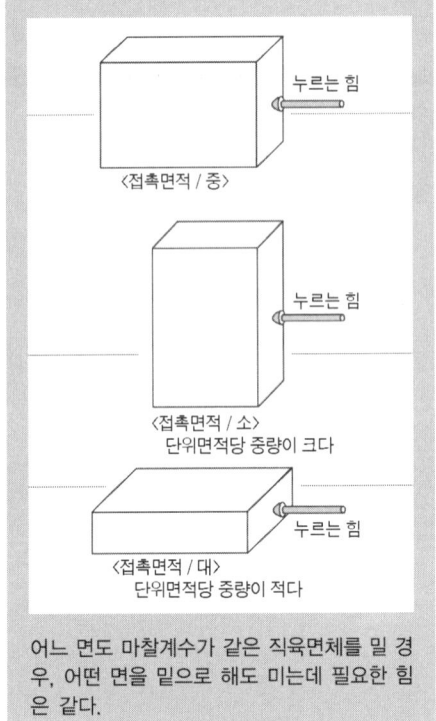

어느 면도 마찰계수가 같은 직육면체를 밀 경우, 어떤 면을 밑으로 해도 미는데 필요한 힘은 같다.

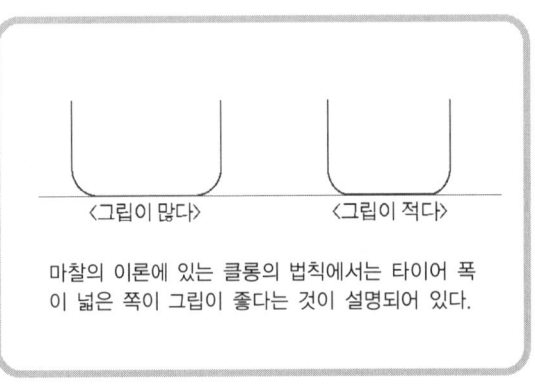

마찰의 이론에 있는 클롱의 법칙에서는 타이어 폭이 넓은 쪽이 그립이 좋다는 것이 설명되어 있다.

마찰의 개념과 점착의 개념의 확실한 경계는 없지만 스포츠 성향이 강한 타이어일수록 점착성이 높다.

하지만 그렇다면, 넓은 폭의 큰 타이어로 바꿀 경우 그립이 증가한다는 것은 거짓말이 되어 버린다. 타이어의 마찰(Grip)은 차의 중량과 타이어와 노면간의 마찰계수로 결정되어지기에 타이어의 노면 접촉면적은 관계가 없어야 하기 때문이다. 결국 폭 넓은 타이어는 접촉면적은 넓어지지만 단위면적에 대해 받는 중량은 작아지므로 마찰이 증가하지 않는다. 그러나 실제로는 경주차 뿐만 아니라 보통 차도 타이어가 큰 쪽이 그립이 좋은 것은 확실하다.

이 모순을 어떻게 생각해야 좋을까?

실은 마찰이라고 하는 것은 한 가지 요인에서 발생하는 것이 아니라 여러 가지 요인이 있어 그렇게 단순한 현상은 아니다. 결론적으로 말한다면 딱딱한 종류인 물체의 마찰, 즉 부드러운 것과 딱딱한 것의 마찰은 서로가 양상이 틀리다. 그것은 마찰발생의 몇 가지 요인 중에 어느 것이 크게 작용하는가에 따라 달라진다. 따라서 딱딱한 종류의 물체를 전제로 한 물리 교과서의 마찰법칙이 그대로 타이어에 대해서도 반드시 적용되어지는 것은 아니다.

마찰은 영어로 '프릭션(friction)'이라고 하지만, 타이어의 그립은 '들러붙음(adhesion)'이라는 단어를 사용한다. 즉 점착(粘着)의 개념이다. 주행 후 아직 뜨거운 경주차 타이어의 트레드 면을 손으로 만지면 정말로 '끈적끈적'한 점착의 느낌을 잘 알 수 있다. 점착이 있어 접촉면적이 증가되면 그 저항력도 증가한다. 넓은 접착 테이프가 더 단단히 붙는 것과 같은 이치다. 테이프의 경우에는 계속해서 누르고 있는 것은 아니지만, 타이어의 경우는 하중이 걸려있기 때문에 계속 누르는 힘이 작용한다. 이 힘이 클수록 저항력도 비례하여 커지는 것은 물체의 마찰 경우와 다르지 않다.

마찰의 법칙상 가속도 및 코너링시 1G 이상의 G가 걸리게 되면 랩타임은 큰 폭으로 떨어진다. 실제로는 타이어는 점착 개념의 세계이다.

마찰의 공식 $F = N\mu$ 에서 접촉면적이 비례 관계로 되어있다. 딱딱한 종류의 마찰에서는, 예를 들어 마찰계수가 0.5라고 한다면 1,000kg의 물체를 바로 옆에서 미는데 500 kg의 힘이 필요하다. 거꾸로 말하면, 1,000kg의 물체를 밀어 내는데 500kg의 힘이 필요하다면 마찰계수는 0.5이다.

마찰계수는 1이 최대로 그 이상은 없다. 즉, 1000kg의 물체를 바로 옆에서 밀어 내는데 그 무게 이상의 힘은 필요하지 않다. 그것은 마찰의 개념을 넘어 무엇인가와 밀접한 관계가 있다. 왜냐하면 1,000kg이라는 힘은, 만약 물체를 위로 당기면 물체는 끌려 올라가 마찰력은 0이 되고 그 상태에서는 어렵지 않게 물체를 밀어 내수가 있음을 의미하기 때문이다.

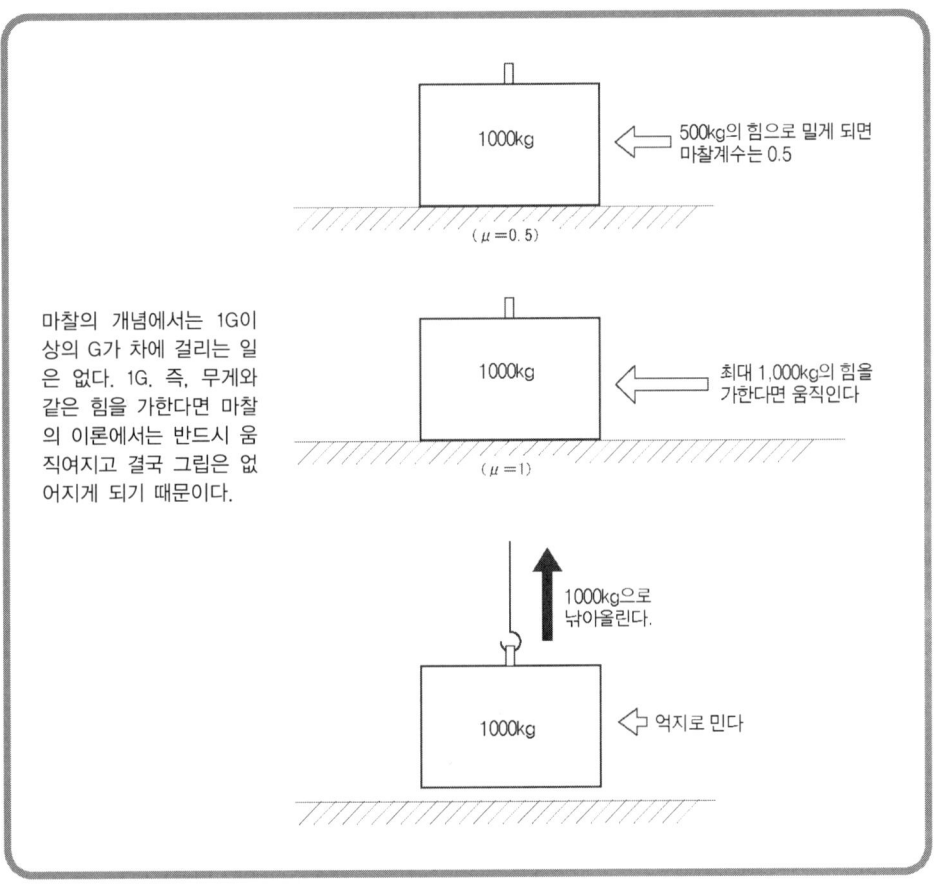

마찰의 개념에서는 1G이상의 G가 차에 걸리는 일은 없다. 1G, 즉, 무게와 같은 힘을 가한다면 마찰의 이론에서는 반드시 움직여지고 결국 그립은 없어지게 되기 때문이다.

타이어라고 하는 것은 이와 같이 딱딱한 물체의 마찰개념을 넘어 점착의 개념이라는 의미를 이것으로 이해가 될 것이다. 단지 그것이 마찰인지 점착인지의 경계는 확실하지 않다. 물체의 경도(硬度)와 성질에 따라 서서히 그 특성이 변한다고 생각하는 것이 좋다. 예를 들어 같은 타이어라도 보통의 타이어보다 경주용 타이어가 점착의 성질이 현저하게 좋다.

그립의 정체

여기에서 타이어의 그립과 다른 어떤 것을 생각해보자.

앞에서 말한 것과 같이 타이어의 그립을 만들어내는 마찰이라고 하는 것은 단순하지 않고 미시적으로 보면 몇 가지 요인에 의해 발생한다. 타이어의 마찰력이라고 하는 것은 **응착(凝着)마찰**, **변형손실마찰**, **굴기(堀起)마찰** 세 가지를 들 수 있다.

응착 마찰은 타이어의 분자와 노면의 분자라고 하는 마이크로

타이어의 움직임은 마찰보다는 점착의 이론이다. 경기용 타이어 등 특히 고성능 타이어일수록 타이어의 점착성이 좋다는 것은 알 수 있다.

(micro)에서 분자간 인력이 작용하여 서로 끌어당기는 것에 의해 생기는 힘이다. 이 끌어당기는 힘을 떼어 놓으려면 저항이 발생하는데 그것이 그립이 되며 또한 주행저항도 된다.

변형손실 마찰은 노면의 미시적인 요철에 의해 타이어의 고무가 변형하기 위해 활용되는 에너지 손실(energy loss)에 의한 저항력이다. 변형할 때에도 또한 복원될 때에도 타이어 분자의 힘은 작용하며, 그것이 에너지 손실이 된다. 히스테리시스 손실(hysteresis loss)이라고도 말하며 이것이 마찰력이 된다.

굴기 마찰은 노면의 미시적인 요철에서 타이어가 닳거나 잘게 찢겨지거나 할 때 생기는 저항력이다. 타이어가 마모하여 닳는 것은 이 굴기 마찰에 의한 것으로 일반적으로 스포츠성이 높은 고성능의 타이어 일수록 빨리 닳는다. 경주용 S타이어나 레이싱 타이어 등은 극단적으로 이 마찰이 커서, 서킷의 코스에서는 타이어의 고무가 많이 떨어져 있는 것을 볼 수 있다. 눈길에서의 스터드리스 타이어의 그립에 대해서는 '설주전단력(雪柱剪斷力)'이라고 하는 별도의 저항력에 의하지만 여기서는 생략을 한다.

03

2 타이어의 중요성과 마찰원

타이어가 그 성능을 발휘하는 것은 최종적으로 타이어와 노면의 관계로 결정된다. 아무리 엔진의 마력이 높다고 자랑해도 그것에 타이어를 맞출 능력이 없다면 그 마력을 살릴 수 없다. 아무리 고성능의 브레이크 장치를 가지고 있다고 해도 타이어를 맞출 능력이 없다면 역시 브레이크 성능을 충분히 발휘할 수 없다. 코너링 성능도 같은 양상으로 아무리 고성능의 서스펜션을 가지고 있어도 타이어의 능력을 넘은 그립은 얻을 수 없다.

차가 그 성능을 발휘하기 위해서는 최종적으로 타이어와 노면과의 관계로 결정된다. 아무리 엔진성능이 높아도 아무리 강력한 브레이크를 장착하여도 타이어가 좋지 않으면 그 성능은 발휘되지 않는다.

이와 같이 스포츠의 성능을 이야기 할 때 타이어는 매우 중요한 역할을 하고 있다는 것을 알아야 한다. '엽서 4장'의 면적에서 차를 모두 컨트롤한다고 많이 이야기하지만, 타이어는 이 조그마한 면적에서 큰 파워를 노면에 전달하며, 1톤 이상 되는 차의 급 감속, 급회전을 지지하고 있다.

그런데 타이어의 그립은 위에서 이야기 하였던 것과 같이 **가속, 감속, 회전**(코너링)의 세 가지가 필요하다. 가속과 감속은 반대방향으로 작용하는 힘으로 동시에 작용하는 일은 없다. 코너링은 그것과는 다른 힘으로 가속과 감속이 동시에 일어나는 경우가 많다. 이 방향이 다른 그립력에 대한 것이 마찰력이라고 하는 개념이다. 서킷주행을 할 경우 이를 이해하여 드라이빙에 활용하는 것이 중요하다.

마찰원이라는 것은 타이어의 점착력 즉, 그립력 한계의 높이를 원으로 표시한 것이다. 가속과 감속에 작용하는 힘과 코너링에 작용하는 힘을 벡터(vector)로 표시할 때 동시에 작용하는 하나의 힘은 그 원을 넘을 수는 없다라고 하는 생각을 표시하고 있다. 벡터라고 하는 것은 방향성을 가지고 있는 힘으로 같은 지점에서 방향이 다른 벡터는 합력이라고 하는 한 방향의 힘이라고도 생각할 수도 있다. 결국 이 벡터의 합력은 그립한계인 마찰 원을 넘어 클 수는 없다고 말할 수 있다.

실제의 경우를 생각해보자.

풀 브레이킹을 하여 타이어의 종 방향 그립을 100% 사용한다면 횡 방향의 장력은 작용하지 않고 불안정하게 되는 것을 의미한다. 또 코너링에서 횡 방향의 그립을 100% 사용한 상태로 액셀러레이터를 강하게 밟거나 브레이크를 밟으면 그립을 잃고 스핀을 한다던지 코스 아웃을 하게 된다. 또한 큰 파워의 뒷바퀴 굴림차로 핸들을 꺾은 채로 급발진을 할 경우 구동력만으로 마찰원의 그립 한계에 도달하게 됨으로, 횡 방향의 장력이 작용하지 않아 간단하게 테일 슬라이드(tail slide)하여 그 자리에서 스핀을 하기도 한다.

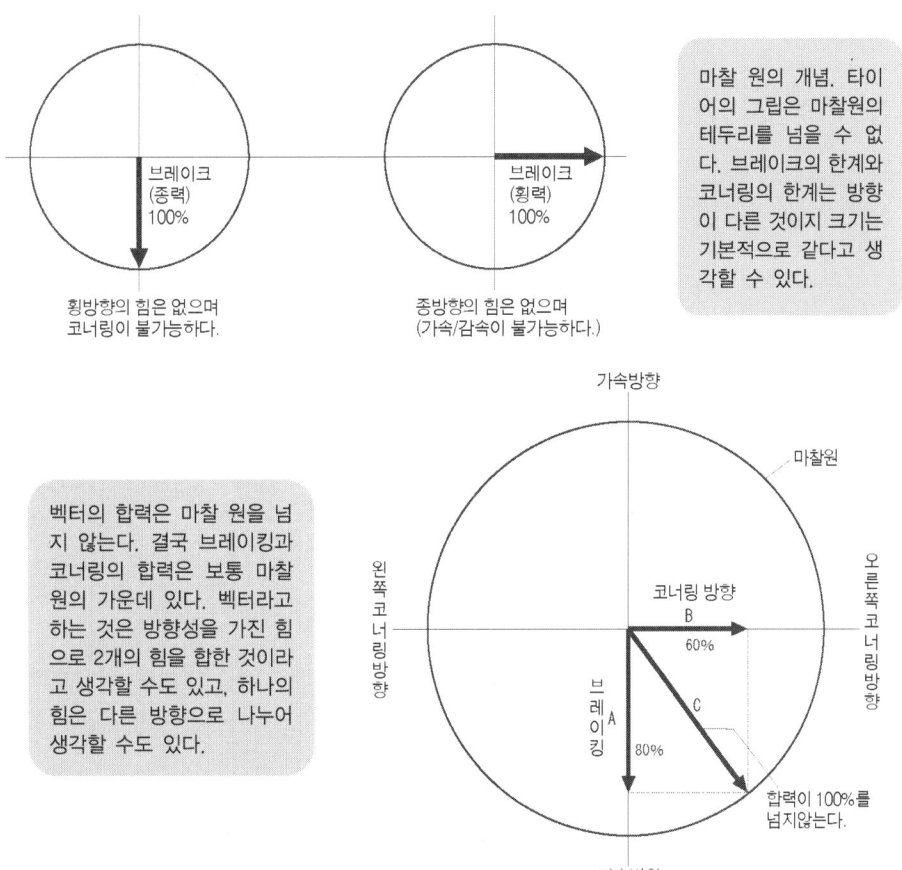

03

이와 같이 그립의 한계와 구동력 또는 제동력의 종 방향의 힘은 코너링을 견디는 횡 방향의 힘, 합력에 의해 결정된다. 이것을 이해하여 스티어(steer)양과 액셀러레이터의 열림 정도, 또는 스티어 양과 브레이크의 밟는 정도를 상황에 따라 조절하는 것이 중요하다.

종 방향과 횡 방향에 사용되는 그립력의 관계는, 벡터의 합력 계산이 되어지나 단순한 빼기 계산은 아니다.

즉, 80%의 브레이크 힘을 사용했다고 한다면 100 - 80 = 20은 아니다.

이것은 직각삼각형의 각 변의 길이를 구할 때 사용되는 식에서 간단하게 나온다.

$$B = \sqrt{C^2 - A^2} = \sqrt{100 \times 100 - 80 \times 80} = 60$$

으로 60%가 된다.

브레이크의 힘(종력)을 몇 퍼센트 사용했을 때 코너링의 힘(횡력)이 약 몇 퍼센트를 사용하는가를 표시하면 다음과 같다.

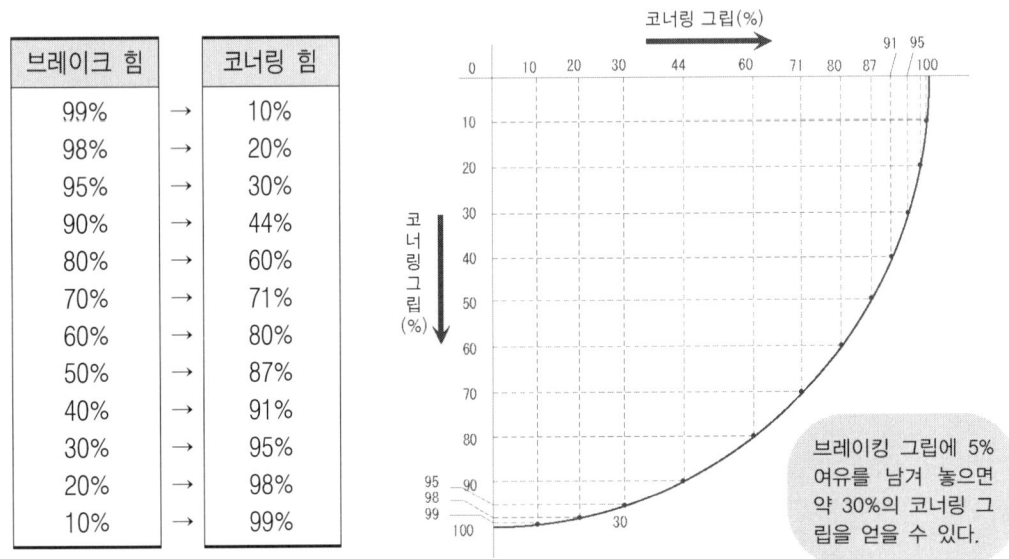

브레이크 힘		코너링 힘
99%	→	10%
98%	→	20%
95%	→	30%
90%	→	44%
80%	→	60%
70%	→	71%
60%	→	80%
50%	→	87%
40%	→	91%
30%	→	95%
20%	→	98%
10%	→	99%

브레이킹 그립에 5% 여유를 남겨 놓으면 약 30%의 코너링 그립을 얻을 수 있다.

여기서 알 수 있는 것은 브레이크 힘을 조금만 감소하여도 상당히 많은 코너링 힘을 얻을 수 있다. 거꾸로 코너링의 힘을 조금만 줄이는 것으로도 상당한 가속력 또는 브레이크의 힘을 얻을 수가 있다. 실제의 상황을 생각하면 코너에 진입할 때 브레이크를 남겨 놓으면서 스티어링을 돌릴 경우와 코너를 벗어날 때 스티어링을 조금씩 제자리로 돌리면서 액셀러레이터를 밟을 경우는 이 힘의 관계가 타이어에 작용하게 된다.

옛날, 드라이빙 테크닉에서는 브레이크를 직선에서 밟고 나서 코너링에 들어가는 것이라고 이야기하였다. 그러나 브레이크를 직선에서 밟는 원칙은 변하지 않았지만 현재는 코너에 진입할 때 브레이크를 남겨놓으면서 스티어링을 돌리기 시작하는 경우가 보통이다. 그것은 FF 차와 같은 언더스티어 성향이 강한 차에서는 스티어링을 꺾기 시작할 때 방향을 잘 잡기 위해서는 특히 필요한 것이다.

브레이킹을 남기고 코너에 진입. 브레이크 힘을 조금 늦추면 그만큼을 코너링 방향의 그립에 배분할 수 있다.

3 타이어의 성능

슬립 앵글(Slip angle)

스티어링을 돌릴 때 차가 방향을 바꾸는 것은 타이어의 방향을 바꾸려고 하는 횡력이 작용하기 때문이다. 이것을 **코너링 포스**(cornering force)라고 한다. 왜, 진행방향의 직각, 즉 옆으로 향하는 힘이 발생하는가 하면 타이어의 뒤틀림이 생기기 때문이다.

결국 타이어의 방향과 진행방향 각도의 엇갈림이 있는 것이다. 이 엇갈림의 각도를 슬립앵글이라고 하지만, 보통의 차가 방향을 바꿀 때에는 원심력이 적기 때문에 슬립앵글도 적다. 그러나 서킷주행과 같은 한계 속도에서의 코너링에서는 큰 원심력을 지지하기 위해서 코너링 포스도 크게 하지 않으면 안 된다. 어떻게

03

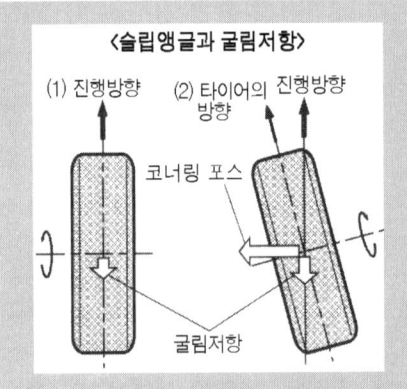

〈슬립앵글과 굴림저항〉
(1) 진행방향
(2) 타이어의 진행방향 방향
코너링 포스
굴림저항

(1) 타이어가 향하는 방향으로 진행하는 때는 코너링 포스를 발생하지 않는다.
(2) 타이어가 향하는 방향과 약간 엇갈린 방향으로 진행할 때에는 타이어에는 코너링 포스가 발생한다.

차를 회전시키려고 하는 힘은 타이어에서 발생한다. 그것은 타이어의 방향과 타이어의 진행방향의 엇갈림이 생기기 때문에 그 엇갈림의 각도를 슬립앵글이라고 한다.

하여 큰 코너링 포스를 얻을 수 있는가 하면 슬립 앵글을 크게 하면 된다.

코너링 포스는 스티어링 각(steering angle)을 늘릴수록 크게 된다. 그러나 아래의 그림과 같이 한도의 정점이 되면 오히려 코너링 포스가 떨어져 버린다.

어느 정도의 각도가 정점(peak)이 되는 것은 타이어의 종류에 따라 다르다. 일반적으로 보통의 타이어보다도 고성능의 타이어가 각도가 크고 높이도 높다. 게다가 레이싱 타이어는 더욱 더 급각도에서 높이 올라간다. 결국 고성능의 타이어일수록, 약간의 슬립 앵글로 큰 코너링 포스를 발휘할 수 있어서 스티어링의 응답성이 좋고 그립 수준(level)도 높다.

그러나 각도가 약간이라도 더 커져 버리면 그립은 변해서 떨어져 버린다. 예를 들면 차 뒷부분(tail)이 많이 흐를 경우에는 복귀가 어렵게 된다. 보통의 타이어라면 아직 붙을 수 있는 각도라도 경기용 타이어에서는 붙지 않고 스핀을 하게 된다. 잘 사용하면 빠르지만 그만큼의 빈틈없는 드라이빙이 요구된다. 드리프트 상황은 결코 그립의 최고점을 사용하는 것은 아니다.

흔히 있는 실수는 스티어링을 꺾어도 회전하지 않을 뿐만 아니라 너무 꺾어 슬립앵글의 한계를 넘어버리는 것이다. 그렇게 하면 오히려 방향이 바뀌지 않고 크게 꺾인 각 그대로 똑바로 가버리게 된다.

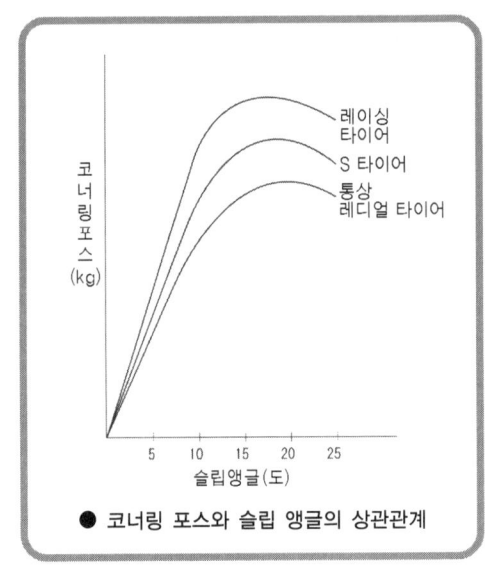

● 코너링 포스와 슬립 앵글의 상관관계

특히 코너진입 시 브레이크를 실패한 경우는 크게 스티어링을 꺾은 채로 똑바로 가버리는 경우가 많다. 단지 ABS가 부착되어 있는 경우는 강하게 브레이크를 하면서 스티어링을 꺾어도 예상 외로 방향을 돌려주기 때문에 그것만으로도 안정성이 높다. 어쨌든 슬립앵글을 너무 크게 하면 오히려 그립은 떨어지는 것을 명심해야 한다.

슬립(Slip)률

타이어는 1회전하면 원주의 거리만큼 진행하는 것이 보통이다. 그러나 출발 때나 저속기어로 코너를 나갈 때 등에서 휠 스핀(wheel spin)이 일어나면 원주의 거리만큼 진행하지 않는다. 극단의 경우는 거의 나가지 않는다고도 말할 수 있다.

이 어긋남을 슬립률이라고 한다. 예를 들어 원주의 90%의 거리를 간다고 할 때 슬립률은 10이 된다. 이것은 브레이크의 경우도 방향이 거꾸로 되므로 같은 양상이다. 가속 시나 브레이킹시에 가장 그립이 좋은 슬립률은 20% 정도다. 즉, 출발할 때에는 약간의 휠 스핀을 하는 것이 좋다. 또 약간 잠그는 정도의 브레이킹이 가장 적합한 것이다.

다만 어느 쪽도 그것을 과할 경우는 그립은 한번에 떨어져 버린다. 20%의 슬립률을 체감하는 것도 어려운 것이 현실이다. 따라서 출발(start)과 브레이킹에서도 약간 미끄러지는 정도가 적합하다고 이해하는 것으로 두는 것이 20%를 추구하는 데 필요한 것이다.

타이어가 1회전 하면 타이어의 원주의 거리만큼 진행하는 것이 보통이지만 휠 스핀이나 브레이킹에서 휠을 록(lock)시키면 원주의 거리와 진행거리에 차이가 생긴다. 이 차이가 슬립률로 약간의 슬립률이 있는 쪽이 그립력이 높다.

4 코너링의 역학적 의미

차가 방향을 바꾸는 것, 즉 코너링을 하는 것은 어떤 것인가를 먼저 생각하여 보자.

차가 코너링을 한다는 것은 차의 진행방향에 대하여 횡방향의 힘이 작용하기 때문이다. 그 힘은 타이어의 그립에서 얻을 수 있다.

차나, 비행기, 배 등 물체는 관성의 법칙에 의해 기본적으로 그 상태를 유지하려고 한다. 정지되어있는 물체는 계속 정지하려고 하고 움직이는 물체는 그대로 계속 움직이려고 한다. 이른바 '등속직선운동'이 기본이다.

멈추어 있는 물체에 한번 힘을 가하면 그 힘만큼 가속되고 후에는 일정 속도로 계속해서 움직여 등속직선운동에 들어간다. 힘을 한번이 아니라 같은 방향으로 계속해서 주면 물체는 점점 가속이 된다. 이것이 '**등가속도운동**' 이다. 차의 경우는 구동계의 저항과 공기저항이 크기 때문에 가속은 점차 둔화되어 어느 속도에서 균형이 잡혀 더 이상 가속되지 않게 되지만, 이것은 우주공간과 같이 저항이 없는 곳에서는 더욱 가속되어 빛의 속도 가까이 간다. (다만, 빛의 속도에 접근하면 뉴튼 역학에서 상대성 이론의 영역에 들어가게 됨으로 빛의 속도까지는 언급하지 않겠다).

물체에 계속하여 가해지는 힘이 진행방향의 경우는 점점 가속되지만 힘을 바로 옆에서 가하면 어떻게 되는가 하면 원운동이 된다. 이것도 등가속도운동이라고 한다. 즉 계속 가해지는 힘이 진행 방향인가 횡방향인가로, 가속운동인지 원운동 바꾸어 말하면 선회운동인지를 알게 된다. 차의 코너링은 이 선회운동이고 등가속도 운동의 하나다.

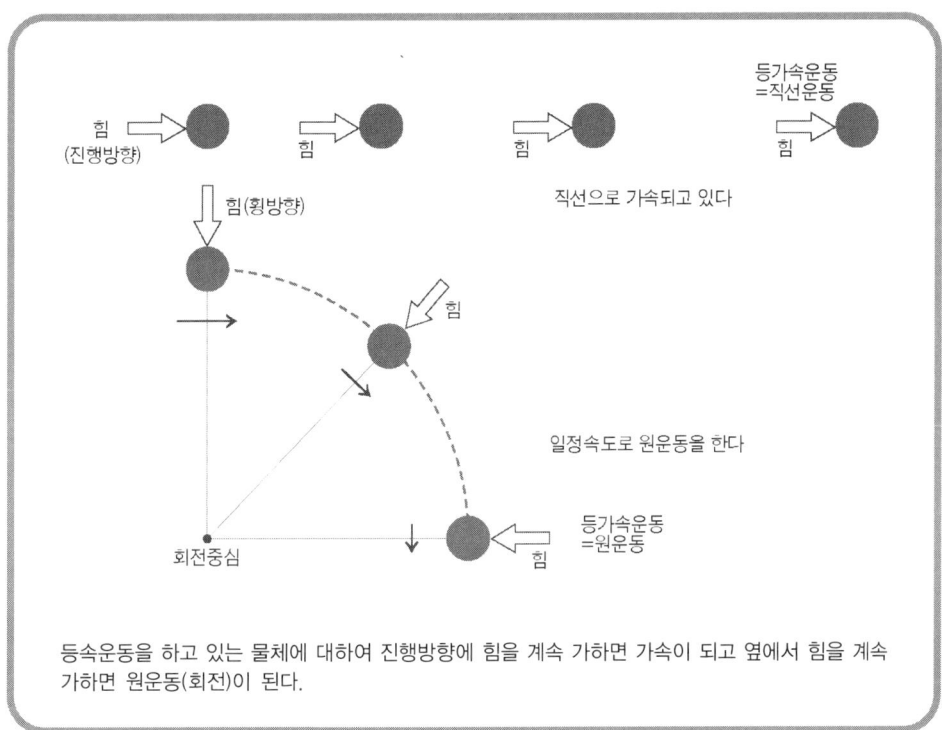

등속운동을 하고 있는 물체에 대하여 진행방향에 힘을 계속 가하면 가속이 되고 옆에서 힘을 계속 가하면 원운동(회전)이 된다.

이 횡력(橫力)의 힘을 향심력(向心力) 또는 구심력(求心力)이라 한다. 실의 앞에 무거운 것을 달아 돌리면 실이 핑 하고 뻗어나가 팽팽하여지는 힘과 같은 것이다. 차가 선회운동을 할 때의 구심력은 타이어에 의해 발생된다. 스티어링을 돌려 타이어의 구심력을 발생시켜 방향이 바뀌게 되는 것이다.

선회는 '공전 + 자전'의 운동

여기에서 차의 코너링을 다시 한 번 살펴보자. 코너링이라고 하는 것은 차가 공전을 하면서 자전도 하는 복합의 운동이다. 공전만을 이야기하면 물체의 운동에 대해서 생각 할 수 있지만, 차의 경우는 그렇지 않다.

예를 들어 180도 돌아서 들어가는 코너를 생각할 경우 차는 코너의 정 중앙에서는 옆 방향으로 달려야 하고 출구에서는 뒤 방향으로 되어있게 된다. 이것은 있을 수 없는 이야기다. 자전만을 이야기하는 것은 그 자리에서 스핀하게 됨으로 코너링이 되지 않는다.

03

차의 선회는 향심력을 타이어에서 얻는 것이지만 전후좌우 4개가 있다. 이것이 단순한 물체의 원운동과 다른 부분으로 스티어 특성을 의미하는 점이 여기에 있다. 결국 향심력은 차량의 중심에서 발생하는 것이 아니라 전후좌우 4개의 타이어에서 발생한다. 따라서 특히 전후 타이어의 향심력 크기가 다른 것이 중심을 축으로 하여 차를 회전시키려고 작용한다. 이 회전시키려는 힘을 '회전(moment)'라고 하며 이것이 차를 자전시킨다.

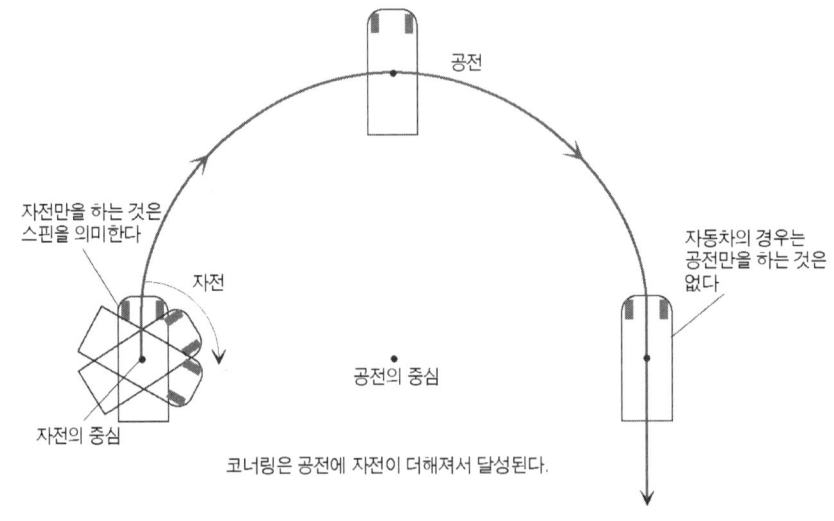

코너링은 차의 공전에 자전이 더해져서 성립된다. 공전만으로는 될 수가 없고 자전만을 하게 되는 경우에는 스핀턴(spin turn)을 한다.

코너링할 때 공전의 각도와 자전의 각도가 같다면 매우 부드럽게 돌아가게 된다. 예를 들어 차가 90도 공전했을 때 자전의 각도도 90도라면 아주 좋다. 그러나 이때 자전을 95도로 돌렸다면 너무 많이 돌려져 스티어링을 원위치할 때 핸들을 수정해야만 한다. 이것이 오버스티어 상태다. 거꾸로 90도로 공전하였을 때 자전이 85도 밖에 되지 않았으면 언더스티어가 되며 스티어링을 충분히 돌리지 않으면 안 된다. 이 공전과 자전의 관계가 스티어의 특성이다.

오버스티어가 너무 강하면 스핀하기 쉽고 언더스티어가 너무 강하면 좀처럼 방향을 바꾸기 어려워 코스 아웃이 되기 쉽다.

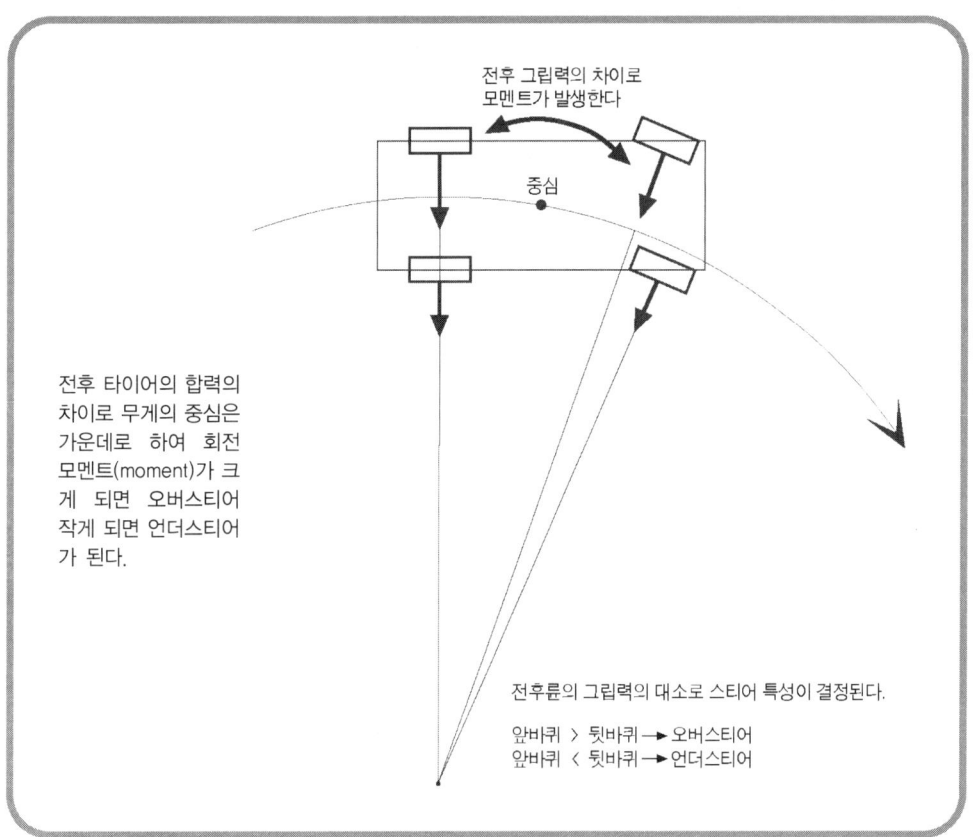

스티어 특성

보통의 도로에서 주행할 때에는 스티어의 특성을 거의 의식하지 못한다. 그러나 서킷에서 코너링 한계 근처에서 주행을 할 때에는 이 스티어의 특성이 큰 의미를 가지게 된다. 스티어의 특성은 언더스티어, 오버스티어, 그 중간인 뉴트럴스티어 등 3종류로 표현되어 스티어 특성의 역학적 의미는 위에서 말한 바와 같으나 실제의 현상을 보면 다음과 같다.

일정반경의 원을 도는 것 이른바 정상 원선회(定常圓旋回)에서 속도를 점점 높여 한계에 달하였을 때 차의 앞쪽이 바깥쪽으로 달아나 스티어링을 충분히 꺾어도 그만큼 돌아가지 않는 것이 언더스티어, 반대로 차의 뒤쪽이 미끄러져나가 스핀 상태로 빠지게 되는 것이 오버스티어다. 뉴트럴스티어는 차의 앞뒤가 동시에 미끄러져나가 자세는 그대로 크게 돌게 되는 상태다.

03

코너링은 차가 공전하면서 자전하여 완성된다. 공전에 대하여 자전이 작으면 언더스티어, 크면 오버스티어가 된다.

이 스티어 특성은 같은 자동차라도 작은 코너와 큰 코너, 가속시와 감속시 또는 타이어의 닳은 정도, 공기압, 연료의 양 등에 따라 달라질 가능성이 있다. 같은 자동차라도 조건에 따라 그 특성은 여러 가지로 변화한다. 레이싱카에서 머신 세팅(machine setting)이라고 하는 것은 이 스티어 특성의 세팅으로 큰 비중을 차지한다.

중심 근처에 중량의 집중은 움직임을 민첩하게 한다

자전은 앞에서 서술함과 같이 전후의 타이어의 향심력 차에 따라 일어나는 것이지만, 자전이 쉽게 되는 것은 차의 중량 물이 중심 근처에 집중되어 있는가 아니면 분산되어 있는가에 따라 차이가 나온다.

엔진을 차의 가운데 두는 방식, 즉 미드십(mid ship)으로 하는 방법은 확실한 것으로 가능한 한 무게가 나가는 물체를 차의 중심 가까이에 붙인다는 것이 주된 생각이다. 개조차의 세계에서는 프런트 미드십이라는 단어가 있는데 이것은 FR(프런트 엔진 리어 드라이브) 차의 엔진을 가능한 한 캐빈(cabin) 쪽에 기대어 탑재하는 것이다. 배터리 등을 실내중심에 옮겨놓는 것도 일반적인 방법이다. WRC(세계랠리선수권)의 있어서 랠리카 등은 코드라이버의 좌석이 매우 낮을 뿐만 아니라 뒤쪽에 있는 이유도 무게가 나가는 물체를 차량 중심에 가깝게 두려고 하기 때문이다. 그러는 것이 조종성이 빠르고 방향을 바꾸기 쉽다. 반면 테일이 흘러 나갈 때는 그 움직임도 한계에 이르러 스핀하기 쉽다. 그 때문에 빠른 스티어링 조작이 필요하게 된다.

그럼 바꾸어 말해 '중량을 분산시킨 쪽이 더 좋은가?'라고 생각할 수도 있지만 그와 같은 자동차에서는 자전을 일으키기 힘들기 때문에 스티어링의 응답성이 좋지 않다. 게다가 자전이 되었을 때 관성의 법칙에 따라 계속하여 자전을 하려 하기 때문에 카운터 스티어(counter steer) 등의 수정을 해도 스티어링의 응답성은 나빠지고 점착성이 있어도 민첩하게 차를 조작하는 것이 곤란하게 된다. 역시 모터스포츠를 위해서는 다루기 어렵지 않은 범위에서 응답성이 좋은 차가 이상적이다. 조종성을 표현하는 단어로 '회두성(回頭性)이 좋다(steering response)'라든지 '머리가 잘 들어간다'라는 것이 있다. 이것은 차가 공전보다는 오히려 자전하기 쉽다는 표현이다. 물론 회두성이 좋은 요소는 그 밖에 많이 있지만 코너링은 공전 뿐만이 아니라 자전도 중요한 요소다.

WRC의 랠리카에서는 코드라이버는 보통보다는 뒤쪽으로 아주 낮은 위치에 앉아 있다(사진은 왼쪽 핸들차로 오른쪽 좌석이 코드라이버). 이것은 중량을 중심위치 근처에 두면서 동시에 저중화(무게중심을 아래도 낮추기)하기 위함이다.

하중 이동

스티어의 특성에 큰 영향을 주는 것이 하중이동이다. 차는 보통 4개의 타이어로 하중을 지지하고 있지만, 반드시 1/4씩 같은 하중을 받고 있는 것은 아니다. 전후는 물론 좌우도 다르다. 좌우의 경우 1명이 타는 차는 운전자 쪽이 무거운 것이 보통이지만 좌우의 중량배분에서는 그다지 논하지 않겠다. 그러나 전후의 중량배분은 중요하여 조정성에도 크게 관계가 있는데 스포츠 성향이 높은 차는 메이커에서 표시하는 경우도 있다. 전후 비가 50대 50이 이상적이라도 말하지만 굴림 방식이나 엔진탑재 위치에 따라 반드시 그러한 것은 아니다.

03

예를 들어 FF(프런트 엔진 프런트 드라이브) 차에서는 중량물이 앞에 집중되어 있어 앞쪽이 무거운 것이 보통이다.

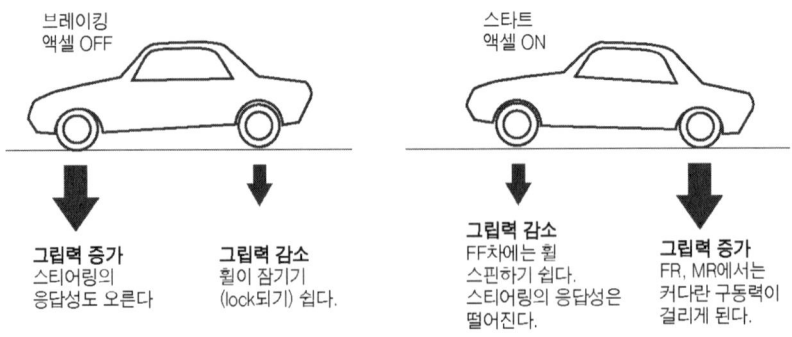

> 브레이킹과 가속으로 전후 타이어에 걸리는 하중은 큰 폭으로 바뀐다. 이 하중이동은 드라이빙에 밀접하게 연결되어 있다. 하중이동의 이해가 없이는 드라이빙 기술을 향상시킬 수 없다.

전후의 중량배분이라고 하는 것은 어디까지나 정지시의 중량 배분이다. 그렇지만 실제로 차가 주행할 때는 그 중량배분에 큰 변화가 일어난다. 예를 들어 브레이크를 잡으면 하중은 앞으로 이동하고 앞 타이어에 많은 하중이 걸린다. 반대로 뒤 타이어가 받는 하중은 적다. 가속하였을 때의 경우는 하중이 뒤로 이동하여 앞 타이어가 받는 하중은 줄어들고 뒤 타이어의 하중은 커지게 된다.

좌우도 같은 양상이다. 스티어링을 돌리면 즉 코너링에 들어가면 좌우방향으로 하중이 이동한다. 왼쪽으로 방향을 바꿀 경우에는 왼쪽에서 오른쪽으로, 오른쪽으로 방향을 바꿀 경우에는 그 반대로, 즉 하중은 안쪽에서 바깥쪽으로 이동한다. 코너링 중에 안쪽 타이어가 완전히 들리는 것을 종종 볼 수가 있는데 타이어가 들리는 것은 받는 하중이 0이기 때문으로 아마도 큰 하중의 이동이 있음을 알 수 있다.

그러나 타이어의 그립력은 하중이 증가하면 그만큼 그립력도 크게 증가된다고 말하였다. 따라서 하중이동이 전후좌우 타이어의 그립력을 크게 변화 시킨다. 그리고 그것은 스티어의 특성을 크게 변화시켜 차를 제어하는데 큰 요소가 된다. 결국 한계점에서 차의 운전은 이 하중이동을 적극적으로 이용하여 차의 자세를 제어한다고 할 수 있다. 속도를 낮추는 의미가 아닌 차의 자세를 만들기 위해 가벼운 브레이킹이나 액셀러레이터를 오프(off)하기도 한다.

FF차에서는 코너에서 종종 안쪽의 뒤 바퀴가 완전히 들리는 상태가 된다. 들린 바퀴는 전혀 하중을 받지 않고 3개의 바퀴로 하중을 지지하게 된다. 이 상태에서는 오른쪽 앞바퀴에 가장 많은 하중이 걸리고, 하중 0의 왼쪽 뒤 바퀴와의 하중의 차이는 크다.

5 라인잡기의 역학적 고찰

서킷을 주행할 때 '어떤 라인을 달리는 것이 좋을까?' 하는 문제가 생긴다. 작은 서킷에서는 '아웃 인 아웃(out in out)'의 원칙에서 어느 정도의 주행라인은 결정되지만 큰 서킷에서는 처음에 어디를 달리는 것이 좋은지를 전혀 감을 잡지 못하기도 한다.

여기에서 먼저 주행라인에 대하여 기초적인 방법을 생각해 보자.

작은 회전과 큰 회전의 한계속도

먼저 실제의 서킷의 라인잡기에 들어가기 전에 아래의 그림과 같이 라인을 생각하여 정하고 어느 쪽이 빠른가를 보자. A 라인은 반경 20m, B 라인은 2배의 반경 40m로 하자. 아 두개의 라인을 차의 코너링 한계로 주행하였을 때 어느 쪽이 빠른지를 생각해 보자.

B 라인의 반경이 2배라고 하는 것은 원주의 거리도 2배다.

따라서 A 라인과 같은 시간으로 달려 나가려면 B 라인에서는 2배의 속도를 내야만 한다. 그러나 실제로는 2배의 속도로는 달릴 수 없다. 타이어의 능력의 한계 안에서 향심력을 발생시킬 수 없기 때문이다.

바꾸어 말하면 2배의 속도로 달리는 것은 원심력이 너무 커지게 되어 한계를 넘어버리기 때문이다. 여기서 원심력 F의 크기는 다음과 같이 표시된다.

03

$$F = m\frac{V^2}{r}$$

(F : 향심력(원심력)　m : 차중　V : 속도　r : 회전반경)

이 식에서 알 수 있듯이 원심력은 속도의 제곱에 비례하기 때문에 속도를 2배로 하면 원심력은 4배가 되고, 반경을 2배로 하여 원심력을 줄여도 공제된 만큼 큰 원심력이 되어 타이어의 한계를 넘어 버린다. 그러면 어느 정도의 속도를 내는 것이 가능한가를 말하면

$$V_b = \sqrt{2Va^2} = \sqrt{2} \times V_a$$

즉 $\sqrt{2}$, 약 1.414배의 속도가 한계다. 예를 들어 A 라인에서 시속 50km(초속 13.89m)가 코너링의 한계라고 한다면 B 라인에서는 시속 70.71km(초속 19.64m)로 한계에 달한다. 2배의 거리를 주행하는 것에 2배의 속도가 나올 수 없기 때문에 당연히 B 라인 쪽이 늦어지게 된다.

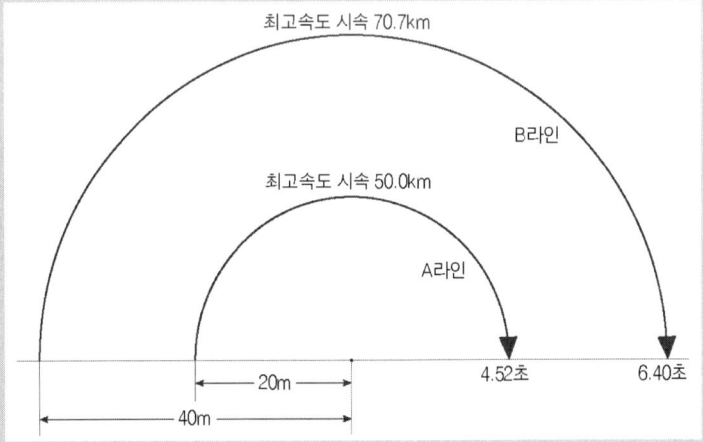

● 작은 회전과 큰 회전에서 어느 쪽이 속도가 빠른가를 비교

B 라인은 A 라인의 2배의 거리지만, $F = m\dfrac{V^2}{r}$ 식에서 A 라인의 2배 속도는 나오지 않아 작은 회전의 A라인 쪽이 빠르다.

시간차로는

$$t_a = \pi\, r_a/V_a = 3.14 \times 20/13.89 = 4.52$$
$$t_b = \pi\, r_b/V_b = 3.14 \times 40/19.64 = 6.40$$

이와 같이 그 차는 1.88초이다.

2대가 코너를 나란히 달리면, 안쪽이 작은 회전이 되게 때문에 빨리 나아갈 수 있다. 이 이론에서도 (추월은 인에서)가 원칙.

구간 타임의 비교

위의 결론으로 작은 회전을 한 경우가 빠르다. 다만 실제의 서킷의 라인잡기의 경우는 B 1라인과 같이 '아웃 인 아웃(out in out)'의 라인은 취하지 않는다. 거기에서 조금 실제에 가까운 아래의 그림과 같이 아웃 인 아웃의 라인에서 생각을 해보자. 물론 이것은 단순화 시킨 라인으로 실제에서는 브레이킹을 남겨놓고 코너링에 들어가기 하고 코너링을 하면서 가속을 시작하는 것이 보통이다. 여기에서는 기본을 알기 위해 간략화 한 모델을 나타낸다.

쉽게 생각하기 위하여 구간을 3개로 나누어 보자.

01 코너 진입구간의 비교

먼저 진입의 a_1구간과 b_1 구간을 보자. 이 구간 거리의 아주 약간의 차이다. a_1의 거리는 20m인 것에 대하여 b_1은 원주장의 1/12이기 때문에 r/12로 약 20.93m로 50% 조금 길게 된다.

이 구간은 A 라인과 B 라인에서 '주행방법'에 다른 점이 있다.

● 클리핑 포인트(clipping point : 줄여서 CP라고 함)를 같게 잡았을 경우
　작은 회전 라인과 큰 회전 라인의 시간 비교 모델

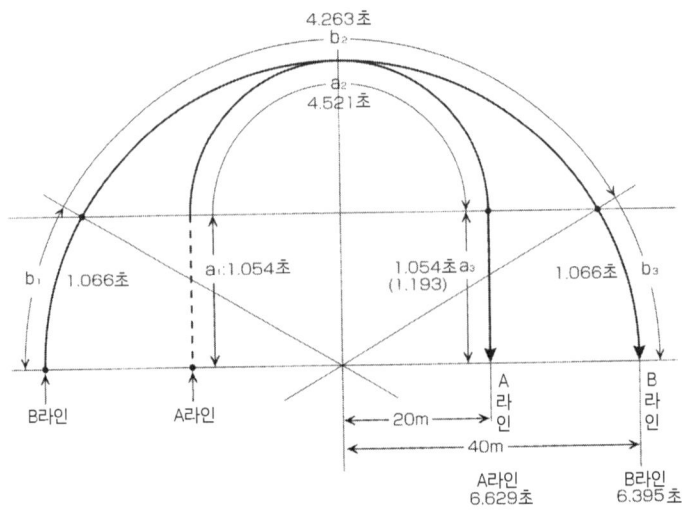

a_1 구간은 기본적으로 브레이킹에 의한 감속 구간인 것에 대하여 b_1 구간은 코너링 구간이 되어 있다. 먼저 앞의 구간 b_1의 통과시간을 구해보자. 앞에서와 마찬가지로 시간은 거리를 속도로 나눈 식이 됨으로,

$$t_{b1} = b_1 / V_b = 20.93 / 19.64 = 1.066 \ (초)$$

통과 시간은 1.066초가 된다. 여기에서 V_b의 19.64는 시속 70.7km의 초속 계산(m/sec)이다.

한편 구간 a_1의 시간은 어떻게 생각하여야 할까?

a_1은 브레이킹 구간이다. 당연 타이어 능력의 한계를 사용한 풀 브레이킹을 하기 때문에 그 한계는 b_1구간에서의 향심 가속도와 같은 가속도가 더해진다고 생각해도 좋을 것이다.

실제의 주행에서는 브레이킹을 남겨놓고 코너링에 들어가는 것이 보통이지만, 기본적인 생각의 방법을 보기 위하여 앞 쪽 그림과 같이 모델로 생각한다.

향심력(또는 그 반력에 대한 원심력)은 이 향심 가속도와 차량중량을 걸은 것이다. 요약하면 코너링은 이 향심력을 진행방향과 직각의 옆에서 가해진 것에 대하여 브레이킹은 진행방향과 같은 방향이지만 반대방향에 힘을 가한 것이 된다. 방향이 다른 것 말고는 현상으로서는 같은 양상으로 그 최대치는 타이어의 능력에 따라 결정된다.

이 차의 향심 가속도 는 반경 20m의 코너를 시속 50km로 달리는 것이 한계의 시점이라고 이하와 같이 결정했다. 13.89(m/s)는 시속 50km의 초속 계산이다.

$\alpha = V^2/r = 13.89^2/20 = 9.65 (m/s^2)$

이 향심 가속도와 같은 가속도를 차를 감속시키려는 방향으로 가하면 한계의 브레이킹으로 감속한 것이 되게 된다.

a_1구간의 마지막의 속도는 a_2의 처음의 속도, 시속 50km가 되어야만 함으로

$V_1 = 13.89 (m/s)$

D_1 속도 V_1과 가속도를 사용하여 a_1구간의 최초의 속도를 구하면

$2\alpha x = V_0^2 - V_1^2$ 의 공식에서

$V_0^2 = 2\alpha x V_1^2 = 2 \times 9.65 \times 20 + 13.89^2 = 579.01$

$V_0 = \sqrt{579.1} = 24.06 (m/s)$

초속 24.06에서 13.98로 감속할 때 걸리는 시간

$t_{a1} = (V_0 - V_1)/\alpha = (24.06 - 13.9)/9.65 = 1.054(초)$

b_1구간이 1.066초 이라면 a_1구간 쪽이 0.012초가 빠르게 된다.

코너 진입시 일시적으로 100% 횡그립을 사용했다고 한다면, 종방향에 100%의 그립력을 사용하는 것과 같은 물리적인 힘이 작용한다고 생각해도 좋다.

02 코너의 중간 구간

다음에 정 중앙의 a_2구간과 b_2구간을 비교하자. 여기는 어느 쪽도 코너링 구간이다.

a_2구간의 거리는 원주의 1/2인 것에 대하여 b_2구간의 거리는 원주의 1/3이다. 따라서,

$$a_2 = 2\pi r \div 2 = 2 \times 3.14 \times 20 \div 2 = 62.80 (m)$$
$$b_2 = 2\pi r \div 3 = 2 \times 3.14 \times 40 \div 3 = 83.73 (m)$$

이와 같이 구간 b_2는 a_2의 약 133%가 되어 82쪽 그림의 200%보다 이 부분 거리의 차는 크게 줄어든다.

다음의 이런저런 통과 시간을 보자. 시간은 거리를 속도로 나눈 식에서 다음과 같이 된다.

$$t_{a2} = 거리\ a_2\ /\ 속도\ V_a = 62.08 / 13.89 = 4.521 (초)$$
$$t_{b2} = 거리\ b_2\ /\ 속도\ V_b = 83.73 / 19.64 = 4.263 (초)$$

코너링 구간에서는 B 라인의 쪽이 0.259초 빠르게 된다. b_2구간은 거리가 a_2구간의 133% 증가한 것에 대하여 속도는 141.4 % 증가하여 달리데 되므로 b_2구간 쪽이 빠른 것은 당연하다.

코너 중간 구간은 주행거리의 차이와 회전반경의 차이가 시간에 어느 정도 나타나는지 비교가 된다.

03 코너의 출구 구간

코너 출구 구간은 들어가는 구간과 비슷하다. 먼저 a_3구간은 a_1구간의 반대로 초속 13.89(m/s)에서 24.06(m/s)로 가속하는 시간은 a_1구간의 감속하는 시간과 다르지 않다.

b_3구간도 일정 속도의 코너링이므로 b_1구간과 같다. 따라서

$t_{a3} = 1.054$

$t_{b3} = 1.066$

으로 진입 시와 똑같다. 3구간의 합산은 다음과 같이 된다.

$t_a = 1.054 + 4.521 + 1.054 = 6.629$

$t_b = 1.066 + 4.263 + 1.066 = 6.395$

그 차는 0.234초로 B 라인 쪽이 빨라, 먼저의 예와는 반대의 결과가 된다.

코너의 출구 구간은 진입시와 같은 양상으로 타이어의 종방향에 작용하는 힘과 횡방향에 작용하는 힘이 같다고 생각하여 비교한다.

다시 나아가는 구간(가속구간)의 고찰

앞의 예에서는 다시 나아가는 구간의 시간을 진입의 감속구간과 같다고 하였으나 그것은 최고치(최단시간)이고 실제에서는 이 구간시간은 차의 가속력 즉 동력성능에 의존한다. 결국 높은 파워의 엔진을 가진 차인지 약한 힘의 차인지에 따라 다시 나갈 때 가속은 달라지게 된다. 반경 20m 즉 20R의 코너라고 하면 큰 서킷의 헤어핀(hair pin) 정도의 힘든 코너라고 느끼게 되지만 예를 들어 2단기어로 나아가려 할 때 휠 스핀을 일으킬 정도의 구동력이 있는지 그 강한 구동력을

20m에 걸쳐 계속하여 나아가는가에 달려 있다. 만약 약한 힘의 구동성능으로 타이어의 그립 능력에 여유를 가진 가속 밖에 할 수 없다면 당연히 시간은 계산의 식에 따라 늦어지게 된다. 이 코너의 예에서는 더욱 더 높은 파워의 차가 아니면 무리다.

다시 가속해서 나아가는 구간은 진입의 브레이킹과 달리 반드시 타이어의 능력을 100% 끌어내는 것만은 아니다.

거기에 이 가속도를 약 반 정도의 4.82로 하여 계산한 예를 표시한다.

$$2\alpha x = V^2 - V o^2$$

의 식에서

$$V = \sqrt{2\alpha x} + V o^2 = 192.8 + 13.9^2 = 386.01 = 19.65 (m/s)$$

나아갈 때 구간의 20m에서 초속 13.9m에서 19.65까지의 속도를 높이게 된다. 시간은

$$t_a = V - V o / = 19.65 - 13.9 / 4.82 = 1.193 (s)$$

다시 한번 더 A line의 시간 합계를 보면

$$t_a = 1.054 + 4.521 + 1.193 = 6.768$$

으로 되며 B 라인의 시간은 6.395로 더 차이가 크게 된다.

진입 부분을 더 생각하자

진입 구간을 a_1과 b_1으로 검사하였으나 실은 이 진입개시의 속도는 A 라인과 B 라인에서 이미 달라져 있다. A 라인에서는 초속이 24.06m인 것에 대해 B 라인에서는 19.64m 이다. 이 말은 여기에 도달하기까지 이미 차가 생겼다는 것이다.

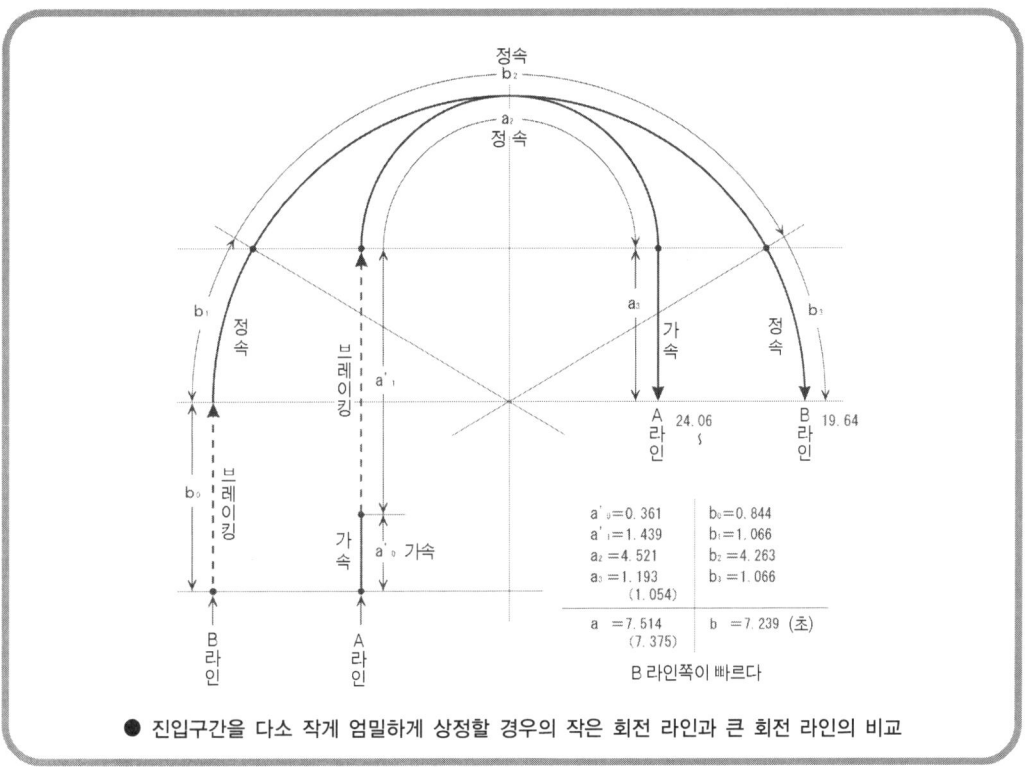

● 진입구간을 다소 작게 엄밀하게 상정할 경우의 작은 회전 라인과 큰 회전 라인의 비교

당연히 속도가 높은 A 라인 쪽이 빠르게 된다. 거기에서 브레이킹을 시작할 때까지는 양쪽 라인 모두 같아지기 때문에 그곳에서 시간을 계산해 보자.

B 라인에 있어 임시로 20m 앞에서부터 브레이킹을 시작했다고 하자. 그 브레이킹 시작시의 속도는 가속도와 거리에 따라 다음과 같이 된다.

$$V_0 = \sqrt{2\alpha s + V_1^2} = \sqrt{2 \times 9.645 \times 20 + 19.64^2}$$

$$= \sqrt{385.80 + 385.73} = 27.78 (\text{m/s})$$

b_0의 구간 시간은

$$t = V_0 - V_1 / \alpha = 27.78 - 19.64 / 9.645 = 0.844(s)$$

여기에 b_1구간의 시간을 더하면

$$t_1 + t_2 = 0.844 + 1.066 = 1.911(s)$$

다음에 A 라인을 생각해보자. A 라인의 쪽은 B 라인과 같은 줄의 위치에서 브레이킹을 한 것으로 브레이크에 여유가 있게 된다. 브레이킹 시작을 늦출 수가 있다. 브레이킹을 시작할 때 까지는 실제로 가속을 하고 있지만, 초속 27.77은 약 시속100km이고 속도의 상승은 그것만큼 크지 않아서 여기에서는 우선 무시한다. 따라서 초속 27.77m의 초속으로 진행하여 어느 시점에서 브레이킹을 하여 초속 13.89m까지 속도를 떨어뜨려 그곳에서 선회에 들어간다. a_1구간의 계산은 일단 없는 것으로 생각하자.

27.77에서 13.86까지 속도를 떨어뜨리는데 어느 정도의 거리가 필요한지 계산하면,

$$2\alpha s = V_0^2 - V_1^2$$

의 식에서

$$s = V_0^2 - V_1^2 / 2\alpha = 27.77^2 - 13.89^2 / 2 \times 9.645 = 29.98(m)$$

브레이킹을 걸기 전에 진행거리는 $40 - 29.98 = 10.02(m)$가 된다. 즉 약 10m는 B 라인보다 빨리 들어갔음을 나타내고 있다.

이 10.02m 의 소요시간은

$$t_1 = s / V_0 = 10.02 / 27.77 = 0.361(s)$$

b브레이킹 구간의 시간은

$$t_2 = V_0 - V_1 / \alpha = 27.77 - 13.89 / 9.645 = 1.439(s) 로 된다.$$

총 시간 $t_1 + t_2$는 $t_1 + t_2 = 1.80(s)$

실전에서의 작은 회전과 큰 회전의 주행 라인. 어느 라인이 가장 빠른가 하면 엔진 토크, 타이어 그립 한계, 코스 레이아웃 등에 따라 변한다. 기본 이론을 근거로 삼은 다음 그 위에서 시도를 한다.

결국 A 라인과 B 라인의 진입 구간의 총계를 비교하면 0.275~0.136초 정도로 B 라인 쪽이 빠르게 된다.

다만 탈출 속도는 A 라인이 초속 24.06m이고 B 라인은 초속 19.64m 이므로 A 라인 쪽이 빠르다. 뒤에 이야기한 바와 같이 그 후의 긴 가속 구간이 있다면 A 라인을 주행하는 차가 속도를 내어 B 라인의 차를 추월할 가능성도 있다. 그것은 가속구간의 길이와 가속력의 크기로 결정된다.

또 실제의 주행 라인은 작은 회전이라도 위의 그림과 같은 라인이 보통이다. 어느 라인이 가장 빠른 라인인지는 차의 토크, 타이어의 그립, 코스 레이아웃 등에 따라 달라짐으로 기본 이론을 충실히 하고 주행을 하면서 결정하게 된다. 그 때문이라도 주행방법과 자신의 시간을 기록하는 것은 중요하다.

04 드라이빙 테크닉의 기본

드라이빙 포지션(운전자세)
스티어링 웍
시프트 웍(기어 조작)
힐앤토
브레이킹
라인타기의 기본
AT차로 서킷주행

1 드라이빙 포지션(운전자세)

운전 자세는 서킷주행의 문제뿐만 아니라 보통의 경우에도 매우 중요하다. 다만 서킷 주행에서는 운전 자세가 더욱더 중요하게 된다. 왜냐하면 보통의 운전에서는 정지하는 것이나 방향을 바꾸는 것도 여유를 가지고 동작을 하기 때문에 급한 동작이라고 하는 것은 돌발적인 일이 일어났을 경우 밖에 없다. 또한 도로를 주행할 때에는 급한 동작이 필요한 운전을 하지 말라고 한다. 그러나 서킷의 레이싱 주행에서는 브레이크도 액셀러레이터도 스티어링도 언제나 급한 동작이 필요하게 된다.

스티어링을 말하면 적절한 타이밍에 적당한 양의 스티어 조작을 재빠르게 하는 것이 필요 하다. 브레이크도 적절한 타이밍에 적절한 힘을 재빠르게 밟는 것이 필요하다. 액셀러레이터는 이 두 가지에 비하면 중요도는 떨어지지만 보통의 운전과 다른, 순간적으로 밟기도 하고 떼기도 하고 코너링 중에 반만 밟는 등 액

드라이빙 포지션은 스티어링휠과의 거리가 특히 중요하다. 시트로부터 어깨가 뜨지 않게 2시 위치를 잡고 있는가를 체크한다.

셀러레이터도 그 한 부분이다. 이것들의 조작이 적절하게 되지 않으면 스핀을 하기도 하도 코스아웃하기도 하여 그 결과 충돌이 일어날지도 모른다.

운전 자세의 맞춤 방법은 먼저 발부터 결정하는 방법과 손부터 결정하는 방법이 있다. 어느 쪽도 보통의 튜닝카(승용차)라면 결과는 같게 되지만 여기에서는 손부터 결정하는 방법을 설명한다.

먼저 시트 등받이(seat back)를 자신이 편한 각도로 결정한다. 고속도로에서 오랫동안 운전하는 것과는 다르기 때문에 그다지 뒤로 눕히지 않는 것이 좋다. 오히려 보통과 같거나 약간 서있다는 기분이 들 정도가 좋다. 스티어링은 틸트 기구가 있을 경우에는 나중에 세밀하게 조정해서 결정한다.

다음에 시트 슬라이드를 앞뒤로 움직여 시트의 위치를 결정한다. 기준은 스티어링 휠의 10분 정도를 왼손으로 단단히 잡히는 위치로 한다. 이때 허리가 등받이에서 뜨지 않는지를 확인한다.

적절한 위치를 찾는 방법으로 손가락을 위로 하여 손바닥의 하부를 스티어링의 최상부에 눌러 닿게 한다. 허리가 시트 등받이에서 뜨지 않게 팔을 펴서 스티어링을 편하게 누를 수 있는 상태가 되면 시트의 위치는 적절하다. 그 상태라면 스티어링을 꽉 잡을 수 있는 위치가 된다.

시트 위치가 결정되면 발의 상태를 확인한다. 먼저 브레이크 페달을 밟은 발에 여유가 있는가? 끝까지 밟아도 무릎이 굽혀지는 것이 매우 중요한데 이때 무릎이 쭉 펴지면 페달과 시트의 거리가 너무 멀다는 것을 말한다.

드라이빙 테크닉의 기본

통상의 시내운전 포지션보다 좀 앞으로 나왔지만 그것이 좋다. 다리는 브레이킹 페달을 밟은 상태에서 완전히 펴지지 않도록 한다.

이렇게 되면 페달을 충분히 밟을 수 없게 될 가능성이 있고 충돌 때 골절을 유발할 수도 있다. 정면에서 부딪힐 때에는 보통 풀(full)로 브레이크 페달을 밟고 있기에 발이 쭉 펴져있으면 충돌 시 충격이 그대로 발의 뼈에 가해져 골절이 된다.

보통은 손이 최적의 위치에 놓여지면 발이 쭉 펴지는 경우는 없지만, 신장이나 차량의 따라 페달을 밟은 다리가 펴지는 경우는, 시트 위치를 앞으로 하던지 그 대신에 등받이를 뉘어 손의 위치를 맞춘다.

틸트 기구가 있는 차는 스티어링 휠을 극단적으로 내리는 것은 좋아하는 사람도 있지만 너무 내리게 되면 페달을 밟을 때 다리가 스티어링 휠에 닿게 된다. 또는 잡은 손이 밑으로 내려올 때 다리에 닿게 된다. 이 정도까지 내리면 너무 내린 것이므로 확실한 스티어 조작이 될 수 없게 된다.

파일런을 세워놓고 달리는 짐카나 주행과 달리 작은 서킷이라도 코너링시 스티어 양은 그렇게 많지 않다. 그러나 드라이빙 포지션과 스티어링 휠 위치를 정하는 경우는 풀 스티어를 가정하여 결정해야 한다. 왜냐하면 보통은 작은 스티어 양으로 방향을 바꿀 수 있지만 만약 스핀이 되려고 한다면 순간적으로 풀 카운트(full count)를 주지 않으면 안되고 스핀하지 않게 밟은 채로 있다면 그 다음 빠르게 스티어를 다시 원위치를 해야만 하기 때문이다. 레이싱 주행에서는 언제 풀 스티어가 필요할지 모른다.

그런데 완성된 드라이빙 포지션은 어떠할까? 보통 보다도 몸이 앞으로 왔다고 느낄지도 모르지만 레이싱 주행에서는 그것이 옳다. 레이싱 주행의 드라이빙 포

04

지션은 역사적으로 변화하여 와서 옛날에는 스트레이트 암(straight arm : 팔을 펴서 스티어링 휠을 잡는 것)이 좋다고 하던 시대도 있었지만 타이어의 폭과 성능이 좋아짐과 더불어 힘 주기가 쉬운 앞쪽으로 자세가 되었다. 현재 생산차에는 당연하게 파워 스티어링이 장착되어 큰 힘은 필요가 없으나 빠르고 적절한 양을 스티어 하기에는 힘 주기가 쉬운 방법이 좋으므로 앞쪽의 자세가 되고 있다.

2 스티어링 웍(Steering work)

스티어링 휠 돌리기 방법에 들어가기 전에 먼저 손의 위치와 쥐는 방법이 있다. 손의 위치는 9시 15분 또는 10시 10분이 기본이지만 고속의 서킷에서는 8시20분이라고 생각하는 방법도 있다. 왜 8시 20분인가 하면 인간공학적으로 가장 힘 주기가 쉬운 것은 오른손이 20~25분 사이 왼손이 40~35분 사이에 스티어링을 누르면서 돌리는 동작이 있기 때문이다. 이것은 스티어링의 바로 위, 0분 근처를 쥐고 돌린다고 생각하면 그 차이를 쉽게 알 수 있을 것이다.

스티어링 휠은 10시 10분이 기본으로 거기서부터 8시 20분까지 좋은 위치라 할 수 있다. 커다란 회전이 필요치 않은 완만한 코너에서는 이 위치의 손을 주체로 해서 돌리기 시작한다.

가장 힘을 주기 쉽다고 하는 것은 '적절한 타이밍으로 적절한 양의 스티어 조작을 재빠르게' 하는 것과 관계가 있다. 코너링을 하면서 시프트 조작이 필요한 경우에도 한 손으로 적절한 스티어 조작을 빠르게 할 수가 있다. 그러나 스티어 양이 너무 많으면 가장 좋은 20~25분을 바로 넘어버리는 면도 있다. 따라서 8시20분 형태는 스티어 양이 적은 고속 코너에서 쥐는 방법이다.

큰 서킷에서는 보통 주행에 스티어링 휠을 다른 손으로 바꾸어 잡지않고 주행할 수 있다. 쓰쿠바 서킷(筑波)의 코스 2000** 근처에서도 기본라인을 순조롭게 주행하는데 손을 바꾸어 잡을 필요가 없다. 그렇지만 서킷 주행에서는 어떠한 상황에 빠지게 될지 모르는 일이다. 운전자세의 항에서 말한 바와 같이 스핀 하기 시작하면 크게 핸들을 수정해야만 하고 타이어가 그립을 회복하려면 빠른 핸들을 원위치로 돌리는 것이 필요하게 된다. 더구나 미니 서킷 등의 작은 코너가 연속인 코스에서는 차를 휘돌리는 주행을 몸에 숙지하게 된다면 스티어 워킹(steer working)은 큰 의미를 가지고 온다.

편집자 Tip   **쓰쿠바 서킷** : 재단법인이 운영하는 이색 서킷으로 2km의 코스는 튜닝카에게 절호의 코스. 저속의 헤어핀부터 비교적 고속의 최종 코스까지 여러 가지이다. 실전 경험을 축적하기에도 최적이다. 1km짜리 쓰쿠바 코스 1000도 있다.

핸들을 다른 손으로 바꾸어 잡는 것이 필요한 작은 코너의 진입

발 떼기가 필요한 것을 최초부터 알고 있는 작은 코너의 진입에서는 보통 손의 위치부터 떼어 시작하는 것이 아니라 코너 측의 손의 이동에서부터 시작된다.

예를 들면 오른쪽의 작은 코너에 진입하는 경우 먼저 10분 정도를 쥐고 있던 오른손을 떼어 55분 정도에 바꾸어 쥔다. 코너를 파고들 타이밍이 왔을 때 그 오른손으로 스티어링 휠을 당기면서 돌린다. 그 때 왼손은 미끄러져 손의 위치는 바뀌지 않는다. 오른손으로 돌려지는 것은 35분 정도까지며 그 후는 계속 오른손을 당긴다. 10분 위치에서 미끄러지게 한 왼손은 그 곳에서 스티어링 휠을 바꾸어 쥐고 미는 것같이 하여 2시 정도까지 돌린다. 오른손은 그 사이에 다시 55분 위치로 이동되어 왼손의 동작을 계속 당겨 최초와 같은 모양으로 당기면서 돌린다. 왼손은 다시 10시의 위치로 돌아오지만 다시 연속하여 스티어를 할 경우는 8시 위치로 돌아오는 것도 좋다. 이 조작을 반복하여 스티어링 휠을 크게 연속하여 돌린다.

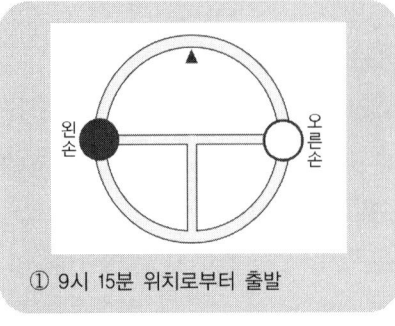

① 9시 15분 위치로부터 출발

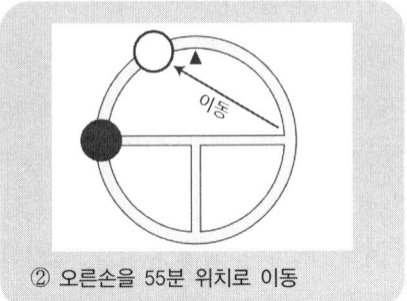

② 오른손을 55분 위치로 이동

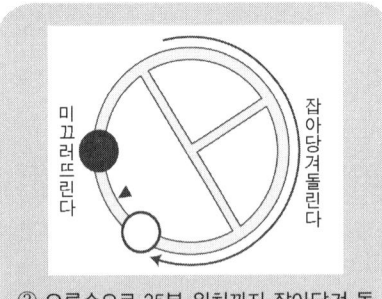

③ 오른손으로 35분 위치까지 잡아당겨 돌린다. 그 사이에 왼손은 그 위치에서 살짝 힘을 빼 미끄러뜨린다.

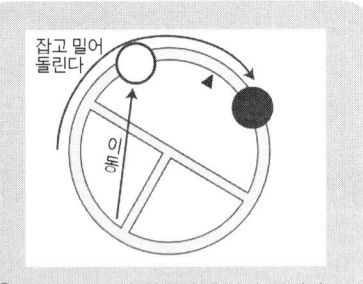

④ 왼손으로 2시 위치까지 밀어 돌린다. 그 사이 오른손은 다시 55분 위치로 이동.

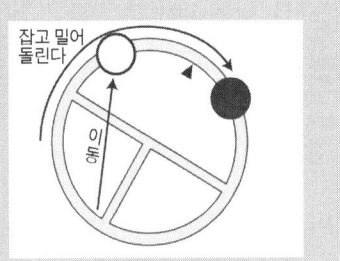

⑤ ③과 같이 오른손을 35분 위치까지 당겨 돌린다. 그 사이에 왼손은 9시 위치로 이동.

처음부터 크게 꺾어 돌아야 하는 경우 스티어링 휠 꺾는 방법. 코너링을 유지하는 때의 손의 위치는 오른손이 10분~20분 사이가 이상적이다. 그렇게 되도록 위치를 이동한다.

3 시프트 웍(기어 조작)

시프트 조작은 특별히 어려운 일은 아니다. 그러나 현실에서는 종종 시프트 미스를 보게 된다. 이것은 타임 로스 뿐만이 아니라 트랜스미션에 손상을 주게 된다. 왜 시프트 미스를 하는가 하면 서킷주행에서는 빠르게 조작이 이루어져야 하고, 게다가 횡G가 몸체에 걸려있는 중에 조작을 하므로 정확한 조작이 이루어지지 않는다.

가능한 한 시프트 미스를 하지 않기 위한 방법으로는 시프트 레버를 쥐는 방법이 있다.

현재의 스포츠카는 5단이 아니고 6단 미션으로 구성되어 있다. H패턴 보다는 한자 왕(王)을 옆으로 뉘여 놓은 형태이다. 중립(Neutral)의 상태에서는 레버는 정중앙에 있고 왼쪽 열로 가려면 스프링의 힘에 저항에서 움직인다. 오른쪽도 같은 형태이다.

먼저 1단으로 넣는 것은 팔을 돌려서 오른손의 손바닥을 안쪽으로 향하여 시프트 노브를 가볍게 잡고 왼쪽으로 밀면서 앞으로 눌러 집어넣는다. 1단에서 2단은 그대로 왼쪽으로 밀면서 당겨 아래로 넣는다.

2단에서 3단의 시프트 업 할 경우에는 시프트 노브를 잡는 방법이 바뀐다. 시프트 레버를 가볍게 움켜쥐고 시프트 레버를 오른쪽으로 가볍게 밀면서 앞으로 밀어서 2단에서 뺀다. 시프트 레버가 뉴트럴 위치에 오면 오른쪽으로 눌러 스프링에 힘에 시프트 레버가 중앙으로 이동한다.

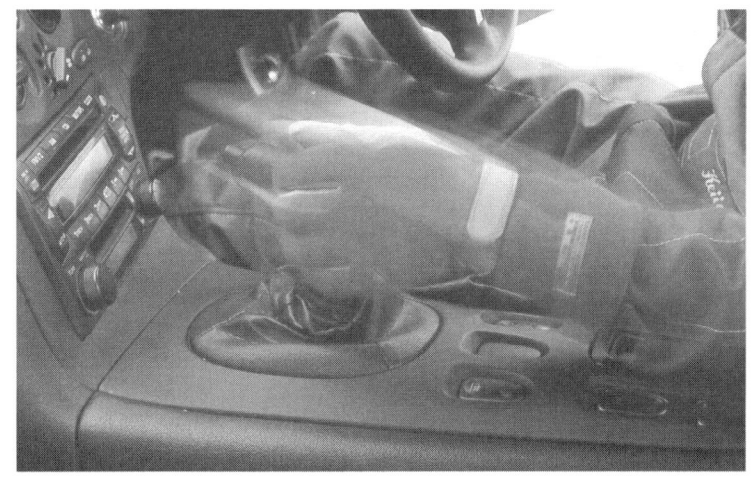

시프트 미스를 하는가 하면 서킷주행에서는 빠르게 조작이 이루어져야 하고, 게다가 횡G가 몸체에 걸려있는 중에 조작을 하므로 정확한 조작이 이루어지지 않는다. 자세를 바로 해야 강한 횡G 상태에서 기어 변속이 자유롭다.

04

　옆 방향의 힘을 빼고 시프트 레버를 밀면서 3단으로 변속한다. 3단에서 4단은 그대로 밑으로 당겨서 4단으로 넣는다.

　4단에서 5단으로의 시프트 업은 2단에서 3단의 시프트와 시프트 노브의 쥐는 방법은 같으나, 단지 뉴트럴의 위치에서 적극적으로 오른쪽으로 힘을 넣어서 3열째 레버를 집어넣고 나서 앞으로 밀어 넣는다. 5단에서 4단의 시프트 다운은 노브의 쥐는 방법이 바뀌어 1단이나 2단에 넣는 것과 같은 모양으로 쥐는 방법이 된다.

　그래서 가볍게 왼쪽으로 밀면서 5단을 빼면 스프링도 움직여서 뉴트럴 위치에서 중앙 열에 시프트 레버가 돌아오는데 그대로 앞에 당겨서 4단으로 변속한다.

　4단에서 3단의 다운은 기어 노브를 움켜쥐고 직선 방향으로 위로 밀면 된다. 문제는 3단에서 2단으로의 다운이다. 이 경우는 반드시 시프트를 잡는 방법이 바뀐다. 5단에서 4단의 다운 때와 같이 손바닥을 안으로 향하게 하고 시프트 노브를 잡고 왼쪽으로 눌러 붙이면서 당겨서 내린다. 시프트 레버가 뉴트럴의 위치에 오면 눌러 붙인 힘과 스프링의 힘으로 이겨내면서 왼쪽 열로 이동하면서 당겨내려 2단으로 변속한다.

　시프트 미스를 하기 쉬운 곳은 2단과 3단 사이 4단과 5단 사이에 크랭크의 모양을 움직이게 하는 시프트 조작이다. 빠르게 변속하려고 하려고 힘을 주다가 걸려 실수하는 것이다. 2단에서 3단으로 넣을 때, 오른쪽에 밀어 부치는 힘을 너무 과하게 해서 5단으로 변속되기가 쉽다. 횡G가 걸려서 있을 때, 시프트 조작을 하는 것도 정확한 조작을 지장을 주는 요인의 하나지만, 보통 2단에서 3단의 시프트 업/다운의 빠른 조작을 연습하는 것이 중요하다.

　시프트 노브를 잡는 방법은 레버에 적절한 힘을 주는 요소로 중요하다. 그 의미로부터 시프트 노브의 형상은 바꿔서 잡아도 위화감이 없는 순수한 둥근 구형이 이상적이다. 그립이 강한 타입은 순수한 스포츠 주행에서는 적당하지 않다.

4 힐앤토 (Heel & Toe)

힐앤토야 말로 스포츠 드라이빙의 기본이고 묘미다. 수동기어(매뉴얼 트랜스미션)차를 운전하는데 이 테크닉을 사용하지 않는다면 타임 업(time up)은 물론이고 즐거움도 반감한다. 힐앤토를 구사하는 드라이빙을 하기 위하여 매뉴얼 미션차를 선택하는 사람도 많다. 오토매틱 트랜스미션으로도 모터스포츠를 즐길 수 있지만 힐앤토의 묘미를 맛볼 수 없는 것이 가장 아쉬운 점이라고 말할 수 있다.

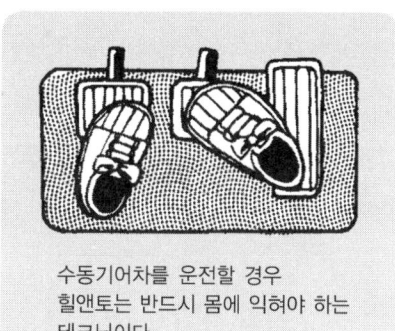

수동기어차를 운전할 경우 힐앤토는 반드시 몸에 익혀야 하는 테크닉이다

힐앤토가 왜 필요한지에 대해서는 이미 여러 책에서 설명 되어 있지만 반드시 정확하지 않는 것도 눈에 띄므로 다시 설명하여 둔다.

힐앤토는 코너 바로 전에 브레이킹을 하면서 시프트 다운을 하지만 이 때 클러치를 연결하기 전에 엔진의 공회전을 높인 다음 연결하는 방법이다. '브레이킹을 하면서' 이기 때문에 오른쪽 발은 당연히 브레이킹 페달에 사용하고 있다. 여기서 오른쪽 발끝으로 브레이크 페달을 밟으면서 발 뒤꿈치로 순식간에 액셀러레이터 페달을 밟아 회전을 높인다. 결국 발 뒤꿈치 '힐'과 발끝 '토'를 동시에 사용하므로 힐앤토(heel & toe)라고 불리게 된 것이다.

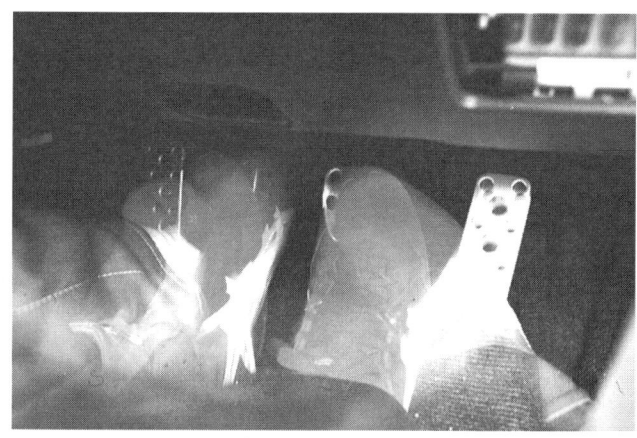

오른발 앞쪽으로 브레이크 페달을 밟은 상태에서 클러치를 끊는 사이에 오른발 뒤꿈치로 액셀을 밟아 엔진 회전을 올리는 것이 힐앤토

04

매뉴얼 트랜스미션 차로 도로운전에서 코너를 돌 때, 보통의 사람의 운전방법은 브레이킹으로 속도를 떨어뜨리고 다음, 코너를 돌고 탈출부분에서 기어를 한 단 낮추어서 가속한다. 혹은 돌면서 기어를 내리는 것이 보통이다. 그러나 속도를 추구하는 스포츠 드라이빙에서는 이런 주행방법은 통용되지 않는다.

브레이킹했을 때 속도에 맞은 최적의 기어는 감속구간 중에 선택해놓지 않으면 즉시 가속으로 옮겨지지 않는다. 힐앤토는 브레이킹하면서 구동계에 충격을 주지 않고 최적의 기어를 선택하기 위한 테크닉.

다음 가속으로 바꿀 때의 최적 기어로의 시프트다운은 브레이킹 종료 때까지 끝내두지 않으면 안 된다.

왜냐하면 코너링에서 재빠른 터닝포인트를 하기 위해서는 이미 최적의 낮은 기어가 선택되어 있어야 할 필요가 있기 때문이다. 저속 기어에서 충분한 토크가 있으면 빠른 시점에서 타이어의 능력을 최대한으로 사용한 가속이 가능하게 된다. 또한 스포츠 드라이빙에서는 코너링 중에도 자동차 자세를 잡기위한 구동력이 필요해서 고단기어 상태만으로는 충분한 토크를 얻을 수 없다. 저단 기어라면 코너링 중에 액셀의 온/오프에 의한 하중이동도 크고 자세잡기도 편하게 된다.

그러면, 힐앤토 조작을 하지 않고 브레이킹 후에 시프트다운을 하면 어떻게 될까? 예를 들면 3단 기어로 시속 80km를 달렸을 때, 브레이킹으로 시속 40km까지 떨어뜨렸을 경우 엔진회전도 반, 예를 들어 6천rpm이 3천rpm으로 된다. 그러나, 여기서 기어를 낮추면 엔진회전은 기어비 만큼 쓸모없이 돌아가지 않으면 안 된다. 가령, 3단과 2단의 기어비가 1.6과 2.4라고 한다면, 2.4/1.6 = 1.5배 회전수, 즉 엔진회전이 4,500rpm까지 올라가지 않으면 안 된다.

그렇기 때문에 클러치를 연결하는 순간 즉시 엔진 브레이크가 걸려 타이어가 순간 잠기게 되어 노면 위를 미끄러질 듯 한 상태가 되어 버린다.

이것은 타이어의 그립을 잃게 됨을 의미하므로 불안정한 드라이빙으로 인한 컨트롤 상실로 스핀의 원인이 된다.

동시에 회전차가 큰 상태로 클러치를 한 순간에 연결한다는 것은 구동계에 큰 충격력이 더해지는 일이기도 하다. 이것은 클러치, 미션, 타이어 등에 큰 부담을 가중함으로써 마찰을 높일 뿐만 아니라 트러블의 원인이 된다. 이러한 일로 해서 힐앤토는 스포츠 드라이빙에서는 필수적인 테크닉이다.

힐앤토의 실제적인 방법을 설명하겠다.
   ① 오른발로 브레이크 페달을 밟고 속도를 계속 떨어뜨린다.
   ② 왼발로 클러치를 밟고 기어를 3단에서 2단으로 시프트한다.
   ③ 오른발로 브레이크를 밟은 채로 뒤꿈치 부분을 액셀 페달에 옮기고, 액셀에 순간적인 힘을 가하여 엔진의 회전을 올린다.
   ④ 클러치를 연결함(뗌)과 동시에 브레이킹을 끝내고 오른발을 액셀로 옮긴다.

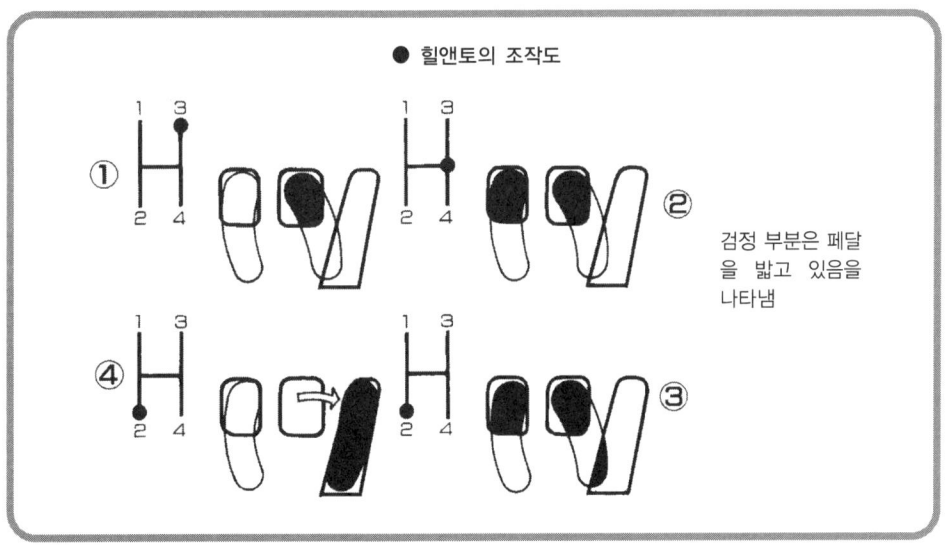

● 힐앤토의 조작도

검정 부분은 페달을 밟고 있음을 나타냄

그런데 힐앤토라고 하지만 실제로는 뒤꿈치라기보다는 다리의 오른쪽 모서리 부분 쯤으로 밟는 것이 보통이다. 브레이크와 달라서 액셀은 밟는 힘을 그다지 필요로 하지 않으므로 그 정도 힘으로 눌러도 충분한 역할을 다하기 때문이다. 따라서 문자 그대로의 '힐'에 얽매이지 않아도 된다.

04

    힐앤토에서 중요한 점은, 필요한 회전수에 가능하면 정확하게 올리는 일이다. 회전을 올리는 방법이 불충분하면 타이어가 잠기기 쉬워지기 때문에 구동계에 부담을 주어 트러블의 원인이 된다. 반대로 회전을 너무 올리면 클러치를 연결한 순간에 오히려 가속하는 것처럼 힘이 작용해 브레이킹을 약하게 하는 결과로 된다. 회전수가 적절하면 클러치 페달을 '텅' 하고 되돌려도 차량은 부드럽게 움직이게 될 것이다.

힐앤토 조작에서 주의할 점은 뒤꿈치로 액셀을 밟을 때(힘을 가할 때) 브레이크를 밟는 힘이 변하지 않도록 할 것. 또 클러치를 연결할 때(뗄 때) 부드럽게 엔진 브레이크가 걸리는 것 같이 적절하게 엔진회전을 올리는 방법으로 할 것.

    또 하나는 힐앤토 조작 중에 브레이크 힘이 변화지 않아야 한다. 익숙하지 않으면 액셀 조작 시에 그 동작에 이끌려 브레이크 답력(밟는 힘)이 강하거나 약해지기 쉬워진다. 어디까지나 브레이크 힘에 변화를 주지 않고 액셀 조작을 할 수 있도록 할 것.

    예전에는 브레이크 페달에 대해서 액셀 페달이 극단적으로 낮아서 힐앤토를 하기에 곤란한 차도 있었지만, 현재는 그러한 수동기어 차는 보이지 않는다. 그러나 보다 더 힐앤토를 하기 쉽게 페달을 교환 가공하는 것도 방법이다.

    미니 서킷에서는 기어가 5단 이상으로 들어서는 일이 거의 없지만, 스트레이트의 긴 서킷에서는 당연히 5단 이상이 들어설 수 있다. 예를 들어 5단에서 2단으로 변속할 때에 중간 기어를 생략해도 좋은지 어떤지의 문제가 있다. 이것은 원칙적으로는 힐앤토는 5단 - 4단 - 3단 - 2단으로 1단씩 행하지만 여유가 없으면 4단 또는 3단의 어느쪽이든 생략해서 5단-3단-2단이라도 관계없으며 둘 다 생략해서 5단 - 2단이어도 좋다.

기어를 한번에 몇 단씩 내리는 경우 기본은 1단씩 떨어뜨리는 것이지만 중간 단계를 걸러도 상관없다. 단 클러치를 연결할 때에는 그 기어가 적절한 속도까지 떨어져있어야 한다.

한 단계씩 기어다운을 하는 것은 엔진 브레이크를 중시하는 사고이지만 최근에는 브레이크가 좋아져서 엔진 브레이크에 크게 의지하지 않는 방법도 있다. 그러나 이러한 중간 기어를 생략 했을 때 범하기 쉬운 점은 빠르게 기어 다운을 해서 클러치를 연결해버리는 경우 이것은 엔진을 오버랩(과회전)시키고 자동차의 자세를 흐트러뜨리는 원인이 된다. 2단에 들어설 때는 스피드가 2단에 적합한 영역까지 떨어진 다음에 기어를 넣지 않으면 안 된다. 빠르게 저단 기어를 넣더라도 클러치를 연결하지 않으면 엔진이 오버랩하는 일은 없어지지만 그러면 구동계가 떨어져 있어서 자세가 불안전하게 된다.

레이스에서는 5단에서 2단으로 변속이 자주 있지만, 드라이버에 의해 중간의 하나 또는 2개를 생략하는 경우가 있다. 특히 초심자는 자기에 맞는 방법을 선택하면 된다. 중요한 것은 클러치를 연결할 때 엔진 브레이크가 풋 브레이크에 부드럽게 부가되는 것 같은 느낌이 되게 하는 것이다.

5 브레이킹

브레이킹은 드라이빙 테크닉 중에서도 제일 어렵고 깊이가 있다. 그 좋고 나쁨은 랩타임에도 큰 영향을 주고 실제 레이스에서는 추월에 중요한 포인트가 된다.

브레이크를 밟기 시작하는 지점을 브레이킹 포인트라고 하는데 첫 서킷에서 코너를 공략할 경우 우선은 브레이킹 포인트를 빠르게 취해서 여유를 가지고 브레이킹을 하고 이어서 브레이크를 늦추는 것이 상식이다. 이윽고 자신에게 있어서의 한계가 보일 것이다.

04

브레이킹 포인트로써 코스주변의 간판이나 노면자국 등을 목표로 하는 것은 초보자의 경우에는 유효하지만, 최종적으로는 그러한 목표물에 의지하지 안고 감각으로 적절한 브레이킹이 가능하도록 해야 한다.

우선 브레이킹 포인트는 무엇이든 목표물을 정하여 그것을 목표로 해야 하는 것인지 어떤지라는 문제가 있다. 예를 들면 간판이나 노면의 보수 후의 자국 등이다. 실제는 베테랑 드라이버는 결코 그러한 목표물을 의지하며 브레이킹을 하지 않는다. 왜냐하면 브레이크의 상태, 타이어의 상태, 노면의 상태 등 조건에 의해 브레이크 능력은 일정하지 않기 때문이다. 서로 경쟁하며 코너에 진입할 때 등 목표물을 기준으로 하고 있을 수가 없다. 어디가 브레이킹 포인트인지는 다가오는 코너를 느끼면서 감각으로 결정해야 한다.

브레이킹을 계속하다 보면 급격하게 밟게 된다. 그러나 너무 꽉 밟는 브레이킹은 하중이동이 되기 전에 큰 제동력이 걸려서 브레이크가 잠기기 쉽다. 고속에서의 브레이킹은 주의를 요한다.

그러나, 초보자가 타임을 줄여나가는데 있어서 무엇인가 목표물을 보고서 그 것을 가이드로 브레이킹 포인트를 결정하는 것은 유효한 방법이다. 이러한 방법 으로 반복 연습을 하면 이윽고 어떠한 코너라도 몸으로 브레이킹 포인트를 결정 할 수 있게 될 것이다.

브레이킹 포인트를 점점 쌓아가다 보면 브레이크를 '콱' 하고 밟게 되기 쉽다. 그러나 이것은 반드시 꼭 좋지만은 않다. 급하게 '콱' 하고 밟았을 경우 앞바퀴가 잠기기 쉽다. 이것은 하중이 앞으로 옮겨지기 전에 커다란 브레이크 힘이 앞바퀴 에 작용하기 때문이다. 타이어가 잠기게 되면 오히려 제동거리가 길어지고 불안 정하게 되어 경우에 따라서는 스핀을 일으키는 일도 있다. 한번 록 되면 브레이 크를 느슨하게 해도 회복하는 데에 시간이 걸린다. 따라서 빠르게 액셀 페달에서 브레이크 페달로 옮겨 밟으면서 너무 '콱' 이 아닌 '꾹'의 느낌으로 약한 답력에서 강한 답력으로 변화시키듯이 밟는다.

특히 서스펜션이 부드러운 자동차일수록 서서히 답력을 세게 하듯 한다. 왜냐 하면 부드러울수록 하중이 천천히 이동하기 때문이다. ABS가 달려 있으면 '콱' 밟 아도 록될 일이 없지만 하중이동을 몸으로 느낄 수 있게 하기 위해서는 '콱' 밟는 브레이크는 피하는 것이 좋다.

타이어의 마찰원 개념으로 봐도 감속을 위해 브레이킹은 직선으로 해야 한다. 그리고 브레이킹의 최종 단계에서 코너링으로 이어진다. 여기서는 브레이킹은 느슨하게 하면서 완전히 빼지 말고 조금 남긴 채로 조향에 들어간다. 이것은 하 중을 앞으로 이동시킨 상태를 유지한 채이므로 언더스티어를 없애 코너링이 쉽 게 되기 때문이다. 브레이킹을 완전히 끝내고 나서는 하중도 원래대로 돌아가버 려서 스티어링을 꺾어도 언더스티어가 생겨 코너링이 힘들게 된다.

6 라인타기의 기본

일반도로를 달릴 때는 도로폭이 넓어도 차선이 있어 대개 어디를 달려야 할지 를 알 수 있다. 특히 차선변경을 하더라도 어느 라인을 달려야 하는지는 그다지 문제가 되지 않는다. 그러나 서킷주행에서는 넓은 코스의 어디를 달릴지는 랩타 임에 크나큰 영향을 미치는 중요한 문제이다. 그래도 작은 코너에서는 그나마 알 기 쉽지만 큰 복합코너에서는 정말로 어디를 달려야 할지 처음에는 좀처럼 알지 못하는 경우가 많다.

그러나 이런 라인타기에는 기본사항이 있어서 그 기본에 맞는 주행을 하면 차차 적절한 라인이 보인다.

여기서는 우선 라인취하기의 기본을 생각해 보자.

서킷주행에서는 라인타기가 중요하다. 라인 타는 방법으로 타임이 달라진다.
그 라인 타기에는 기본적인 것이 있으므로 우선은 그것을 의식하면서 달린다.

아웃 인 아웃(Out In Out)

라인타기의 기본은 아웃 인 아웃이다. 즉, 아웃에서 들어와서 인에 붙어서 아웃으로 빠져나가는 라인이다. 이 아웃 인 아웃이 의미하는 것은 회전반경을 크게 한다는 점이다. 회전반경을 크게 하면 원심력이 작은 만큼 스피드를 그다지 떨어뜨리지 않고도 달릴 수 있다.

그러나 달리는 거리는 길어진다. 작은 회전은 원심력이 크게 되므로 속도는 떨어뜨리지 않으면 안되지만 주행거리는 짧게 끝난다. 이 비교의 문제이다.

이것에 대해서는 다른 항목에서 자세하게 서술하고 있지만, 원심력은 속도의 제곱에 비례해서 커지므로 원심력이 크지 않게, 스피드는 떨어져도 작게 도는 것이 이론적으로는 빠르다.

그러나 서킷에서는 크게 도는 것이 일반적으로 빠르다. 이것을 간단히 설명하면 일단 떨어진 스피드는 회복이 어렵다는 점 때문이다. 타이어의 그립 한계의 아슬아슬한 감속과 코너링은 비교적 간단하게 할 수 있지만, 터닝포인트의 가속은 큰 토크가 없으면 타이어의 능력을 다 발휘할 수 없기 때문이다.

즉, 짐카나에서 1개의 파일런을 돌아나갈 때 같은 경우에는 1단 기어로도 충분한 토크가 있지만 서킷과 같은 코너에서는 최소한 2단 이상일 것이며, 이것은 3단이나 4단 코너가 되면 더욱 더 하고, 휠 스핀을 일으키는 아슬아슬한 구동력을 타이어에 준다는 일은 F1처럼 가벼우면서 파워가 큰 머신이 아니면 불가능하다. 결국 다소 길게 달린다 하더라도 스피드를 너무 떨어뜨리지 말고 달리는 쪽이 토크가 빨라진다 라는 관점에 기초한다.

따라서 미니서킷의 아주 작은 코너에서는 파워가 고만고만한 자동차라면 아웃 인 아웃 보다는 직선적으로 인을 향해서 작게 도는 방법도 충분히 있을 수 있다.

라인 타기의 기본은 아웃 인 아웃이다. 가능하면 속도를 떨어뜨리지 않는다는 사고방식의 이 라인 타기는 큰 코너일수록 살아난다.

큰 코너에서는 한번 떨어진 속도는 회복하기 힘들다. 그것은 타이어의 그립능력을 가속에 100% 사용하는 것이 힘들기 때문이다.

04

실제로 어느 라인을 취해야 하는가는 코너의 반경, 자동차 토크, 타이어 그립력으로 한마디로 말 할 수 없기 때문에 이상의 설명을 배경으로 스스로 해보고 찾아볼 수 밖에 없다.

연석을 타야 하는가?

인코너쪽, 클리핑 포인트의 전후에는 대체로 연석이 설치되어 있다. 또, 스타팅 라인 부분에는 아웃쪽으로 역시 연석이 설치되어 있는 것이 일반적이다. 예전에는 이 연석이 아주 각도가 심하고 높은 것도 눈에 띄었지만 현재는 많이 낮아져 있다. 코스에도 의하지만 이 연석은 반드시 완만하지는 않다. 안쪽 부분에 억지로 요철을 붙여놓은 경우도 있고 타이어를 깊게 올리면 진동이 와서 서스펜션에 영향을 미치는 경우가 있다. 그러나 이 연석은 다소의 쇼크를 서스펜션에 주더라도 적극적으로 이용하는 편이 좋다.

안쪽 연석은 적극적으로 사용하면 좋다. 회전반경을 크게 하고 거리도 가깝게 된다. 하중이 바깥쪽으로 이동되어 안쪽 타이어가 다소 뜨더라도 영향은 적다.

인(안쪽)의 연석에 타이어를 올리는 주행라인은 그만큼 안쪽을 달리게 되므로 약간이지만 주행거리를 짧게 할 수 있다. 그것보다는 연석에 타이어를 올리면 회전반경을 크게 할 수 있어서 그만큼 스피드를 살리는 코너링이 가능하다. 인을 컷하는 쪽이 분명이 빠르게 달릴 가능성이 높다.

단점으로 생각할 수 있는 것은 코너링 중의 안정성에 영향을 주지 않겠는가 하는 점이지만 그것은 의외로 적다. 왜냐하면 연석을 타는 타이어는 전후모두 인쪽이다. 코너링의 정중앙의 안쪽 타이어는 무게의 대부분이 바깥쪽으로 이동되어서 대부분 하중을 받지 않고 있기 때문이다. 예를 들어 안쪽 타이어가 들리거나 또는 진동을 받아도 코너링을 받치고 있는 것은 바깥쪽 타이어이므로 큰 영향은 없을 터이다.

코너탈출 바깥쪽의 연석도 안쪽 연석 정도는 아니더라도 충분히 활용해도 상관없다. 이 연석도 회전반경을 크게 주므로 통과 속도를 높게 하는 것이 가능하다. 단 코너링을 받는 바깥쪽 타이어가 연석을 타게 되므로 그때의 영향을 사전에 확인해 두자. 특히 노면이 젖은 상태에서는 연석이 미끄러지기 쉬울 가능성이 있으므로 확인해 둘 필요가 있다.

바깥쪽 연석도 회전반경을 크게 해주므로 이용해도 좋다. 단 하중이 걸려 있는 쪽의 타이어이기 때문에 올라탔을 때의 영향은 연습시에 확인해 둘 것. 젖어 있는 경우는 미끄러지는 일도 있다.

긴 직선구간 바로 앞 코너의 중요성

서킷에는 코너가 몇 개가 있지만 특히 중요한 코너가 있다. 그것은 앞이 긴 스트레이트로 되어있는 코너다. 꼭 자로 그려 그어놓은 것 같은 직선이 아니어도 좋다. 코너를 나와서 가속구간이 길다라는 의미이다.

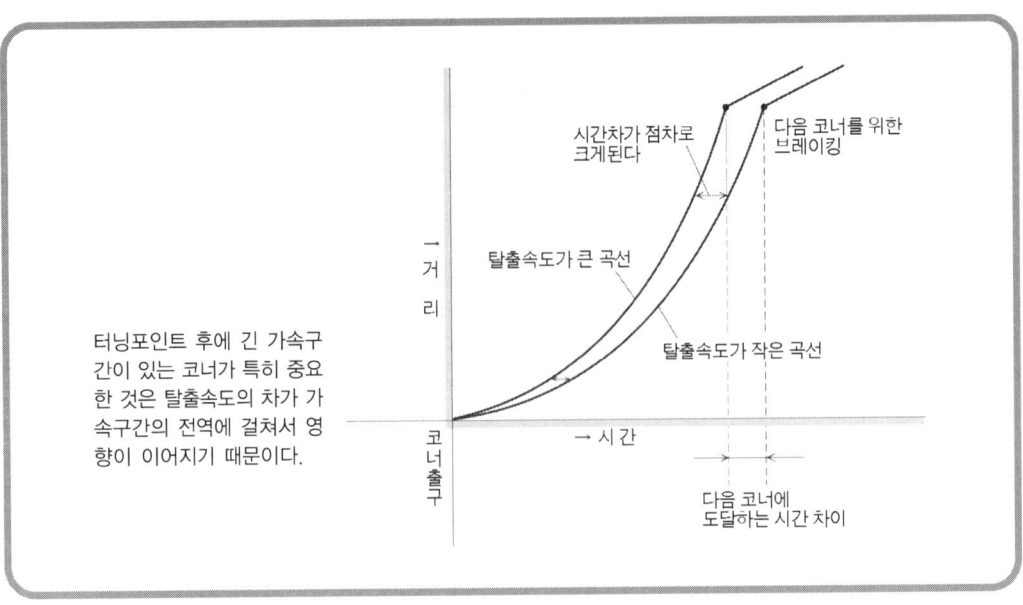

이러한 코너가 왜 중요한가 하면 코너에서의 좋고 나쁨이 그 후의 직선에 영향을 미치기 때문이다. 그 결과 코너링의 좋고 나쁨이 터닝포인트의 스피드에 차이가 생기는 것을 자주 볼 수 있다. 여기서 중요한 것은 탈출 속도이다. 진입시에 자세가 흔들려 터닝포인트가 늦어지면 코너의 탈출 스피드가 이상적인 경우보다도 낮게 되어 버린다. 이 차이가 아주 약간일지도 모른다. 그러나, 그 시점에서는 아주 약간일지라도 후에 직선거리가 길게 이어져 있는 경우는 그 종이 한 장 차이로 끝나지 않기 때문이다.

왜냐하면 탈출시의 속도 차이는 그 후의 가속구간 전역에 걸쳐서 차이가 벌어진 채로 진행되기 때문이다. 즉 가속구간 중은 어느 구간을 달리더라도 항상 탈출속도가 높은 자동차가 높은 속도를 유지하게 된다.

혹시 터닝포인트 직후 바로 이어 다음 코너가 있는 경우는 탈출속도의 차이에 영향 받는 구간은 짧다. 하지만 그 전방이 긴 직선일 경우의 터닝포인트는 가능한 한 탈출속도를 높이고 자세를 무너뜨리지 않고 깔끔하게 터닝포인트 하는 것이 중요하다. 시프트업의 미스는 결정적인 뒤쳐짐으로 연결됨을 충분히 인식하고 미스를 범하지 않게 진중하게 조작한다.

클리핑 포인트를 어디서 잡을 것인가?

아웃 인 아웃에 있어서 제일 인에 접한 곳을 클리핑 포인트(줄여서 CP라고 부름)라고 부른다. 단순한 아웃 인 아웃이라면 클리핑 포인트는 그림의 A라인과 같이 원의 정중앙에 온다. 그러나 실제는 이러한 컴퍼스로 그린 것 같은 원은 이상적 라인이 아니다. 실제 클피핑 포인트는 정점보다 조금 앞이 된다. 따라서 라인은 그림 B라인 같아진다. 즉 진입하는 쪽이 원호가 작고 터닝포인트에서 점차로 원호가 크게 되는 라인이 된다.

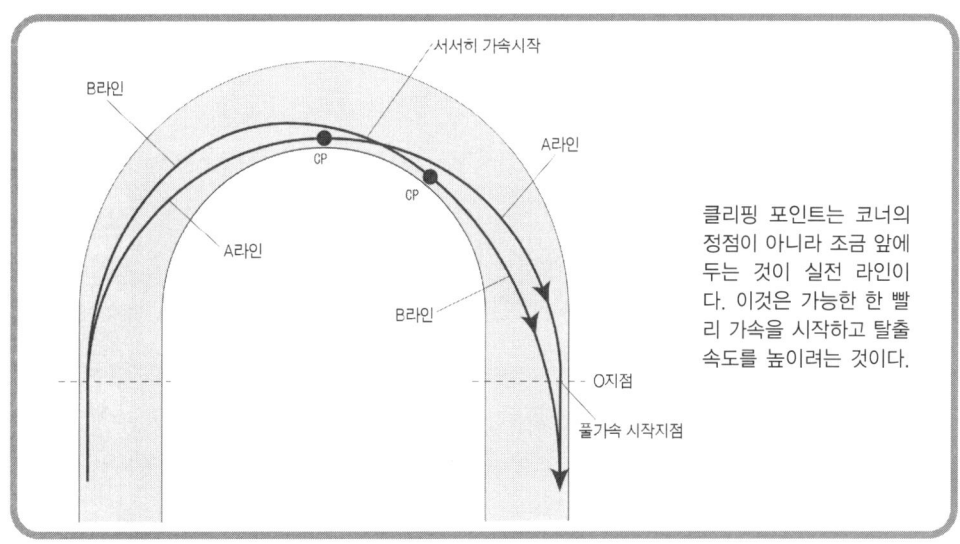

클리핑 포인트는 코너의 정점이 아니라 조금 앞에 두는 것이 실전 라인이다. 이것은 가능한 한 빨리 가속을 시작하고 탈출 속도를 높이려는 것이다.

이 라인 그리기가 코너링의 기본이다. 왜 이러한 라인을 선택하는가 하면 터닝 포인트의 스피드를 높이기 위해서다. 즉, 전항에 있듯이 이 후에 가속구간이 있으면 되도록 탈출속도를 높이는 것이 그 후의 가속구간에서 시간을 줄일 수 있기 때문이다.

A라인의 경우는 직선부분에서 브레이킹을 끝내고 액셀을 밟은 양을 일정하게 조정한 상태로 코너링을 계속해서 직선부로 나오도록 나아가는 패턴이다. 그러나 B라인의 경우는 최초의 코너링 구간은 곡률 반경이 작은 만큼 속도도 떨어뜨리지 않으면 안되지만, 액셀을 열기 시작하는 포인트는 클리핑 포인트의 약간 전부터로 빠른 시기에 액셀을 열기 시작할 수 있다. 서서히 반경을 크게 하면서 액셀의 밟는 양을 크게 해 나가므로 탈출지점 'O'에서는 'A' 라인 때보다 속도는 높아진다.

04

슬로 인 패스트 아웃(Slow in Fast out)

슬로 인 패스트 아웃이란 '천천히 들어가서 빠르게 나옴' 이란 의미이다. 실제로는 천천히 보다는 빠른 쪽이 좋은 것은 주지의 사실이다. 진입구간을 천천히 들어가는 편이 빠르다는 이론적 근거는 없다.

그러나 예전부터 이 말이 레이싱 테크닉에서 전해 내려오는 것은 그 나름대로의 의미를 지니고 있기 때문이다. 그것은 코너의 터닝포인트의 중요성을 표현한 것으로 해석해야 할 것이다.

타이어 능력을 완벽하게 다 사용한 브레이킹과 스티어 조작으로 가장 빠르게 진입하는 것을 100%로 했을 경우, 드라이버라면 보통은 이 100%을 지향한다. 그러나 초심자가 매회 100%를 달성하는 것은 곤란하다. 하지만 빨리 달리고 싶은 마음이 있으면 때때로 102%나 105% 돌입하여 '패스트 인'을 해버리는 일이 있다. 102%면 스핀하거나 코스아웃 같은 결정적인 실패로는 연결되지 않는다.

그러나 한도를 넘어선 돌입은 자세가 흐트러지거나 이상적인 라인을 벗어나거나, 혹은 다시 고쳐 바로잡기 위해서 이상적인 터닝포인트가 불가능하게 된다. 액셀을 밟는 타이밍이 늦어지는 결과가 되기 때문이다. 그것은 터닝포인트의 가속에 영향을 주는 결과로 된다.

그에 비해서, '슬로 인'으로 억제하고 진입한 결과가 98%라고 한다면 진입에서 늦어진다. 그러나 터닝포인트에 관해서는 여유를 가지고 완벽한 터닝포인트가 가능하게 된다. 2% 부족은 이어지는 터닝포인트에 영향을 주지 않는다. 결과적으로는 같은 2%의 차이라도 슬로 인 쪽이 좋은 결과를 얻을 수 있는 것이다.

슬로 인이 빠르다는 논리적 근거는 없다. 그러나 이 사고방식은 당연히 살아 있다. 그것은 정신적으로도 방법론으로도 옳기 때문이다.

즉, 슬로인 패스트 아웃은 정신론이고, 그 생각은 '만용을 부려 너무 파고들어 한계를 넘기보다는, 밑에서부터 서서히 쌓아 올라가서 한계에 도달하는, 진입을 중요시한 코너링을 하십시오'라는 의미로 해석해야 한다.

가장 그립이 좋은 것은 약간 액셀을 열어놓은 상태

마찰원의 개념으로 한다면 가장 큰 코너링 그립을 얻을 생각이면 가속이나 감속에 그립력을 사용하지 말고 100% 코너링만으로 그립력을 사용하는 것이다.

단, 그것은 액셀오프 상태를 의미하는 것은 아니다. 타이어에는 구름 저항이 있다. 그것도 한계 속도에서의 코너링 중에는 큰 저항이 발생한다. 즉, 마찰원에서 생각하면 액셀오프 상태에서는 후방향의 힘이 작용하고 있어서 그 벡터만큼 횡방향의 그립은 작아질 수밖에 없다.

최대의 횡그립을 얻기 위해서는 후방향의 벡터를 지우게끔 액셀을 열어줄 필요가 있다. 어느 정도 열어야 하는가 하면 코너링 속도를 유지할 만큼이면 된다. 너무 열거나 부족해도 그립은 내려간다.

FR(뒷바퀴굴림)차를 이용하여 일정 속도로 코너링 중 전방 자동차의 이변(異變) 등으로 액셀을 빼면 차꼬리(테일)가 흘러서 스핀할 수도 한다. 이것은 액셀을 밟은 상태에서 어우러져 있던 횡그립이 액셀을 뗌으로써 그립력이 떨어지기 때문이다. 더구나 감속에 의한 하중이동이 뒷바퀴 그립을 일부러 떨어뜨리는 것처럼 움직이기 때문이다.

FR차의 경우는 복잡하다. 액셀을 빼면 횡그립은 감소하지만 감속에 의해 하중이동은 앞바퀴 그립력을 늘리는 방향이 된다.

최대의 코너링 그립을 얻기 위해서는 주행저항을 없애 구동력을 올린 상태가 좋다. 즉 그 속도를 유지하는 상태다.

04

FR차의 한계로 코너링을 할 때 급하게 액셀을 빼면 꼬리가 밖으로 흐른다. 액셀을 밟은 상태로 어울려 있던 횡그립이 떨어져 버리기 때문이다. 뒷바퀴 하중이 감소하는 일도 그것을 조장한다.

서로 반대되는 작용으로 움직이므로 실제로 어떠한 거동을 나타낼지는 미묘하다. 이전에 FR차가 나온 지 얼마 안됐을 때는 턱인(Tuck In)이라고 해서 코너링 중에 액셀을 잠그면(액셀에서 발을 떼는 것) 인에 빠져드는 성질이 현저했다. 하지만 지금의 FR차는 이 성질을 대부분 없앴고 개조하지 않은 FR차는 코너링 중에 급하게 액셀 오프해도 대부분 스티어 특성의 변화는 발견되지 않는 것이 실정이다.

턱인이라는 특성은 잘 사용하면 머신 컨트롤을 하기 편하게 만들지만 현재 생산되는 차는 일반 소비자의 안전성 관점에서 그 특성은 가지고 있지 않다.

7 AT차로 서킷주행중

AT차라도 서킷주행은 가능하다. 확실히 AT에는 불리한 부분이 있지만 좋은 점을 살리면 꽤 빠르게 달린다. 세미 오토매틱이라 불리는 시퀀셜 MT라면 더욱 그렇다.

일본에서 AT(오토매틱 트랜스미션)의 장착률은 이미 80%를 넘어섰고, 대다수가 넓은 의미로의 AT차가 되어있다. MT(매뉴얼 트랜스미션)차의 설정이 없는 차종이 많아진 현실도 있다. F1을 시작으로 본격적인 레이싱카의 세계에서도 세미 오토매틱화가 진행되고 있고 실제로 모터스포츠 분야에서도 오토매틱화되고 있는 상황을 부정할 수 없다.

그러한 정황으로부터 AT차로 스포츠 주행을 하는 일도 당연히 있을 수 있을 것이다. 진정한 컴피티션(경주)이라면 현재는 MT차가 효율적으로 유리하지만 서킷주행을 즐기는데 있어서는 AT차로도 충분히 즐길 수 있다. JAF의 공인 레이스에는 AT차 부분은 없지만 무공인 클럽이벤트에서는 AT클래스를 두는 경우도 있어서, 경주를 즐기는 일도 가능하다.(우리 나라의 스피드 페스티발의 클릭 전에 오토매틱으로도 경기에 참가할 수 있도록 배려하고 있다).

원래부터 AT차는 2페달이라는 구조에서 보듯 드라이빙은 MT차보다 간단하다. 스포츠 주행도 그만큼 간단하다고 말할 수 있다. 그러나 AT차의 특성을 알고 거기에 대응한 드라이빙을 하지 않으면 AT차의 성능을 충분히 이끌어내지 못한다. AT차에는 MT차보다 유리한 면과 불리한 두 가지 면이 있다. 그것을 감안해서 오토매틱차의 성능을 전부 이끌어 내서 사용하는 것이 중요하다.

AT차가 불리한 점으로는 우선 전달 효율이 있지만 그것보다는 유체를 사용하는 것으로 인한 구동의 지연, 타임랙(Time lag)이 발생하는 점이 크다.

AT차의 종류와 특성

한마디로 AT차라고 하지만 실은 여러 종류가 있다. 가장 일반적인 것이 유체를 사용한 토크컨버터(Torque converter)와 유성(遊星)기어를 조립한 다단식 AT이다. 그리고 최근 늘어나고 있는 것이 CVT로 이것은 금속벨트에 의한 무단변속기구를 가지고 있다. 이것도 클러치 기구로써 토크 컨버터를 조합한 것이 주류다. 어느 방식이든 시퀀셜 방식의 시프트를 부가한 것이 있다. 이외에도 '시퀀셜MT' 등으로 불려서 분류는 매뉴얼 미션이지만 클러치 기구를 자동화한 2페달MT가 있다.

04

유체(流體)를 사용한 토크컨버터와 유성(遊星)기어를 사용한 다단식AT의 절개 모델. 왼쪽 단이 토크컨버터로 엔진쪽이다. 단수가 많아지면 그만큼 길어진다.

CVT의 컷 모델. 이것도 유체식 토크컨버터를 조합한 타입. 금속벨트는 오른쪽 윗부분과 가운데에 걸려 있다.

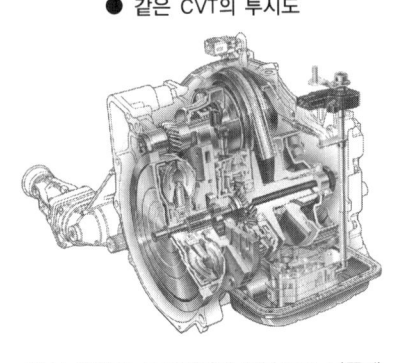

● 같은 CVT의 투시도

역시 왼편이 토크컨버터 부분으로 뒤쪽에 벨트가 걸려 있다.

국산차나 수입차 모두 그 기구는 독자적인 연구가 되어 있지만 어쨌든 스포츠 주행에 적합한 미션이다.

토크컨버터와 유성기어 조립의 AT를 좁은 의미로 AT라고 하면 이 경우 유체를 통해서 토크가 전해지므로 아무래도 거기에서 지연이 발생된다. 즉, 액셀에 대해서 리스폰스(반응)가 나쁘다. 이것은 서킷 등의 스포츠 주행에서는 큰 마이너스가 된다. CVT쪽도 많게는 토크컨버터를 매개로 하고 있지만, 속도가 시속 20~30km에서 록업되므로 서킷주행에서는 그다지 문제되지 않는다. 그러나 벨트 구동에서는 역시 어느 정도의 미끄럼이 발생한다. 특히 큰 토크가 걸렸을 때는 미끄럼도 커지기 쉬워서 이것이 액셀 리스폰스를 나쁘게 한다. 단, CVT쪽이 그 지연이 적어서 무단이라는 조건(이론적으로 늘 최고마력의 회전수를 사용할 수 있다)과 함께 서킷주행에는 AT보다 CVT쪽이 우수한 기구라고 말 할 수 있다. 단지 현상황에서 CVT는 대응파워에 한도가 있어 고성능 차에는 채용되지 않는다.

드라이빙 테크닉의 기본

AT차의 콕핏.
2페달이라는 점과 시프트 레버가 아니고 변속 레버인 점이 다르다. 이 차이를 어떻게 살리는가가 포인트가 된다.

어쨌든 효율적인 면에서 현재는 MT쪽이 뛰어나서 서킷주행의 주류가 MT차인 것은 확실하다. 하지만 2페달로 드라이빙이 쉬운 것은 AT차의 유리한 점이어서 이것을 살리면 AT차로도 꽤 빨리 달릴 수 있다.

왼발 브레이킹의 유용성

보통 사람은 AT차라도 브레이크는 오른발로 밟는 사람이 대부분일 것이다. 하지만 본래 2페달의 경우 오른발은 액셀러레이터, 왼발은 브레이크로 역할을 분담시키는 것이 좋다. 그렇게 하면 '액셀과 브레이크를 혼돈해서' 등등의 사고는 일어나지 않을 것이다. 돌발적인 브레이킹에도 대응하기 쉽다. 지금이야 F1도 왼발 브레이킹일 뿐만 아니라 WRC(세계랠리선수권전)에 있어서도 시퀀셜MT 덕분으로 왼발 브레이킹은 상식적인 테크닉이 되어 있다. 그것은 왼발로 브레이크를 밟는 것에 나름대로의 장점이 있기 때문이다.

3페달을 가지는 보통의 MT차에서는 사실상 할 수 없는 왼발 브레이킹이 2페달인 AT차에서는 쉽게 할 수 있다. AT차로 서킷 주행하는 포인트는 바로 왼발 브레이킹을 행하는 것이다. 왼발 브레이킹을 사용하지 않는다는 것은 AT차의 단점을 다분히 보여줄 뿐이지만 왼발 브레이킹을 하면 MT차를 넘는 장점을 이끌어낼 수 있다. 이것은 서킷주행이나 일반 도로주행에서도 같아서 사용할 수 없는 곳이 없다. 이것이야 말로 AT차 드라이빙의 묘미다.

원래 액셀 페달과 브레이크 페달을 오른발로 바꿔밟는 것은 시간적인 로스가 있다. 코너진입쯤에서 브레이킹을 시작할 때 액셀에서 발을 떼고 브레이크 페달을 밟기까지의 사이에 적극적인 가속도 감속도 못하는 빈 주행공간이 반드시 일어난다. 또 브레이킹을 끝내고 액셀페달로 옮길 때도 시간적인 로스가 발생한다. 브레이킹 후에 하프 액셀구간이 있는 속이 깊은(돌아들어가는) 코너에서는 그다지 문제가 없지만, 브레이킹 후 바로 풀 액셀이 필요한 얕은 코너에서는 옮겨 밟는 시간이 전혀 무의미해서 그만큼 액셀을 밟는 타이밍이 늦어진다.

이 점은 MT차나 AT차나 같지만, 특히 토크컨버터를 사용한 AT차에서는 액셀 리스폰스가 나빠서 타이어에 구동력을 전달하는데 시간적인 지연이 생긴다. 또 터보 엔진차의 경우도 일반적으로 액셀 리스폰스가 나빠서 지연이 나타나기 쉽다. 따라서 2페달 AT차로 서킷 주행을 하려면 왼발 브레이킹은 반드시 사용해야 할 테크닉이라 할 수 있다.

서킷주행에는 왼발 브레이킹이 유용. 좌단에 보이는 것은 클러치 페달이 아니라 왼발용의 풋레스트.

왼발 브레이킹 연습

보통 브레이크 페달을 오른발로만 밟는 사람은 왼발 브레이킹을 연습하지 않으면 어설프게 밟게 된다. 오른발로는 의식하지 않고도 컨트롤하는 브레이킹이 왼발로는 잘 되지 않는다. 그래서 보통 일반도로에서도 왼발 브레이킹을 사용하도록 연습해 둘 필요가 있다.

그러나 왼발 브레이킹을 교통량이 많은 일반 도로에서 갑자기 연습하는 것은 위험하다. 처음 왼발 브레이크를 밟으면 대부분이 흔히 말하는 '꽉' 브레이크가 되어 버려서 추돌위험이 있기 때문이다. 그것은 브레이크 힘을 컨트롤할 수 없기 때문인데 특히 중속 영역(域)에서 스피드가 떨어져 저속 영역이 되었을 때 급정차하기 쉽다.

운동 에너지는 속도의 제곱이므로 스피드가 떨어지면 에너지는 큰 폭으로 적어진다. 같은 브레이크 답력에서는 너무 강하므로 약하게 하지 않으면 안되지만 왼발 브레이크에 익숙하지 않으면 그것을 할 수 없다. 일반도로에서의 통상 주행에는 정차 직전에는 꽤 답력을 약하게 하는데, 이 동작은 오른발로는 무의식으로 하고 있다. 그러나, 왼발로는 하지 못한다. 우선은 이러한 브레이크 답력의 컨트롤을 왼발에 기억시킬(실제로는 뇌이지만) 필요가 있다.

따라서 처음에는 빈 공터나 일반도로에서도 한적한 도로를 찾아서 뒤차가 없음을 확인하면서 해본다. 왼발은 뒤꿈치를 바닥에 붙이고 우선은 저속부터 급브레이크가 되지 않도록 의식하면서 가볍게 밟는 것부터 시작한다. 그리고 차례로 높은 속도에서 브레이킹하는 연습을 한다. 오른발처럼 왼발로도 브레이크가 밟을 수 있게 되면 서킷에서도 왼발 브레이킹을 사용해 본다. 일반도로보다 강한 답력이 필요하지만, 웬만큼 사용할 수 있게 되어 있을 것이다.

변속 레버와 시프트 포지션

AT차의 변속레버에 의한 컨트롤 시스템은 자동차 메이커나 차종에 의해 다양하다. 전진시 기본적으로는 L, 2, 3, D 라는 레인지가 있지만, 최근에는 시퀀셜 시프트(Sequential shift)를 부가하고 있는 자동차도 많다. 특히 스포츠 모델 AT차에서는 대부분 채용하고 있다.

AT차의 본래 목적은 이지 드라이빙이기 때문에 변속레버는 D 위치해 놓으면 모든 것을 처리해 준다. 풀 가속이 필요한 경우도 액셀을 한번에 끝까지 밟아버리면 자동으로 시프트 다운되어 저속기어인 상태에서 가속된다. 일반주행에서라면 D상태 그대로도 지장이 없다.

시퀀셜 타입의 변속에는 기어고정식도 있지만 대부분은 레인지 고정이어서 선택기어 이하의 기어는 커버해 준다. 예를 들어 4단인 채로 2단 영역 속도까지 떨어뜨렸을 때 그대로 액셀을 밟으면 2단으로 킥다운되어 가속해 준다. 그리고 액셀을 밟고 있으면 3단이나 4단으로 시프트 업도 해준다. 그러나 5단 이상으로는 상향 변속해주지는 않는다. 따라서 높은 기어를 선택해두면 D레인지의 경우와 같이 이지 드라이빙(easy driving)이 가능하다.

그러나 속도를 추구하는 서킷주행에서는 이러면 너무 늦는다. 예를 들어 일반적인 코너링에서 생각해 보면 브레이킹해서 속도를 떨어뜨려 코너링에 들어섰을 때 AT의 기어는 일반도로에 맞추어져 있기 때문에 너무 높다.

04

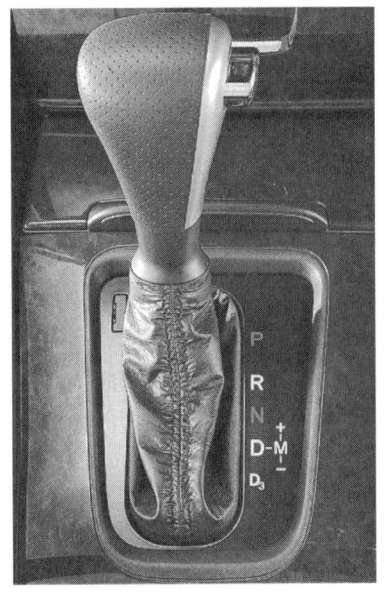

스포츠타입의 AT는 대부분 시퀀셜 타입의 시프트가 가능하게 되어 있다. 서킷주행에서는 이것을 능숙하게 사용하면 좋음.

그 때문에 액셀 컨트롤을 충분히 하지 못한다. 그리고 터닝포인트시 액셀을 한 번에 밟아도 거기에서 기어다운이 이루어지므로 완전하게 가속 타이밍이 늦어진다. 역시 빠르게 달리기 위해서는 AT차라도 속도에 맞춰진 적절한 기어가 선택되어 있을 필요가 있다.

2페달 주행의 실제

AT차로의 서킷주행을 시작할 때 우선 오버드라이브의 스위치는 오프로 해 둔다. 연비보다 주행을 우선한 파워모드나 스포츠모드로 선택할 수 있는 경우에는 물론 그것들을 선택한다. 시퀀셜 시프트와 오소독스(Orthodox)한 변속레버 양자 모두가 갖추어져 있는 경우는 시퀀셜 타입을 선택하는 것이 좋겠다. 그 편이 세세하게 기어의 선택이 가능하다. 당연히 최근에는 시퀀셜 시프트를 가짐으로써 D레인지 이외의 전진 레인지를 가지고 있지 않는 경우도 있다.

변속레버도 시퀀션 시프트도 기어 다운시에 속도가 너무 높았을 경우 그대로 시프트다운을 허락하면 토크컨버터에 충격이 가서 부담을 주고 휠록(Wheel lock)을 일으켜서 스핀할 수 밖에 없다. 그것을 피하기 위해서 그 기어가 수비범위로 하는 속도 영역까지 속도가 안 떨어지면 기어는 들어가지 않게 되어 있다. 따라서 적정한 속도 영역으로 떨어지고 나서 시프트다운하는 것이 이상적이지만 조금 빠르게 시프트다운 조작을 했다고 해서 큰 실수가 되지는 않는다. 그 점은 AT차의 이점이다.

업이든 다운이든 서킷주행에서는 항상 속도가 있는 기어가 선택되는 것이 원칙이다. 특히 브레이킹 등 감속시에는 AT차의 성질인 기어는 떨어지기는커녕 액셀 오프보다 올라가 버린다. 따라서 빠르게 시프트다운 조작을 해서 속도에 맞는 기어 선택을 하는 것에 유념하자.

자동으로 맡겨놔도 좋은 예외가 있다.

예를 들어 레이스 스타트처럼 제로에서 제1코너까지 한번에 가속하는 경우, 1코너 바로 전에 예를 들어 4단까지 있다고 하면 처음부터 4단을 선택해서 스타트해도 좋다. 4단까지는 가속만으로 정해져 있다면 단지 액셀을 힘껏 밟고서 AT에 맡겨서 시프트업하는 편이 부드럽고 확실하기 때문이다. 첫 스타트 때는 왼발로 브레이크를 밟고서 자동차를 멈춰두고 스타트 수초 전부터 액셀을 밟기 시작해서 엔진 회전을 어느 정도까지 올려서 스타트 신호에 맞추어 한번에 액셀을 밟으면서 브레이크를 놓고 스타트한다. 스타트 신호에 정확하게 맞추는 것은 어디까지나 브레이크 페달을 놓는 것이다.

브레이크를 밟은 채로 액셀을 열어서 엔진회전을 올리는 일은 토크컨버터에 부담이 걸리므로 수초 이내에 끝내야 한다. 기계적인 파손은 일으키지 않더라도 ATF(AT용 유체)의 노화를 재촉한다는 것은 염두에 둔다. N레인지로 해놓고 엔진회전을 높인 상태에서 갑자기 D레인지 등으로 바꾸는 것도 급발진이 가능하지만 이것은 토크컨버터를 비롯한 구동계에 부담이 너무 크므로 하면 안 된다.

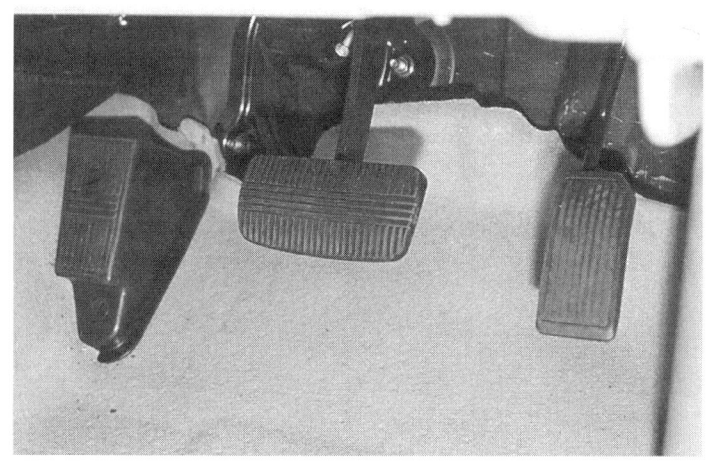

스포츠타입의 AT차에서는 왼발의 풋레스트(Footrest)가 달려 있는 일이 많다. 풋레스트의 높이는 브레이크 페달과 같거나 조금 높은 것이 좋다. 즉시 브레이크 페달로 이동할 수 있기 때문이다. 현실적으로는 뒤꿈치를 바닥에 붙이고 항상 브레이크 페달 위에 왼발을 놓아 둔다.

04

구동력이 전달되기 위해서는 타임랙이 있으므로 액셀온을 그 만큼 빠르게 한다. 브레이크와 액셀 양쪽을 동시에 밟고 있는 시간도 당연히 생긴다.

브레이크를 밟은 채로 액셀을 여는 방법을 사용할 수 있는 것도 AT차의 큰 장점이다. 이것을 사용한다는 것은 MT차에 다가가거나 경우에 따라서는 추월할 수 있는 주행을 할 가능성도 있다. 예를 들어 스타트뿐 만 아니라 브레이킹 후에 곧장 가속체제로 들어서는 회전반경이 얕은 코너를 통과하는 경우일 때 브레이킹을 남긴 채로 액셀온으로 들어설 경우 AT차 특유의 구동지연을 없앨 수도 있다.

AT차에 있어서 일반적인 코너통과 방법을 설명해 보겠다.

D레인지 또는 시퀀셜의 5단기어로 코너에 다가선다. 왼발 브레이킹으로 감속, 어느 정도속도가 떨어진 지점에서 D레인지에서 2레인지로 넣는다. 엔진 브레이크는 어찌됐든 그다지 의지가 되지 못하므로 3레인지가 있더라도 생략하는 것에 지장이 없다.

시퀀셜에서는 그 성격으로 5단 - 4단 - 3단 - 2단으로 시프트다운한다. 언더스티어를 내지 않도록 브레이킹을 남기고 스티어링을 끊음과 함께 액셀을 컨트롤하면서 코너링에 들어선다. 2단기어가 홀드되어 있으므로 액셀컨트롤은 하기 쉬울터이다. 터닝포인트는 MT차보다 빠른 타이밍에 액셀을 밟는다. AT차 특유의 지연을 커버하기 위해서다. 밟는 타이밍은 그 자동차의 성격에 맞춰서 연습한다.

일반적으로 저단 기어에서도 비교적 리스폰스도 좋지만 높은 기어에서는 나쁘므로 그 만큼 빨리 액셀온할 필요가 있다. 터보차라면 그만큼 가속해서 빠르게 액셀온해서 터닝포인트한다. 이 후는 회전계를 보면서 시프트업해 가는 것이 기본. 단, 다음 코스까지 가속구간이 길면 한번에 D레인지로 들어가 풀 액셀로 가도 관계없다. 시퀀셜에서도 빠르게 시프트업해도 풀액셀로 가면 결과는 변화지 않는다.

그런데 왼발 브레이킹은 코너링 중에 자세를 바꾸기 위해서 사용하는 경우도 있다. 2단 코너처럼 늦은 코너에서는 스피드가 떨어져 버려서 현실적이지는 않지만, 비교적 속도가 높은 코너에서는 코너링 중에 언더스티어를 느끼면 액셀은 그대로 하고 왼발로 브레이크를 밟음으로써 언더스티어를 없앨 수 있다. 그러면 한 순간 하중이 앞으로 옮겨져 전륜 그립이 증가하는 고도의 테크닉이 되는데 랠리 드라이버들이 잘 사용하는 테크닉이다.

어쨌든 AT차 서킷 드라이빙의 포인트는 왼발 브레이킹에 의한 페달 옮겨 밟기로 로스의 해소와 빠른 액셀온에 있고 그것을 마스터하는 것으로 어려운 MT차에 애먹고 있는 사람보다 빠르게 달릴 수 있는 가능성이 충분하게 있다.

05 실전 드라이빙 테크닉

연속되는 코너의 라인 잡기
추월의 실제
슬립 스트림
웨트 노면
경쟁과 주로 방해

1 연속되는 코너의 라인 잡기

코너가 연속되는 경우가 의외로 많다. 하나의 서킷에서 연속되는 코너가 없었으면 하는 것이 주행자의 바람이다. 연속된다는 의미는 전 코너의 횡G가 없어지기 전에 다음 코너의 코너링과 브레이킹이 들어가는 경우이다. 이와 같이 연속된 코너의 경우는 단순하게 아웃 인 아웃의 라인을 잡는 것이 좋다고는 할 수 없다.

서킷에서 연속되는 코너는 무척 많다. 그 경우에는 반듯이 아웃 인 아웃의 원리에 의해 라인을 정할 필요가 있다.

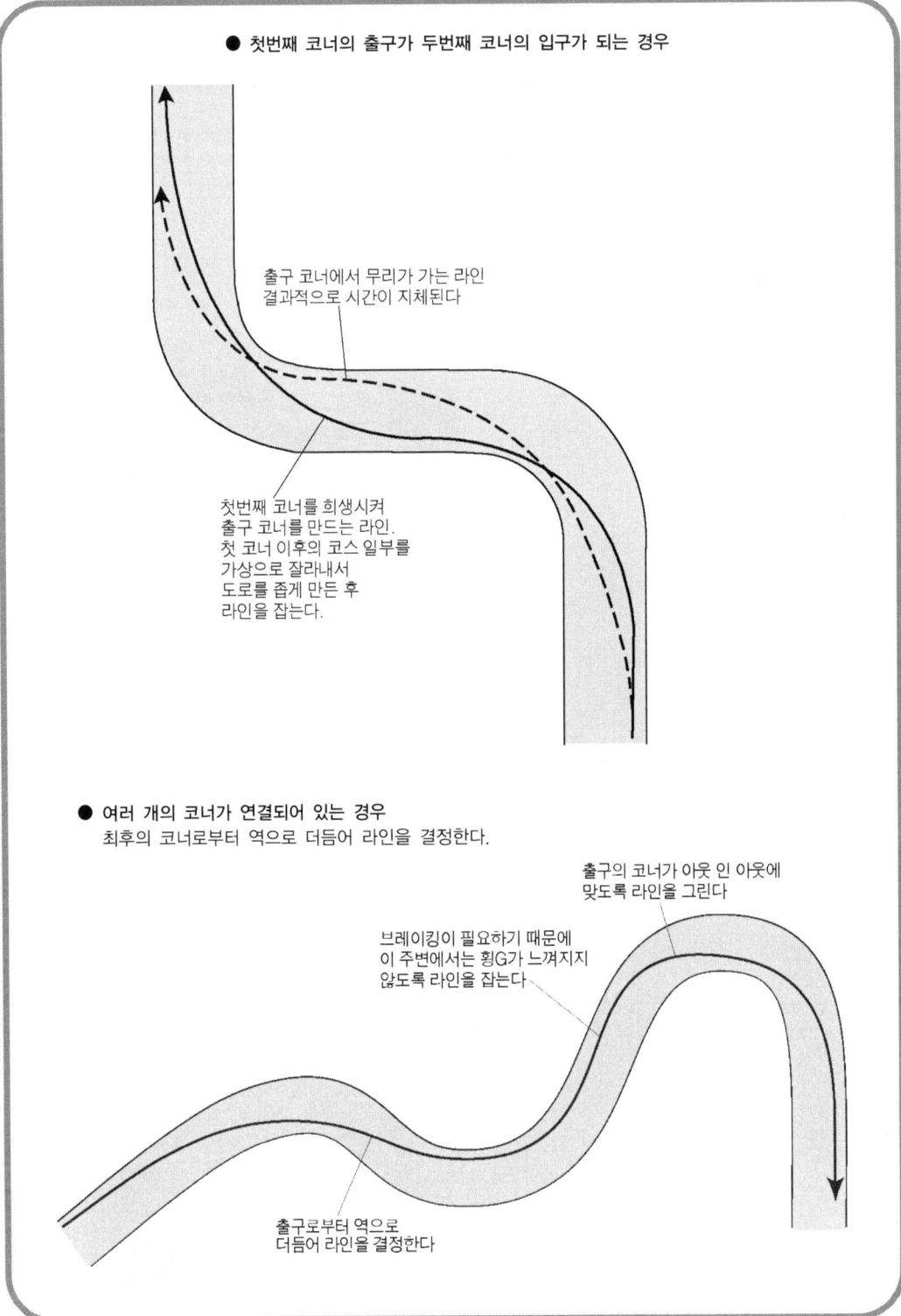

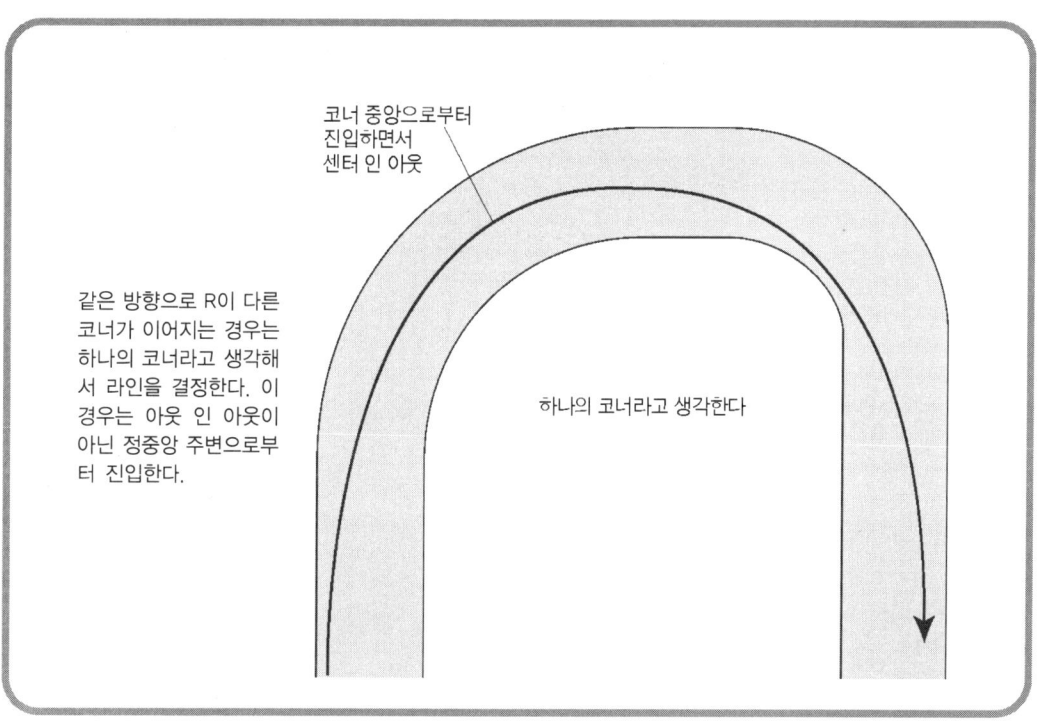

코너 중앙으로부터 진입하면서 센터 인 아웃

같은 방향으로 R이 다른 코너가 이어지는 경우는 하나의 코너라고 생각해서 라인을 결정한다. 이 경우는 아웃 인 아웃이 아닌 정중앙 주변으로부터 진입한다.

하나의 코너라고 생각한다

연속되는 코너의 라인을 잡을 때 기본적인 생각으로는 출구에서부터 거꾸로 생각해보면 된다. 마지막 코너의 출구가 가장 중요한 것은, 코너링 후의 긴 직선 구간이 이어질 때 풀 스로틀이 가장 중요한 것과 같은 경우이다. 그 출구를 가장 빠르게 나아갈 수 있도록 라인을 그린다.

예를 들면 128쪽 위의 그림과 같은 경우, 첫 번째의 코너를 아웃 인 아웃의 라인을 잡는 것이 두 번째의 코너의 아웃 인 아웃을 기본으로 한 라인을 그려 나아가는 것에 연결된다.

128쪽의 아래 그림은 코너가 연속되는 예지만, 여기에서도 최후의 코너를 잘 빠져 나아갈 수 있는 라인잡기를 결정할지를 그것에 맞추어 앞 라인을 결정한다. 129쪽 그림은 R 의 크기가 다른 커브를 맞춘 코너로 주행상에서는 사실상 하나의 코너라고 보여지지 않는다.

이와 같은 코너에서는 진입도 아웃에서가 아니라 정 중앙 정도에서 라인을 잡게 된다.

05

코너의 형상에 따라 아웃이 아닌 정중앙 주변으로 진입하는 경우도 있다

앞 코너의 횡G가 느껴지지 않도록 진입하는 것이 중요하다

2 추월의 실제

서로 경쟁을 할 때, 차량의 성능의 차이와 드라이빙 테크닉의 차이가 클수록 추월은 간단하지만, 차량의 성능이나 드라이빙 실력이 비슷한 경우에는 좀처럼 추월이 어렵다. 그런 경우에는 따라가면서 상대방의 실수를 기다리게 된다. 그러나 단지 차의 뒤를 붙어 달려도 상대방은 좀처럼 실수를 하지 않는다. 때로는 안쪽으로 파고드는 모습을 보여주기도 하고 동요를 유발시키는 행동도 하는 것도 필요하다. 그러나 추월이 불가능한 것을 매번 반복하게 되면 상대방에게 내 작전을 가르쳐주는 것이 되므로, 좀처럼 실수를 하지 않는 이쯤에서 심리전이 시작된다.

01 추월의 기본 1

추월의 기본은 인을 찌르는 것이다. 두 대의 차가 나란히 달리면서 코너를 돈다고 하는 것은 코너를 단순하게 작게 도는 것이냐 크게 도는 것이냐의 차이가 된다.

바깥쪽 차는 클리핑 포인트를 잡는 것이 쉽지 않으므로 앞서 말한 것과 같이 단순한 시간 계산이 된다. 즉, 안쪽 라인 쪽이 거리가 짧고 빠르게 된다. 바깥쪽 라인은 거리가 길어 속도를 늘리지 않으면 안되며, 속도는 제곱에 비례하기 때문에 원심력이 그 이상으로 커지게 된다. 두 차 모두 그립의 한계가 같다면 바깥쪽 라인의 거리가 긴 만큼 회복할 수 있는 만큼의 스피드는 나오지 않는다.

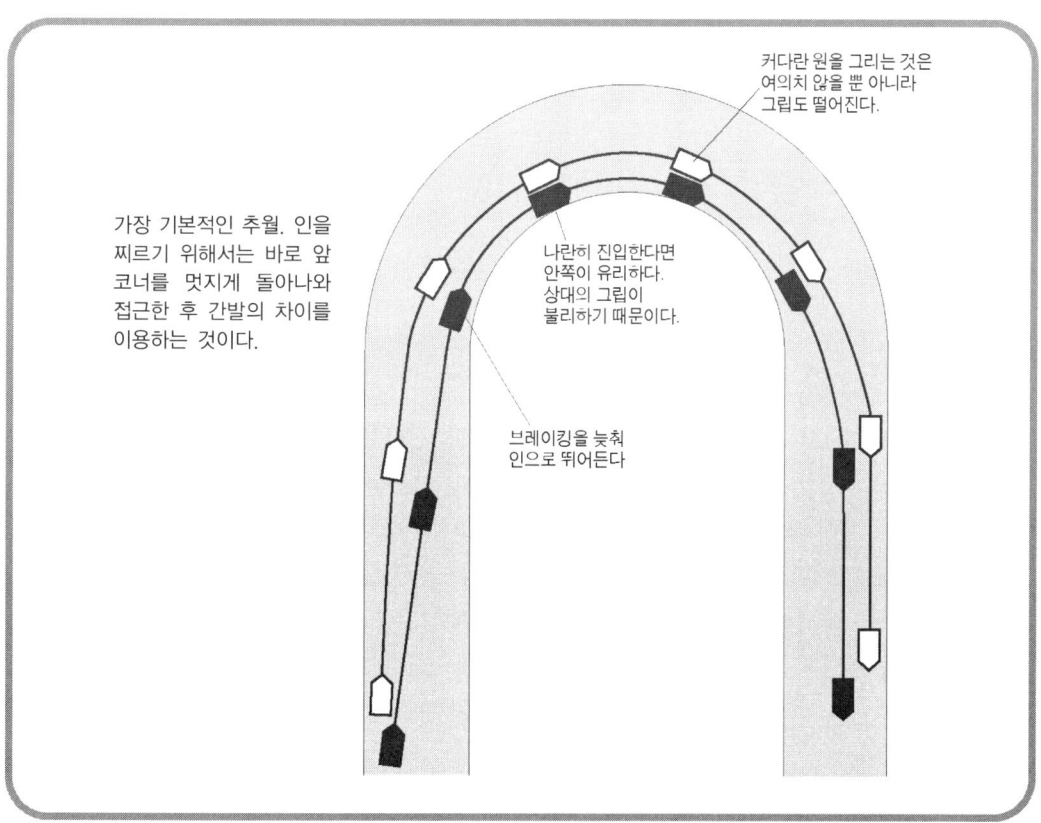

안쪽의 라인이 유리한 것은 또 하나가 있다. 만약 코너링 중에 양차의 사이드가 부딪힌 경우, 안쪽의 차량은 원심력이 약한 영향으로 힘이 움직이지만, 바깥의 경우의 차는 원심력에 더해지는 것과 같은 작용을 하여 차가 바깥쪽으로 튕겨나

갈 가능성이 많아지게 된다. 약간의 충격이라면 라인을 벗어날 정도이지만, 경우에 따라서는 코스 밖까지 튕겨나갈 위험이 있다.

추월을 하는 상황에서는 안을 파고든 차량이 유리한 것은 이 두 가지 점이 있기 때문으로 물리적으로도 심리적으로도 단연 유리하다. 그러나 그렇게 간단하게 안을 파고들 수 없는 것이 현실이다. 앞의 차량과의 차이가 많음에도 불구하고 무리하게 파고들면 부딪히거나 자기가 스핀을 하기 쉽다. 랩 타임이 비슷한 두 차량의 경우에서도 안을 파고들기 위하여 기회를 잡을 필요가 있다.

경쟁하는 두 차량의 차이는 랩마다 변화한다. 그것은 두 차량 모두 각 코너의 통과속도의 차이가 있기 때문으로 때로는 두 차량이 붙었다 떨어졌다 한다. 따라서 앞차에 가까이 붙을 기회가 생기면 바로 안으로 파고들게 된다. 그 때문에 추월이 가능한 코너에서는 가능한 한 앞차에 붙을 수 있도록 신중하게 코너링을 하는 것이 필요하다.

여러 대가 함께 달리는 서킷 주행에서는 반드시 추월하는 장면이 나오게 된다. 경쟁하고 있지 않으면 모를까 경쟁하는 상황에서는 추월이 쉽지 않다.

02 추월의 기본 2

또 하나의 기본적인 추월방법이 있다. 먼저 앞차의 안을 파고들 의지를 보이며 코너 앞에서 안쪽 가까이 다가간다. 앞차는 안을 지키기 위하여 역시 안쪽으로 달린다. 여기에서 갑자기 바깥쪽으로 나와 재빠르게 아웃 인 아웃의 기본라인을 잡는다.

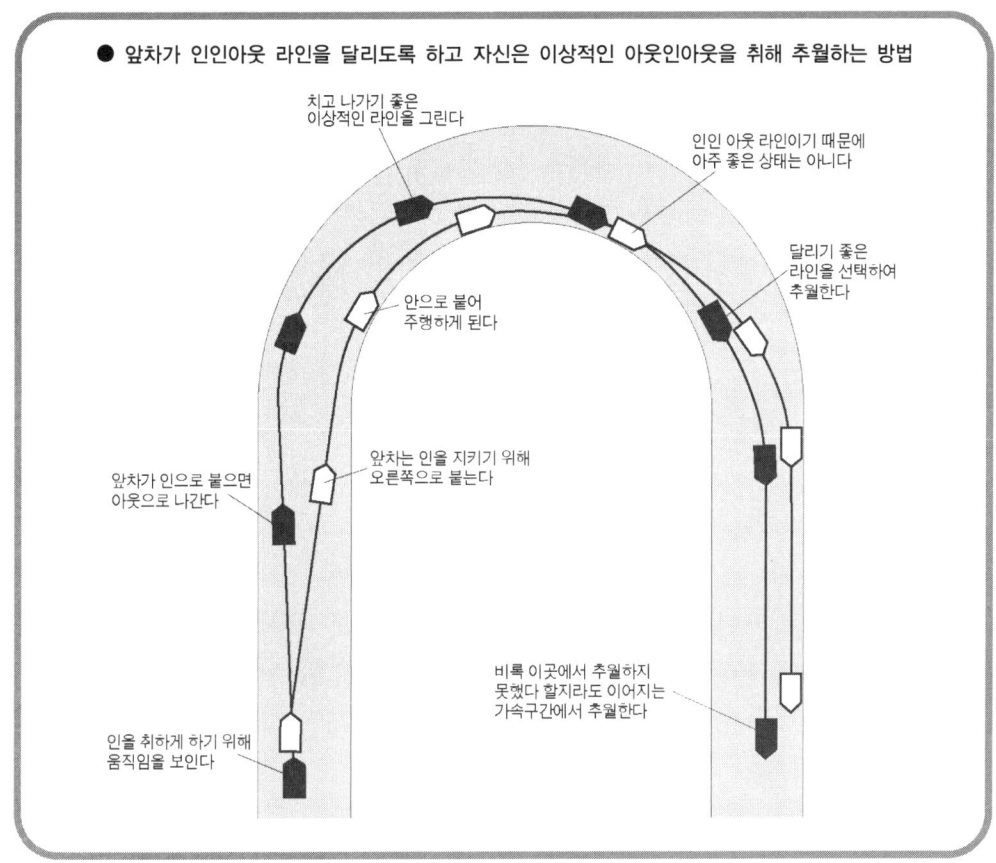

보통 앞차는 그대로 인 인 아웃의 라인을 잡게 되므로 이상적인 라인을 잡게 되지 않아 코너 탈출 때의 스피드가 늦어질 가능성이 높아지게 된다. 물론 이것으로 결정적인 차이가 생기는 것은 아니고, 반드시 벗어난다고도 할 수 없다. 그러나 코너링 후의 가속구간이 길다면 빠르게 나아가므로 다음의 코너까지 앞으로 나아갈 수 있고 가능성은 더욱 더 높아지게 된다.

실제에서는 클리핑 포인트 주변에서 두 차량이 서로 교차할 가능성이 많다. 그 때문에 이상적인 라인보다도 더 클리핑 포인트를 늦춘 라인을 택하여 앞차가 아웃에 머물러있는 상태에서 안쪽으로 빠져나가는 것이 좋다. (아웃트하란데에서 하란데 원형이 '하라무' 같음)

역시 코너출구까지 간단하게 벗어날 수 있는 것은 아니므로 나아가는 것을 중시하여 가능한한 깨끗하게 나아간다. 그래서 출구에서 옆에 나란하게 설 정도가 된다면 그 후에 가속구간에서 앞으로 나아갈 수 있게 된다.

3 슬립 스트림(slip stream)

고속에서 선행하는 차의 뒤에 들어가면 공기저항이 줄어, 단독주행 때 이상의 속도가 올라가는 현상이 있다. 이것을 슬립 스트림이라 하며 '슬립 스트림을 사용' 또는 '슬립 스트림에 들어감'이라고 한다. 단지 영국에서는 토잉이라고 하는 것이 보통이고 미국의 인디카 등에서는 드래프팅이라고 한다.

슬립 스트림의 원리는 어떤 것인가를 생각해보자. 차가 주행하면 공기 저항이 발생한다. 이 공기 저항은 압력저항, 마찰저항, 유도저항이라고 하는 종류로 나눌 수 있는데, 압도적으로 큰 것은 압력저항이다. 보통의 승용차의 경우 주로 프런트 노즈 부분과 프런트 글래스에 정압(플러스 압력)이 걸리고, 뒷부분에는 반압(마이너스 압력)이 걸린다. 결국 대기 안을 기준으로 생각하면 앞에서는 밀리고, 뒤에서는 당기는 것과 같은 힘이 작용한다. 이것이 공기저항의 주가 되는 것이다. 또한 부압(대기의 압력보다 낮은 압력)이 걸리는 것은 뒷부분만이 아니라, 보닛이나 지붕에도 걸리는데 이것들은 차체를 들어올리려는 힘(양력)으로 작용하여 레이스 머신이나 보통의 차량 설계에서도 중요한 문제인데 여기에서는 저항만을 얘기한다.

슬립 스트림을 간단하게 설명하면 한 대분의 저항을 두 대로 나누는 것과 같은 것이다. 결국, 앞차는 전면의 정압을 후속차량은 배면의 부압을 부담하게 된다. 후속차량은 앞에서 받은 정압이 없어서 배면에서 미는 부분으로 공기저항은 크게 줄어든다. 실제로는 앞차에서도 시간적으로는 슬립 스트림의 도움을 받게 된다.

슬립 스트림을 사용하면 확실히 공기저항이 줄어 속도가 올라간다. 체감으로 아는 방법은 스피드미터와 타코미터를 보면서, 단독주행시보다 같은 지점에서 확실시 높은 속도와 회전수를 표시하고 있는 것을 확인한다.

슬립 스트림은 뒷차만이 아니고 앞차에도 장점이 있다. 뒷차가 액셀을 완화시킨 채 앞차 뒤에 붙는 것만으로도 앞차의 공기저항이 줄어 두 차 모두 속도가 늘어나는 효과를 본다.

실제에서는 두 대의 차량이 연이어 달려도 한 대의 차만큼의 공기저항을 받을 수 없다. 두 차량 사이의 형상이 완만한 것만은 아니기 때문에 후속차량도 어느 정도는 전면의 압력을 받게 되고 앞 차량도 배면의 부담을 받게 된다. 별도의 보충설명을 한다면 두 차량을 한 물체로 생각하면 형상에 의하여 저항계수가 바뀌어진다고 말할 수 있다. 물체가 길다면 공기의 마찰저항에도 다른 점이 나온다. 실제에서는 한 차량 분의 공기저항보다 수배 이상의 저항이 있게 된다. 그렇지만 후속 차에서는 공기저항이 크게 감소되는 장점이 있다.

공기저항 D는 다음과 같은 식으로 구하면 된다.

$$D = Cd \, 1/2 \, \rho S V^2$$

Cd : 공기저항 계수   ρ : 공기밀도   S : 전면투영면적   V : 속도

공기저항계수 Cd는 차량의 형상에서 결정되는 고유의 값으로 수치가 작을수록 저항은 작아지게 된다. 최근에는 자동차 메이커가 신형차량의 작은 Cd값을 선전하면서 그 값을 공표하기도 한다. 공기밀도도 서킷의 지형의 높이(해발)의 장소에 따라서 그 때의 기준 값을 결정하지만 차량 측의 조건은 아니므로 여기에서는 신경 쓰지 않아도 된다. 전면투영면적은 차량을 앞에서 보았을 때 면적이 큰 차량은 당연히 저항이 크게 되고 미러와 같이 돌출되어있는 부분이 있다면 그 만큼 증가하게 된다. 속도는 제곱에 비례하는 것에 주목하여야 한다.

그런데 슬립 스트림이 어느 정도의 스피드에서 효과가 있는가 하면 차의 종류, 형상이 다른점을 감안했을 때 보통의 승용차로 시속 100km 정도라고 생각하면 좋을 것이다. 그러나 공기저항은 위의 식에서 알 수 있듯이 속도의 제곱에 비례하기 때문에 그 효과도 그것에 기준하여 얻을 수 있도록 생각하는 것이 좋다. 결국 속도가 시속 100km일 때와 비교하여 시속 150km에서는 2.25배, 시속 200km에서는 4배 정도의 효과가 난다고 생각할 수 있다.

인디카와 같은 포뮬러 타입의 경주차는 시속 300km의 초고속에서는 슬립 스트림의 영향은 매우 커져 능숙하게 사용하지 않으면 거꾸로 후속차량의 난류에 의해 밸런스가 깨져서 스핀이 일어나기도 한다. 그러나 투어링카에서는 시속 200km 정도의 속도까지라면 그런 걱정은 하지 않아도 될 것이라고 생각한다.

앞차와의 차이가 어느 정도 거리에서 슬립 스트림의 효과가 있는지에 대해서도 차량의 종류와 형상 그리고 속도 등 한마디로 딱 잘라서 말을 할 수는 없지만 15m 정도의 거리에서부터 그 가능성이 나타나기 때문에, 그러한 상황을 만나게 되면 앞차에 가깝게 붙는 것이 좋다. 앞차와의 거리가 가까우면 가까울수록 그 효과는 커지게 되어, 빨아들이는 것처럼 된다. 직선주로가 충분히 길다면 이것이 바로 추월의 포인트가 된다. 앞차와 충돌하기 바로 전에서 좌, 우 어느 쪽이든 자신이 정한 방향으로 나와서 앞차를 벗어나면서 추월을 하게 된다.

레이스의 임기응변 술수라고 하는 것인데, 여기에서 벗어나는 것만이 테크닉은 아니다. 풀 스로틀이 된 상태에서 앞차의 충돌은 피해야 하기 때문에 액셀러레이터를 약간 줄이면서 그대로 앞차의 뒤쪽으로 바짝 붙어서 주행한다. 이 상태에서도 후속차량은 액셀러레이터를 전부 열지 않고 주행을 하므로 엔진의 부담도 줄게 된다. 내구레이스에서도 무리하지 않고 랩 타임을 줄일 수 있는 방법이 되기도 한다. 스프린트 레이스에서도 승부처의 주회수까지 앞으로 나가지 않는 경우도 있다.

실제로 추월은 하지 않고 앞차에 바짝 붙어 달리는 것도 큰 혜택이 있다. 그것은 앞에서 설명한 것과 같이 앞차보다 적은 스로틀 양을 가지고도 같이 달릴 수 있기 때문이다. 이는 바로 슬립 스트림을 사용하여 주행하는 것으로서 다른 차보다 빠르게 달리는 것이 가능하다. 그 때문에 후속 차보다는 빠르고 선두 차에는 가깝게 다가가는 가능성을 얻게 된다. 예를 들어 선두경쟁을 하고 있는 3대의 차량이 있다면 3위 이하를 뒤로 밀어버릴 수 있고 또한 선두권에서 2위를 경쟁하는 두 대의 차량이 있다면 슬립 스트림을 사용하여 선두에 가깝게 될 가능성이 높다.

슬립 스트림을 이용하여 추월을 하는 경우에는 1m 이상의 거리를 둔다. 옆으로 붙어서 달리는 되면 공기저항이 증가한다. 사이드 슬립 스트림이라고 생각하면 잘못된 것이다.

슬립 스트림에서 걱정되는 부분은 엔진의 오버히트다. 즉 공기저항은 줄일 수 있지만 후속 차는 라디에이터의 공기의 흐름이 방해를 받게 되어 수온이 올라가 버린다. 슬립 스트림을 많이 사용할 때에는 수온에 주의하여 상황에 따라 잠시 옆으로 빠져 나와 라디에이터에 찬 공기를 투입시키는 것이 필요하다. 이것은 슬립 스트림 만의 단점이 아닌 앞차의 뒷부분에 접근 한 채 계속 달리게 되면 엔진이 오버히트할 가능성이 높아진다.

슬립 스트림을 이용하여 앞차를 추월하고 있을 때 잠시 나란히 달리는 경우가 있다. 이때는 두 차가 사이드 바이 사이드(나란히, 막상막하로)로 접근하고 있으면 저항이 줄어 빠르게 된다는 설도 있다. 사이드 슬립 스트림이라고 하는데 사용하는 사람도 있지만 이것은 이론적으로는 틀려 거꾸로 공기저항이 늘게 된다. 결국 차와 차 사이에는 공기에 점성으로 흐름이 바쁘게 되어 그 순간 전면 투영 면적이 크게 되지 않는 것과 같은 양상의 효과가 나오게 되기 때문이다.

따라서 슬립 스트림을 사용하여 추월해 나갈 때 옆에 차에 아슬아슬하게 바짝 붙어서 나가는 것이 아니라 1미터 이상 떨어져 옆까지 나와 추월하는 것이 좋은 방법이다.

4 웨트 노면

지역이나 계절에 따라 다르지만 일본에는 비가 오는 확률이 3할 이상이라고 한다. 1년간 6번 정도 주행회나 레이스에 참가할 경우에도 1회나 2회 정도는 비가 오는 상황에서 레이스를 하게 된다. 만약 비가 오지 않는다면 행운이라고 말할 수 있다. 서킷 주행을 하고자 한다면 반드시 비가 올 경우가 있다는 것을 각오하고 그때의 대처 방법을 알아두는 것이 좋다.

사전준비, 대책

비 온 상황에서의 주행을 좋아하는 사람도 있지만 특히 초심자는 대부분 힘들어하기 마련이다. 그것은 웨트 상황에서는 노면과 타이어의 마찰 한계가 낮아지는 것뿐만이 아니라 조종성이 상당히 어렵기 때문이다. 마른 노면이라면 예를 들어 차량의 뒷부분이 흘러나가도 카운터 스티어링을 사용하는 것으로 커버가 가능하지만 비가 온 상황에서는 빠르게 수정하는 것이 어렵고 순간적으로 스핀하게 된다. 코스 아웃이 된 경우도 마찰 계수가 낮아져 빠르게 정지하지 못하고 가드레일에 충돌할 확률도 높게 된다.

또 비가 오는 상황에서는 시계도 나쁘게 된다. 여러 차가 동시에 주행하므로 경우에 따라서는 앞차들에서 물이 튀어 전망 시야가 보이지 않는 경우도 있다. 비가 온 상황의 주행을 위해서는 먼저 차량에 대한 대책이 필요하다.

여러 번 서킷을 주행하다 보면 반드시 비가 올 때도 있다. 빗길 주행에 대한 대처법도 알아두어야 할 필요가 있다.

웨트에서 우선 필요한 것은 시계 확보다. 와이퍼와 김서림 방지제 등은 드라이빙에 앞서 무엇보다도 먼저 신경을 써서 해결해야 할 필요가 있다.

그 첫번째가 **시계의 확보**이다.

먼저 와이퍼를 사전에 점검하여야 한다. 블레이드가 떨어진 곳은 없는지 앞 유리창은 확실하게 깨끗이 닦이는지를 확인하여 둔다. 빗방울을 통 앞으로 불어 날리는 케미칼 용품을 사용하여 앞 유리창에 발라놓는 것도 효과적이다. 사전에 발라두거나 비 오는 날에 뿌려서 효과가 있는 것 등 여러 종류가 있다. 와이퍼와 병행하여 사용하면 좋다. 펜더나 사이드 미러에 발라두어도 좋다.

주행 전에 김서림 방지제를 윈도 글래스 안쪽에 바른다. 프런트 글래스는 물론이고 사이드, 리어에도 당연히 바른다. 일반 도로 주행 중에는 에어컨을 켜면 유리의 김서림은 간단하게 제거되지만 랩 타임을 다투는 서킷 주행 에서는 엔진에 힘을 빼앗는 부분들은 모두 제거시키는 것이 원칙이므로 비가 오는 날에는 에어컨을 사용할 수 없어 항상 위와 같이 사전 준비가 필요하다. 안경을 사용하는 사람은 안경 렌즈에도 김서림 방지제를 바른다.

웨트용 세팅

웨트시의 서스펜션 세팅 또한 필요하다. 주행회 차량이나 레이스 차량의 레벨에 따라서 제한될 수도 있다. 하지만 스프링 교환이나 쇼크업소버의 감쇄력 조정 등은 가능하다. 만약 쇼크업소버가 조정타입이 아닌 메이커 사양으로 부착되어 있다면 웨트 상황에서의 세팅은 공기압 조정 정도이다.

웨트용 세팅에 대해서는 정확한 이론이 확립되어 있지는 않다.

05

웨트 세팅의 기본은 조종성의 한계를 감소시키기 위해 서스펜션을 부드러운 쪽으로 조율한다. 타이어의 공기압을 낮추기도 한다.

드라이 상황에서의 좋은 세팅을 그대로 웨트에 적용시켜도 통한다는 설도 있다. 다만 웨트 상황에서의 가장 빠른 랩 타임을 수립하기 위해서는 어찌 되었든 좀더 주행하기 쉽게 서스펜션을 드라이 세팅보다는 조금 부드럽게 가져가는 것이 좋다고 생각할 수 있다. 웨트 노면에서는 마찰력이 떨어져 조종성이 매우 조심스럽기 때문에 서스펜션을 부드럽게 하는 것이 조종하는 데에 조금이라도 편하게 된다. 스프링을 교환하지 않고도 쇼크업소버 감쇄력의 조정이 가능하다면 부드러운 방향으로 세팅하는 것도 하나의 방법이다. 이것에 따라 차량의 하중이동이 완화되어 차량이 노면에서 미끄러지는 정도를 줄일 수 있다.

타이어의 공기압 정도도 같은 양상으로 공기압을 줄임으로서 보다 서스펜션을 부드럽게 하는 것과 같은 효과를 얻을 수 있다. 컨트롤하기 쉽게 한다는 의미인데 웨트에서는 타이어 공기압을 낮추는 것이 유리하다.**

타이어의 공기압을 줄이는 의미는 또 한 가지가 있다. 그것은 타이어의 온도를 쉽게 오르게 할 수 있기 때문이다.

편집자 Tip 웨트시에는 공기압을 좀 더 높이는 수도 있다. 공기압이 너무 낮아지면 타이어가 찌그러져서 배수성이 나빠지기 때문에 수막이 형성되어 미끄러질 가능성이 더 높아질 수도 있기 때문이다. 그러므로 연습을 통해 자신의 차량에 알맞은 공기압을 체크해둔다. 또한 비 오는 양에 따른 차이도 체크해두는 것이 좋다.

웨트 노면에서는 마찰계수가 떨어져 타이어에 발열이 어렵고 물에 의해서 냉각되어 타이어 온도가 최적값까지 오르지 않는 경우가 있다. 공기압을 내리는 것에 의해 타이어의 마찰계수가 크게 되어 온도가 쉽게 오르게 된다. 공기압의 변화를 아주 극단적으로 변화를 시키는 것은 아니다. 20kpa(0.2kg/cm²)이내의 범위에서 생각하는 것이 좋다. 일반적으로 스포츠성이 높은 타이어일수록 온도에 따라 그립의 변화가 크게 되므로 웨트 상황에서는 스포츠 타이어를 사용할 때 처음의 공기압과 타이어 온도에 많은 신경을 써야 한다.

웨트 상황 때의 드라이빙

01 가속

웨트 노면에서 드라이빙의 요점을 한마디로 말한다면 "급한 조작을 피하라"고 할 수 있다. 액셀러레이터를 급하게 밟으면 휠 스핀이 일어나 앞으로 나아가지 않는다. 그래서 한번 휠 스핀을 일으키면 스로틀 양을 줄여도 곧 바로 그립을 회복할 수 없다. 그런데 가속 구간이 길게 이어진 경우 이 부분에서 속력을 내어 나갈 때에 이러한 실수는 결정적인 타임 로스가 된다.

스로틀을 연다고 하는 주된 이유는 코너링 스피드를 높이는 것이다. 특히 R이 작은 코너에서는 기어도 낮고 그만큼 큰 구동력이 걸리기 때문에 휠 스핀을 하기 쉽다. FF차의 경우는 휠 스핀을 하면 조종성도 상당히 떨어지게 된다.

웨트에서는 급조작을 피하는 것이 철칙. 가속시에도 액셀을 급하게 밟으면 휠 스핀이 일어나기 쉽다. 한번 휠 스핀이 일어나면 그립을 회복하는 데 시간이 걸리게 된다.

그것은 마찰의 개념에서 보면 당연한 것으로 가속뿐만이 아니고 레코드 라인에서도 벗어나게 된다. FR차나 MR차의 뒷바퀴 굴림의 경우에는 휠 스핀을 하면 뒷부분이 바깥으로 흘러 나간다. 마른 노면에서는 빠르게 수정할 수 있는 테일 슬라이드라도 웨트 노면에서는 순간적으로 스핀까지 이어질 확률이 높아진다. 4WD 차량의 경우는 그립에서는 다른 구동차량보다는 우위에 있다. 구동력을 4개의 바퀴에 나누어주기 때문에 휠 스핀이 덜 일어나게 되고 만약 일어난다고 하더라도 수정하기가 쉽다.

02 브레이킹

웨트 노면에서는 급한 브레이킹도 휠의 록을 가져오게 된다. 휠이 잠기게 되면 노면에서 타이어가 미끄러지면서 달리게 되어 제동거리는 크게 늘어나게 된다.

프런트 타이어가 잠기는 경우는 스티어링도 효과가 없어지기 때문에 그대로 쭉 미끄러져 코스아웃되거나 그것이 아니더라도 레코드 라인에서 크게 벗어나게 된다. 리어 타이어가 잠긴 경우에는 테일 슬라이드가 일어나고 스핀으로 이어지기가 쉽다.

브레이킹시에는 바퀴가 잠기는 것을 조심해야 한다. 바퀴가 잠기게 되면 제동 거리가 늘어나게 되어 자동차의 균형이 무너져 스핀하기 쉽다.

이 경우 브레이크를 밟는 힘을 줄인다고 해도 그립이 바로 회복되지 않아 시간 손실이 많아진다. 브레이크가 잠긴 경우의 대처법은 펌핑 브레이크로 바꾸는 것이다. 즉 브레이크 페달을 조금씩 단계적으로 밟는 것이다. 일단 브레이크가 잠기게 되면 레코드 라인을 잡는 것이 가능하지 않게 되고 코스아웃이나 가드레일에 충돌까지 하게 되는 경우도 있다.

가장 최근에는 ABS가 부착된 브레이크 시스템을 가진 차도 있다. ABS는 펌핑 브레이크를 자동적으로 해주는 장치이다. 어느 정도 꽉 밟아도 휠이 락이 되지않으면서 브레이킹이 된다. 그러나 코너링에 들어갈 때에는 마찰 원의 개념에서도 밟는 힘을 줄이면 타이어에 꺾이는 힘도 발생되지 않는다.

4WD 차량은 웨트 노면에서도 가속이 좋기에 브레이킹도 아주 효과적이라고 착각하기가 쉽다. 네 바퀴가 연결되어있어서 브레이킹 시 안정성은 좋지만 제동 능력은 기본적으로 다른 구동방식의 차량과 다르지 않기 때문에 과신해서는 안 된다.

이것은 마른 노면에서도 같지만 웨트 노면쪽이 보다 나오기 쉬운 현상으로 여기서 설명하여 둔다. 스티어링을 돌렸을 때 코너를 돌아나가지 못한다고 한다면 스티어링을 더욱 더 많이 꺾게 된다. 전륜이 잠긴 때와 언더 스티어링이 강하게 나타날 때에는 감각적으로 더욱 크게 꺾게 된다. 그러나 타이어의 코너링 파워는 최초의 꺾은 각에 대응해서는 커지게 되지만, 어느 각도 이상에서는 거꾸로 떨어지게 된다. 그 때문에 크게 스티어링을 꺾은 상태에서 그대로 코스아웃을 하게 된다.

이때, 스티어링을 코너링 파워가 나올 수 있는 범위로 빠르게 되돌린다면 속도가 떨어져 그립을 회복해 나가면서 코너링을 하게 된다. 물론 라인은 벗어났지만 코스아웃이나 충돌까지는 되지 않는 경우가 많다.

앞바퀴가 잠기게 되면 스티어링도 효과가 없어져 코스 아웃하게 된다. ABS가 장착되어 있다면 모를까 제동거리는 일반적으로 바라는 것보다 길어진다.

03 스티어

급한 스티어 조작, 즉 급핸들링으로 그립을 잃어버리기 쉽다. 그 결과 아무리 스티어링을 돌려도 코너링하지 못하고 그대로 앞으로 미끄러지게 되며 자신이 생각했던 레코드라인으로 주행을 할 수 없게 된다. 이 경우도 일단 그립을 잃으면 스티어링을 돌려도 바로는 그립을 회복하여 주지 않는다.

스티어링 조작에서 흔히 있는 과오는 스티어링을 너무 많이 꺾는 습관이다. 도대체 슬립상태에서 그립이 떨어지는가 하면 정지마찰과 동마찰(動摩擦)의 다른 점이라고 생각할 수 있다. 정지되어 있는 물체를 밀어 움직일 때 움직이기 시작할 때까지도 큰 힘이 필요하지만, 일단 움직임이 시작되면 당초보다 작은 힘으로 밀 수가 있다. 즉 정지마찰 쪽이 동마찰보다 크다고 할 수 있다. 점착의 개념에서도 이것이 맞아 떨어진다고 생각할 수 있다. 즉, 타이어를 슬립시키는 것은 큰 마찰원에서 작은 마찰원으로 이동시키는 것이다.

노면과 타이어의 관계에 있어서 휠스핀을 하는 상태를 슬립이라고 하고 휠록 상태에서 노면에 미끄러져 움직이는 상태를 '스키드'라고 하지만 넓은 의미에서 노면과 타이어가 동마찰 상태가 되어진 상황을 모두 슬립이라고 말한다면 슬립하지 않도록 하는 것이 웨트 드라이빙에서 필요한 것이다. 그 하나가 "급한 조작을 피하라"이고 또 하나는 "하중이동을 능숙하게 사용하라"이다. 타이어의 마찰원의 개념은 웨트 도로에서도 같고, 다만 원이 작은 것뿐이다. 원이 작아서 슬립하기 쉬우므로 그 원을 가능한 한 크게 하는 것은 하중을 늘리면 된다.

스티어 조작에서도 잘못된 스티어링 동작을 줄여야 한다. 스티어링각이 너무크면 그립이 떨어진다. 이것은 마른 노면에서도 똑같지만 웨트에서는 더 예민해진다.

이것은 실은 급한 조작을 피하는 것도 방법이지만 갑자기 세게 브레이크를 밟지 않고 최초는 부드럽게 밟아 하중이 앞으로 이동한 상태를 느끼면서 브레이크를 세게 밟기 시작한다. 스티어링 조작도 같은 방법이다. 최초는 부드럽게 꺾기 시작하고 하중이 바깥쪽으로 이동하는 것을 느끼면서 서서히 꺾는 각도를 주는 듯한 느낌으로 조작한다. 뒷바퀴 굴림의 경우는 액셀러레이터를 열 때 최초는 부드럽게 열면서 하중이 뒤로 움직이는 것을 느끼면서 더 열어가는 것이 중요하다.

하이드로 플래닝(hydroplaning)

웨트 노면에서 설명하지 않으면 안되는 것이 하이드로 플래닝이라고 불리는 현상이다. 이것은 고속주행 시에 타이어가 수막을 형성하여 트레드가 노면에서 뜨는 현상이다. 이 현상이 일어나면 그립이 순간적으로 없어져서 밸런스를 무너뜨린다든지 스핀한다든지 하는 결과가 기다리고 있게 된다.

웨트에서 문제가 되는 것은 하이드로플래닝(hydroplaning)이란 현상이다. 수막이 두껍거나 속도가 빠를수록 그에 비례해서 일어나기 쉽다.

이 현상은 배수성의 문제로 타이어의 홈의 크기, 깊이, 디자인 등에 따라 바뀌고 그 밖에 수막이 두꺼울수록 일어나기 쉽다. 또 비행기의 양력과 같이 타이어를 떠올리는 힘은 속도의 제곱에 비례하므로 속도가 높으면 높을수록 하이드로 플래닝은 일어나기가 쉽게 된다.

하이드로 플래닝을 이야기할 때 타이어가 완전하게 수막현상이 되어버린다면 '완전 하이드로 플래닝'을 상상하게 되지만 실제로는 거기까지는 가지 않고 '부분 하이드로 플래닝'이 되게 된다. 이것은 타이어의 접지 면의 앞부분만이 수막으로 떠오르지만 뒷부분은 아직 접지되어있는 상태이다. 이 상태라도 접지면은 작게 되어 그 정도에 따라서 그립은 큰 폭으로 떨어진다고도 생각할 수 있다. 이것을 생각하면 비가 많이 내릴 때(헤비 레인)의 주행방법은 마른 노면 때와 다르게 할 필요가 있다.

　서킷에서 노면의 배수는 항상 똑같이 않다. 똑같이 비가 내려도 코스상에는 수막이 얇게 이루어진 곳도 있고, 두껍게 이루어진 곳도 있다는 것을 항상 생각하여야 한다. 웨트 상황에서 노면이 고르지 않아서 물웅덩이가 생기는 경우도 있다. 수막이 두꺼워져서 부분적으로 물웅덩이가 생기면 하이드로 플래닝은 더욱 더 일어나기 쉽다. 따라서 하이드로 플래닝이 일어날 것 같은 폭우가 내리는 상태라면 노면상태를 잘 파악해서 주행라인을 바꾸는 방법이 필요하다. 완전 하이드로 플래닝이 일어나지 않아도 부분 하이드로 플래닝에 따라 낮은 그립의 레벨 밖에 얻지 못하는 라인이 될지도 모르기 때문이다. 헤비 웨트 노면에서의 레코드 라인은 마른 노면상태의 레코드 라인과 다른 경우가 많기 때문에 베테랑 드라이버의 주행라인을 참고하여 자신의 라인을 정해야 한다.

타이어 앞부분이 떠있고 뒷부분은 접지되어 있는 부분 하이드로플래닝도 있다. 이 경우도 그립에 많이 떨어지는데 기본 라인을 잡을 때 하이드로플래닝이 일어나기 어려운 주행라인을 선택하는 것이 중요하다.

　어떻게 해도 피할 수 없는 물웅덩이를 통과하는 경우에는 스티어링을 직진상태로 하여 정확하고 확실하게 힘을 주어 잡고 액셀러레이터를 50%만 열고 통과한다.** 스티어링을 확실하게 잡아야 하는 이유는 차량이 물웅덩이에 들어가는 경우는 확실하게 킥백이 와서 직진성을 방해할 수도 있기 때문이다. 또한 직선으로 벗어나려고 해도 자세가 불안정한 경우가 많기 때문에 그 부분도 예측하여 즉시 조종할 수 있는 가능한 상태의 자세를 취해 둔다.

소위 스포츠 타이어(S 타이어)는 홈이 작아 하이드로 플래닝을 일으키기 쉽지만, 수막이 없다면 예를 들어 노면이 웨트라고 하더라도 그립력은 높다. 조금의 웨트 노면이라면 레귤러 타이어보다 스포츠 타이어쪽이 그립력은 확실히 좋다.

편집자 Tip 반대로 상황에 따라 액셀러레이터 양은 그대로 유지하거나 약간 더 여는 드라이버도 있다.

5 경쟁과 주로 방해

주행하고 있는 차량이 코너에 진입할 때 어디까지가 주로 방해인가 가 항상 문제가 된다. 협회 공인 레이스 등에서는 각 포스트의 코스요원의 주장에 따라서 판정되어 후에 실격 등의 페널티를 받는 경우도 있다.

먼저 브레이킹하고 클리핑 포인트로 향하는 어프로치 구간에서의 경우 브레이킹을 늦추어 안쪽 라인을 취하려고 하는 경우가 종종 있다. 안쪽 라인을 취하려는 후속차량은 인 인 아웃의 라인에서도 확실하게 클리핑 포인트에 붙이려고 스피드를 잘 컨트롤하지 않으면 안된다. 다만 무조건 브레이킹을 늦추어서 그립이 없는 상태에서 아웃으로 라인을 정해서 바깥쪽으로 추월을 하는 것은 명백하게 뒷차에게 불리하다.

앞차는 후속차가 인을 넘볼 정도로 접근한다면 사전에 인으로 라인을 정하여 막으려고 할 것이다. 여기에서 후속차의 진로를 사전에 막는 것은 적당한 블로킹 라인의 주행이다. 그러나 그렇다고 하더라도 막지 못한다면 안으로 들어간 경우는 1대분 정도의 안을 비워줄 필요가 있다. 여기에서 무리하게 인을 고집하게 되면 서로 접촉사고를 일으킬 가능성이 높게 된다. 서로가 접촉을 하면 바깥쪽의 차량이 손해를 받는 경우가 많다.

인을 막으려고 할 때 후속차가 바깥쪽으로 진로를 바꾸는 경우가 있다. 이 경우는 자신도 다시 아웃으로 진로를 바꾸지 않으면 안된다. 그것은 주로 방해가 된다. 앞차는 인이든 아웃이든 자신이 유리하다고 생각되는 위치를 정할 권리가 있다. 따라서 사전에 인으로 치우치는 것도 좋고 복합 코너의 경우는 전방차량에 관계에서 아웃의 위치에 있는 것도 좋다. 그러나 후속차의 움직임에 따라 다시 후속차의 라인으로 이동하여 진로를 막는 것은 진로방해가 된다.

05

인을 찌르면서 추월하는 것이 기본이다. 무리하게 진입하게 되면 충돌의 위험성이 있다. 어디까지가 허용되는 범위인가를 아는 것은 경험을 쌓아가는 데 있어 중요하다.

앞차의 진로를 바꿀 수 있는 것은 한 번뿐이라는 것을 명심해야 한다.

속도를 내어 경쟁하는 구간에서는 안쪽의 차를 예를 들어 자신이 먼저 머리를 내고 있어도 바깥쪽에 차가 있으면 바깥쪽으로 최대한 붙이지 못하고 1대 분의 공간을 둔다. 안쪽이 유리하다고 해서 옆차를 밀어내는 행위는 금물이다. 특히 거의 나란하게 경쟁을 하고 있는데 옆차를 밀어낸다면 이는 최악의 페널티가 주어지게 될 것이다.

01 한대 분의 공간에 대한 의미의 크기

'한대 분의 공간' 이라고 하는 것은 승부의 세계에서는 너무 순진하다고 생각하는 사람이 있을지는 모른다. 큰 레이스에서는 승패에 따라 큰 돈도 움직이고 더욱 자신의 미래의 유리함을 추구하고 있는 것에서는 이런 소리도 들릴 것이다. 그러나 진정한 레이스의 맛은 그와 같은 곳에서 나오는 것은 아니다. 접촉 없이 라이벌과 코너에 나란히 들어가거나 나란히 탈출하면서 경쟁하는 것을 상상한다면 레이스를 하는 이도 보는 사람도 이만큼의 굉장한 감동은 없을 것이다. 그러한 경쟁 중에서 때로는 앞으로 나아갔다가 뒤로 떨어졌다가 하는 것이 진짜 승부라고 할 수 있다.

이렇게 하기 위해서는 드라이버에게 어느 정도 신뢰가 없다면 상상할 수도 없을 것이다. 어느 톱 드라이버도 '상대는 절대로 밀어내거나 하지 않는다' 라고 하는 신뢰를 가질 수 있다면 좋은 드라이버와 좋은 레이스가 가능하다고 말할 수 있다. 그것은 드라이버뿐만이 아닌 관객에게 매우 즐거움이 되고 승패를 넘어 레이스 자체를 승화시키는 것이 된다.

심하게 경쟁하는 중에도 '경쟁자의 위치는 남겨두어야 한다' 실제로 그렇게 경쟁하는 것이 참다운 즐거움이라 할 수 있다.

06 튜닝파츠의 지식과 세팅

차량 튜닝의 순서 / 브레이크
타이어 지식 / 휠
휠 얼라인먼트 / LSD의 지식
서스펜션 /각 부품의 튜닝
스트럿 타워바
에어로파츠/버킷 시트
4점식 시트벨트 / 오일

1 차량 튜닝의 순서

　　서킷 주행은 개조하지 않은 차량, 소위 노멀(Normal) 차량으로도 충분히 가능하다. 특히 서스펜션이 딱딱해서 스포츠 성향이 강한 자동차라면 더할 나위 없다. 단지 피해야 할 것은 노멀 차량에 S타이어 같은 고성능 타이어를 끼는 것이다. 타이어 그립이 향상되더라도 서스펜션이 향상된 그립만큼 어울리지 못하면 롤이 커져서 전도될 위험이 커진다. 단순히 한쪽 방향으로 롤이 생기면 그 양이 다소 크더라도 한 번에 전도까지는 가지 않는데, 흔들림으로 인해 무서움을 느끼게 된다.

　　흔들려 넘어진다는 것은 롤의 운동에 관성력이 작용한다는 것으로, 스프링 위 차체에 보다 큰 힘이 작용해서 차가 엎어지기 쉽게 된다. 이러한 뒤집힘은 S자 코너 같은 곳에서는 필연적으로 일어나는데 드라이빙 실수 때 스핀을 피하기 위한 스티어 조작에서도 일어난다. 또 여러 대가 동시에 달리는 서킷 주행에서 접촉과 충돌을 피하기 위한 급작스런 스티어 조작으로도 차량이 뒤집히는 일이 일

06

어날 가능성이 높다. 노멀차에 고성능 타이어 장착은 절대 하지 않는 것이 좋다.

안전장비를 갖춘 후 튜닝 순서는, 앞에서 언급한 것처럼 노멀차에 고성능 타이어를 끼는 것만 피하면 그다지 구애받지 않는 것이 좋다. 그러나 보통은 브레이크, 서스펜션, 구동계, 보디, 엔진 등의 순서로 하게 된다. 열(냉각)에 대한 대책 등 보수적 의미의 엔진대책은 별도로 하더라도, 출력 향상을 위한 엔진 튜닝은 최후에 하는 것이 바람직하다. 엔진의 파워가 올라가면 누구라도 빨리 달릴 수 있다. 엔진 파워로 빨리 달리려고 하기 전에 먼저 드라이빙 테크닉을 향상시켜 속도를 높이는 것을 목표로 삼아야 한다.

서킷주행은 개조하지 않은 차량으로도 충분히 즐길 수 있는데 서킷을 좀 더 쾌적하게 좀 더 빠르게 달리기 위해서는 차량 튜닝이 필요하다. 기본적으로는 브레이크, 서스펜션, 구동계, 보디, 거기에 마지막으로 엔진의 순서로 튜닝하는 것이 상식이다.

01 떼어낸 부품은 반드시 보관한다

본격적으로 서킷 주행을 하기 위해 차량을 개조하려고 한다면 기본적으로는 튜닝숍(Car Shop)**에 의뢰하도록 한다. 물론 간단한 부품 교환 같은 것은 자신이 할 수 있거나 자신이 해야만 안심이 되면, 기술과 공구를 갖춰 스스로 해보는 것도 좋다. 다만 중요한 부분의 튜닝은 튜닝숍에 의뢰하는 편이 좋다. 신뢰할 수 있는 튜닝숍은 주행회에서 만나는 동호회 사람들이나 아는 사람들로부터 정보를 얻는 것도 고려해볼만하다. 잡지 기사나 광고도 참고할 수 있는데 절대적으로는 말하기 어려운 부분도 있으므로 우선 동료의 정보를 중요시한다. 그것을 위해서 팀이나 동아리에 가입해서 동료를 만들어갈 수 있다.

튜닝숍을 결정하면 예산을 제시해서 사전에 협의를 한다. 예산 사정에 맞추어

한 번에 맡기지 않는 경우도 있다. 그 때는 우선순위를 정해야 하는데, 거기에도 순서와 법칙이 있다. 튜닝숍과 상담하면 우선순위에 대해서도 정할 필요가 있다. 단 순서를 너무 잘게 나누게 되면 작업이 비효율적이 되어 결과적으로 공임이 높아지게 되는 것도 염두에 두어야 한다.

부품을 교환하게 되면 원래 차에 달려있던 노멀 부품이 남게 되는데 이는 잘 보관하는 것이 좋다. 차를 팔아야 하는 경우 떼어낸 노멀 부품을 끼어서 팔거나 아니면 원상태로 복원시켜 내놓게 되면 더 높은 가격을 받을 수 있게 된다.

> **편집자 Tip**   **튜닝숍** : 여기서 말하는 튜닝숍이라 함은 일반적으로 간판을 내걸고 튜닝을 해주는 곳만을 의미하지 않는다. 용인 등에서 활동하는 레이싱팀이나 레이싱카 등을 전문적으로 튜닝해주거나 메인터넌스해주는 곳까지를 의미한다.

2 브레이크

서킷주행에서 요구되는 패드의 성능

서킷에서 브레이크의 중요성은 말할 필요도 없다. 보통 일반 공도 주행과 비교하면 너무나도 가혹한 조건에서 사용된다. 내리막 고갯길 등이라면 브레이크에 가혹할 수도 있으나 통상의 주행이라면 현재의 자동차로도 전혀 문제없다. 그러나 서킷 주행 같이 한계 속도로 달리는 곳이라면 풀 브레이킹이 연속되기 때문에 브레이크는 대단히 힘들어하게 된다.

서킷이라 해도 그 형상, 규모에 의해 브레이크의 부담도 달라진다. 그러나 브레이크가 혹사당한다는 점에서는 다를 게 없다. 왜 혹사당하는가 하면, 서킷주행에는 브레이킹이 되풀이 되는 수가 많기 때문이다. 브레이크가 식을 시간도 없이 다음 브레이크가 들어오기 때문이다. 또한 고속 서킷에서는 시속 150km 이상의 속도에서 한번에 시속 50km 정도까지 감속하는 수도 있다. 이것도 브레이크가 과열되는 주된 원인이다.

브레이크는 운동에너지를 열에너지로 바꾸는 장치다. 디스크 브레이크라 하면 회전하는 로터를 패드에 끼워 그 마찰에 의해 운동에너지를 열에너지로 바꾼다는 뜻이다. 중요한 것은 변환된 마찰열의 방산인데 이것이 패드의 버틸 수 있는

06

허용량을 추월하면 소위 페이드 현상이 일어나기도 한다. 페이드라고 하는 현상은 브레이크 패드가 운동에너지를 열에너지로 변환해나가는 상태인데 그 결과 브레이크의 효과가 없어진다. 실제로는 허용된 이상의 열에 의해 패드 마찰계수가 떨어지게 된다. 페이드된 상태에서는 아무리 브레이크 페달을 밟아도 패드 마찰계수가 떨어져 자동차가 서지 않는다.

노멀 패드와 스포츠 패드

01 노멀 패드는 효과가 떨어질 뿐 아니라 빨리 닳는다

서킷주행시 우선 교체해야 할 부품은 브레이크 패드다. 자동차에 있어 3요소는 '달리고 서고 방향을 바꾼다(코너링한다)'고 하는 것인데, 잘 달리고 방향을 잘 바꾸는 것 이전에 잘 서는 것이 우선 해결되어야 한다. 그 점에서 노멀 패드는 서킷주행에서는 불가분의 관계다.

가장 먼저 교환해야 할 것은 브레이크 패드다. 스포츠용 패드는 내페이드성이 우수할뿐더러 내구성도 높다. 레이스용 패드를 갖고 일반 공도에서 필요조건을 갖추려 한다면 "끼~끼익"하는 소리가 크게 날 수 있다. 파워가 큰 차에서는 변경할 때 캘리퍼나 로터도 큰 용량의 것이 고려되고 있는데 이것이 본격적인 튜닝이다.

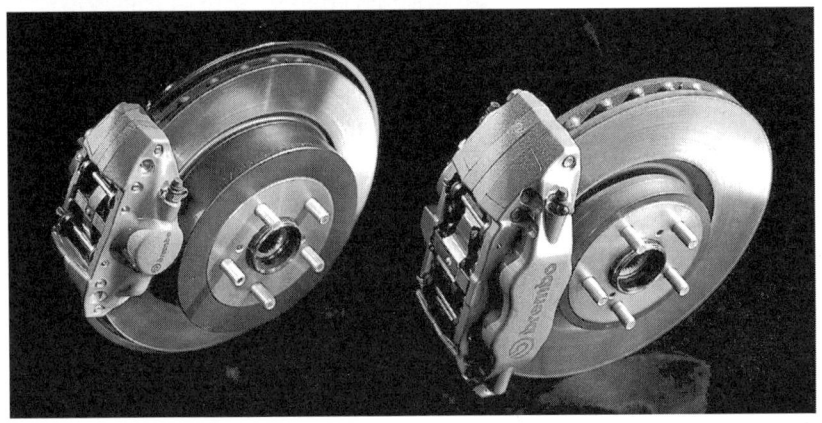

노멀 패드가 효과 면에서는 스포츠 패드 또는 레이스용에 비해서 그보다 뒤떨어진다는 뜻은 아니다. 그러나 가혹한 브레이킹을 할 경우에는 상황이 달라질 수 있다. 예를 들어 냉각도 될 시간도 없이 브레이킹이 연속된다거나, 고속에서 한꺼번에 저속까지 감속되는 등의 경우 등을 말한다. 완전한 페이드는 아니더라도 페이드 증상이 있으면 효과 면에서 나쁜 경우도 있다. 페이드 현상이 일어나게 되면 브레이크 패드뿐만 아니라 로터도 상하게 하며, 캘리퍼에까지도 상처를 입히기도 한다.

이처럼 노멀 패드는 열에 대해서 허용량이 적기 때문에 페이드 현상을 일으키기 쉽다. 또 하나는 노멀 패드는 일반적으로 빨리 닳을 수도 있다. 일반 공도주행에서는 수만km 유지하는 패드라도 서킷 주행에서는 1시간 주행에도 견디지 못할 때가 있다. 이것만으로도 서킷 주행을 하려 할 때 우선 브레이크 패드를 스포츠 성향이 높은 것으로 교환해야 하는 이유가 된다.

패드의 종류

01 기본 재료에 의해 패드의 성격이 달라진다

브레이크 패드는 그 재료의 종류에 따라 분류된다. 이전에는 아스베스트(석면)를 재료로 주로 사용했지만 건강을 해친다는 이유로 요즘에는 사용되지 않는다. 논 아스베스트는 말 그대로 아스베스트가 들어있지 않다는 의미로 메탈계도 함유하고 있는 경우도 있는데 모터스포츠계 등에서는 좁은 의미로 금속을 함유하지 않은 아라미드 섬유를 기본 재료로 만든 것을 쓰고 있다.

따라서 종류를 나누면 논 아스베스트, 세미 메탈, 풀 메탈, 카본 메탈 등으로 분류하는 것이 일반적이다. 논 아스베스트는 사용하는 느낌이 부드러우며 사용하기에도 좋다. 메탈계는 사용시 느낌이 딱딱하고 사용하기에도 그다지 좋지 않으며, 로터를 닳게 만드는 공격성에서도 감점 요인이지만 효과는 매우 좋으며 내구성도 좋다. 카본 메탈은 페이드에 견디는 성질이 강하고 가격이 높아 본격적인 레이싱카에서나 사용되고 있으며, 주행회나 번호판이 달린 레이스 수준에서는 생각하지 않는 것이 좋다.

06

3 타이어 지식

타이어는 엔진의 파워를 노면에 전하며 코너링 포스를 발생시켜 자동차의 방향을 바꾸고 동력성능과 조종성을 결정짓는 중요한 소임을 담당하고 있다.

타이어 성능을 결정짓는 것은 타이어의 상표(모델), 그리고 사이즈이다. 협회 공인 레이스와 달리 서킷 주행회에는 타이어 사이즈에는 특별한 제약은 없으나 펜더로부터 밖으로 튀어 나오는 것은 기본적으로 불가능하다. 그 범주 내에서 소위 인치업은 유효하다.

타이어는 스포츠 성향이 큰 레귤러 타이어를 선택하는 것이 좋다. S타이어보다 가격이 무난한 것도 좋은데 경제적이기도 하다. 우선 사이즈 등의 표시가 의미하는 것을 알아야 한다.

타이어 사이즈는 타이어 측면에 반드시 표시되어 있다. 예를 들면, '185/60R14 86V'란 표시의 경우, 185는 타이어 폭을 mm로 표시한 것이고, 60은 타이어 편평률을 %로 표시한 것이고, R은 래디얼 구조를 표시한 것이고, 14는 림 지름을 인치로 표시한 것이다. 뒤에 있는 86은 로드 인덱스라고 하는 타이어 부하능력을 표시한 것인데, 예를 들면 86은 530kg이라고 하는 무게를 감당한다. 가장 뒤에 있는 V는 안전하게 달릴 수 있는 최고속도를 표시하는데 V라고 하면 시속 240km까지 달릴 수 있음을 의미한다.

타이어 성능을 결정짓는 상표는 다양한 브랜드 그것인데 스포츠 성능이 높은 타이어는 진동소음보다도 그립과 조종안전성에 중점을 두고 가격의 허용 정도도 큰 편이다.

공도도 달릴 수 있는 S타이어는 실질 경기용

여기서 통칭 S타이어라 부르는 타이어에 대해서 설명하려 한다. 클로즈드 서킷에서의 레이스에서 사용되는 타이어는 경기 전용 타이어이다. 예를 들면 슬릭 타이어라고 하는 트레드 패턴이 없는 타이어는 완전히 경기 전용이다.

이 타이어는 공도를 달릴 수 있는 요건을 만족시키지 못하므로 공도 주행은 허용되지 않는다.

S타이어라고 하는 것은 경기 전용 타이어는 아니다. 어디까지나 일반 공도를 달리는 것이 허용된 타이어다. 단 공도를 달리기 위한 최저조건을 갖춘 것뿐인데 사용용도는 '경기 지향적'인 것이다. 차량이 등록되어 번호판이 달린 차량의 경기에는 원래는 짐카나와 랠리가 있는데, 현재는 서킷 트라이얼과 레이스도 행해지고 있다.** 그 등록 번호판이 달린 차량의 경기는 주행하는 장소가 예를 들어 클로즈드(폐쇄)된 장소라 할지라도, 공도를 달리는 것과 같은 조건을 가지고 있지 않으면 안 된다. 그것을 위해서 공급되고 있는 것이 S타이어다.

다시 말해 S타이는 공도를 달리는 법률적 요건은 구비하고 있지만 실제적으로는 경기용 타이어다. 그립성능은 대단히 좋지만 정숙성 등은 완전히 무시되고 있다.

실제로는 한계가 없는 경기 전용 타이어에 가깝다.** 성능이라는 점에서도 승차감과 소음 등은 거의 무시되고 내구성도 희생해서 오로지 그립성능만을 추구한 타이어다. 가격도 높은 편이다. 그렇기 때문에 보통 단계의 주행과 경기장에의 왕복에는 통상의 레귤러 타이어를 끼고, 서킷에서는 S타이어로 교체해서 끼는 사람도 많다.

편집자 Tip **번호판이 달린 자동차 경주**: 우리나라에서는 랠리가 그다지 자주 열리지 못하고 있으나 트랙에서는 번호판이 달린 자동차 경주가 자주 열린다. 클릭스피드페스티벌이나 타임 트라이얼 등이 여기에 해당된다. 또한 짐카나 경주도 열리고 있다. 이들 경주의 특징은 아마추어 경주라는 점으로 비용이 적게 들고 부담이 없어 누구나 손쉽게 참가할 수 있다는 장점이 있다.

S타이어로 공도를 달리는 경우 주의하지 않으면 안 되는 것은 비가 오는 날의 하이드로플레이닝(수막현상)이다. 타이어 면에 트레드를 최소화했기 때문에 비가 많이 오는 날의 고속도로 등에서는 주의가 필요하다. 단 컴파운드는 대단히 그립이 좋아 약간의 웨트(젖은 노면)에서도 트레드가 확실하게 노면에 접지하기

만 하면 그립력이 제법 높다. 경기에서도 어지간한 큰 비가 아니라면 S타이어로 가는 것도 현실이다. 현재 이 타이어는 브리지스톤, 던롭, 요코하마, 토요 등 4사가 발매하고 있다.

> **편집자 Tip**
>
> **S타이어** : 우리나라에서는 아직 S타이어가 판매되고 있지 않다. 그래서 번호판이 달린 아마추어 레이스에서는 주로 UHPT(고성능 타이어)를 사용하고 있다. 이 타이어도 차량이 출고시 달려나오는 레귤러 타이어보다 가격이 비싸며 마모도 빠르기 때문에 일반 공도에서 끼고 다닐 경우 그만큼 자주 타이어를 교체하게 되어 비용이 증가하게 된다.

타이어 세팅

01 약간 높은 공기압이 무난

서킷주행을 함에 있어 세팅시 가장 먼저 고민하는 것이 타이어 공기압이다. 공기압은 그립 성능과 조종성에 영향이 큰 요소다. 거기에 원 기준이 되는 것은 그 자동차의 매뉴얼(사용 설명서)에서 지정하고 있는 정규 공기압이다. 거기에 맞추어 서킷주행에서는 좀 올리는 것이 좋은지 내리는 것이 좋은지 생각한다.

일반적으로 공기압을 높이면 타이어 자체의 변형(찌그러짐)이 없어지기 때문에 조향할 때의 리스폰스(반응)가 좋아진다. 반대로 공기압을 낮출 경우에는 타이어의 변형이 커져서 스티어링 리스폰스는 저하되는데 접지면적은 약간 증가되어 그립은 오히려 좋아질 수도 있다.

물론 극단적으로 낮추면 그립이 향상되기보다는 반대로 조종성이 아주 나빠질 수 있으며, 코너링 중에 타이어가 휠로부터 벗겨지는 경우도 있다. 초심자라면 우선 정규 공기압보다 10 ~ 20kPa 높게 해서 시작하는 것이 좋다. 연습 기회가 있으면, 그 상태에서 공기압을 변화해가면서 실제로 달려보면서 최적의 공기압을 살피는 것이 좋다.

역시 코너링 중에 타이어가 변형이 생길 때 어느 정도까지 접지하고 있는지 알 수 있는 방법이 있는데, 타이어 트레드와 사이드월의 경계 부분을 점검하여 마킹해둔 다음 달린 후 점검하여 지워진 상태를 보고 판단하는 방법이 있는데 기억해두는 것이 좋다.

02 앞뒤 공기압으로 조향 특성도 변한다

일반적으로는 익숙해질수록 공기압을 낮춰서 세팅하는 수가 많다. 낮은 편이 흐를 때에는 질질거리면서 미끄러지기 때문에 멈추기 어렵지만 그것을 드라이빙 테크닉으로 커버하더라도 절대적으로 그립이 높은 것이 중요하기 때문이다.

코스에 따라 공기압을 낮추는 경우도 있다. 노면에 요철(凹凸)이나 굴곡이 많은 코스 등에서는 역시 공기압을 낮추는 편이 좋다. 예를 들면 브레이킹 구간에 요철(凹凸)이 있는 경우 자동차가 튀어서 브레이킹 거리가 길어질 수도 있기 때문이다.

앞뒤 타이어의 관계도 있다. 앞뒤 공기압을 변화시키는 경우 조향 특성도 변하기 때문이다. 예를 들면 앞 타이어 공기압을 낮추고 뒤 타이어 공기압을 올리게 되면 오버스티어 특성이 나타나고, 그 반대로 하면 언더스티어가 된다. 따라서 작은 코너가 많은 미니 서킷 등에서는 오버스티어 경향이 강하게 세팅을 하면 좋고, 중고속 코너가 많아 가능한 한 많이 액셀러레이터를 밟고자 한다면 언더스티어 경향에 맞추는 것이 좋다. 그처럼 달리는 코스에 따라 세팅을 변화시키는 것이 좋다.

03 비 오는 날은 공기압은 낮추는 것이 이론

비 오는 날에는 웨트 노면의 드라이빙 항목에서 설명했듯이 기본적으로는 공기압을 낮추는 것이 기본 이론이다. 웨트에서는 무엇보다 자동차의 움직임이 아주 중요하기 때문에 타이어 자신도 이러한 움직임을 소화하는 방향, 결국 낮추는 쪽이 다루기 쉽다. 특히 초심자들에게 추천한다. 낮추는 폭은 20kPa 정도까지의 범위 안에서 자신에 맞도록 조정하되 극단적으로 낮추는 것은 좋지 않다.

4 휠의 기본 지식

구입시에는 공인 마크를 확인한다

휠은 타이어를 끼는 바퀴다. 이전에는 철로 만든 스틸제가 보통이었으나 현재는 표준으로 경합금 휠이 장착되어있는 경우가 많다. 특히 스포티한 차종에서는 거의 대부분 경합금 휠이 표준장비다. 휠은 서킷주행에서는 단순히 멋지게 보이는 것만을 추구한 드레스업 파츠가 아니고 조종성과 동력성능도 향상시키는 중요한 부품이다.

휠은 그 구조를 구성하는 부재(部材)에 수에 따라서 1피스, 2피스, 3피스의 3종이 있다. 보통 스포츠 휠이라 하는 것은 1피스와 2피스가 많다. 제조법에는 주조와 단조가 있는데 단조 쪽이 똑같은 강도라도 가볍게 만들 수 있기 때문에 스포츠 휠에는 단조가 많다.

타이어처럼 휠도 그 규격표시를 알고 있는 것이 중요하다. 휠의 규격은 예를 들면 '14×6.5 – JJ4 – 114.3 23' 이라고 하는 표시를 한다. 여기서 14는 림 지름인데 거기에 끼워지는 타이어의 인치 수와 맞아떨어진다. 6.5 – JJ의 6.5는 림 폭이며 JJ는 타이어가 들어가는 플랜지라고 하는 귀부분의 형상을 표시하고 있다. 4–114.3은 홀의 수와 PCD이다. PCD는 휠 중심으로부터 볼트 구멍까지의 길이를 표시한 수치이며, 직경으로 표시된다. 4개의 구멍이 있다면 대각선상에 있는 2개구멍의 거리를 말한다. 23은 옵셋량이다. 옵셋량이라 함은 휠 허브에의 설치면이 휠폭의 중심에 있는 것을 제로(0)로 하고, 그것보다 바깥쪽으로 옮겨있는 경우를 플러스, 안쪽으로 옮겨있는 경우를 마이너스로 해서 그 거리를 mm로 표시한 것이다.

휠은 스프링 아래에 위치해있는 부품으로 가벼운 경합금 휠로 교환하는 것은 조종성에도 크게 공헌한다. 또 자동차의 무게를 가볍게 하기 때문에 코너링시 관성저항도 감소시켜서 엔진의 회전력을 올릴 수 있도록 해준다.

휠을 구입할 경우 국가별로 공인 기준이 있어 그 기준을 통과한 제품을 구입하는 것이 좋다.** 특히 레이싱휠의 경우 검증된 회사 제품을 구입하는 것이 실수할 확률이 적다.

> **편집자 Tip**   **일본의 휠 공인 마크** : 휠은 협회의 레이스 경기에서도 교환을 허락하고 있는데 스틸제와 '공인 마크가 있는 경합금' 등이 있다. 일본의 경우 JWL 및 VIA 마크가 있는데 JWL 마크는 일본의 구 운수성이 정한 내충격도와 내피로도에 대한 품질 기준에 합치되었다는 표시, VIA는 구 통산성의 품질기준에 합치되었다는 표시다. JWL은 메이커 자신이 인정한 것인데 비해 VIA는 휠 시험협의회가 인정한 것으로 VIA 마크가 있는 것이 보다 더 엄격한 내용이라 할 수 있다.

휠 교환시 어떤 효과가 있나?

01 스프링 아래 무게가 줄어드는 것이 큰 의미

휠을 교환하는 이유는 휠의 경량화에 있다. 휠은 다시 말해 스프링 아래에 있는 부품인데 스프링 아래 무게가 가벼워지면 노면에 대한 추종성, 즉 로드 홀딩이 증가되어 조종성에 기여한다. 휠의 움직임은 스프링을 사이에 두고 차체에 힘을 전달하는데 휠이 가벼우면 차체에 끼치는 영향도 적어진다.

휠이 가벼워지면 그 것만으로도 차량이 경량화되었다고 말할 수 있는데 당연히 가속성능이 좋아질뿐더러 브레이크 성능에도 영향을 좋게 미친다. 그뿐만이 아니다. 회전하는 부품의 질량이 줄어들게 되면 엔진이 회전할 때에도 저항력이 약화되기 때문에 회전이 빨라진다. 다시 말해 액셀 리스폰스도 좋아진다. 이러한 이유 때문에 가벼운 휠로 교환하는 것은 빨리 달리려 할 때 아주 유용한 수단이다.

휠을 교환하게 되면 우선 타이어에 맞는 사이즈를 골라야 한다. 타이어 사이즈 업이 허용되어 있어서 타이어 사이즈를 변경하는 경우에는 그것에 맞는 휠로 바꾼다. 림 지름이 맞지 않으면 타이어가 들어가지 않지만 림폭은 어느 정도 크거나 작더라도 끼어진다. 단 타이어 횡강성이란 점에서 보면 휠폭은 넓은 편이 횡강성이 높아지게 되기 때문에 약간 넓게 하는 경우가 많다.

볼트 구멍은 승용차에는 대개 4개 아니면 5개가 대다수다. 작은 차는 4개 조금 무거운 차는 5개가 보통이다. 또 옵셋에 대해서는 옵셋 수치를 작게 하면 휠은 바깥쪽으로 이동하며 한도를 초과하면 펜더로부터 삐져나가게 된다. 반대로 옵셋을 크게 하면 타이어는 안쪽으로 들어가 브레이크와 서스펜션 등을 간섭하게 된다. 볼트 구멍수, PCD, 그리고 옵셋은 그 자동차 고유의 것이므로 자기 자동차의 수치를 파악해 두었다가 휠 교환시에 거기에 맞춘다.

5 휠 얼라인먼트

토인은 본래 캠버의 보정의 위한 것

토인, 캠버, 캐스터, 킹핀 각도 등 4가지가 휠 얼라인먼트의 기본으로 이것들이 자동차를 적절히 주행하는 데에 필요한 요소들이다. 이것이 어긋나게 되면 본래 정해진 조종성을 얻을 수 없다.

06

휠얼라인먼트의 요소를 간단히 설명해보기로 하자.

우선 토인은 차량을 위에서 보면 좌우 타이어가 진행방향에 대해서 안쪽을 향하고 있는 상태이다. 반대로 좌우 타이어가 바깥쪽을 향해있으면 토아웃이라고 한다.

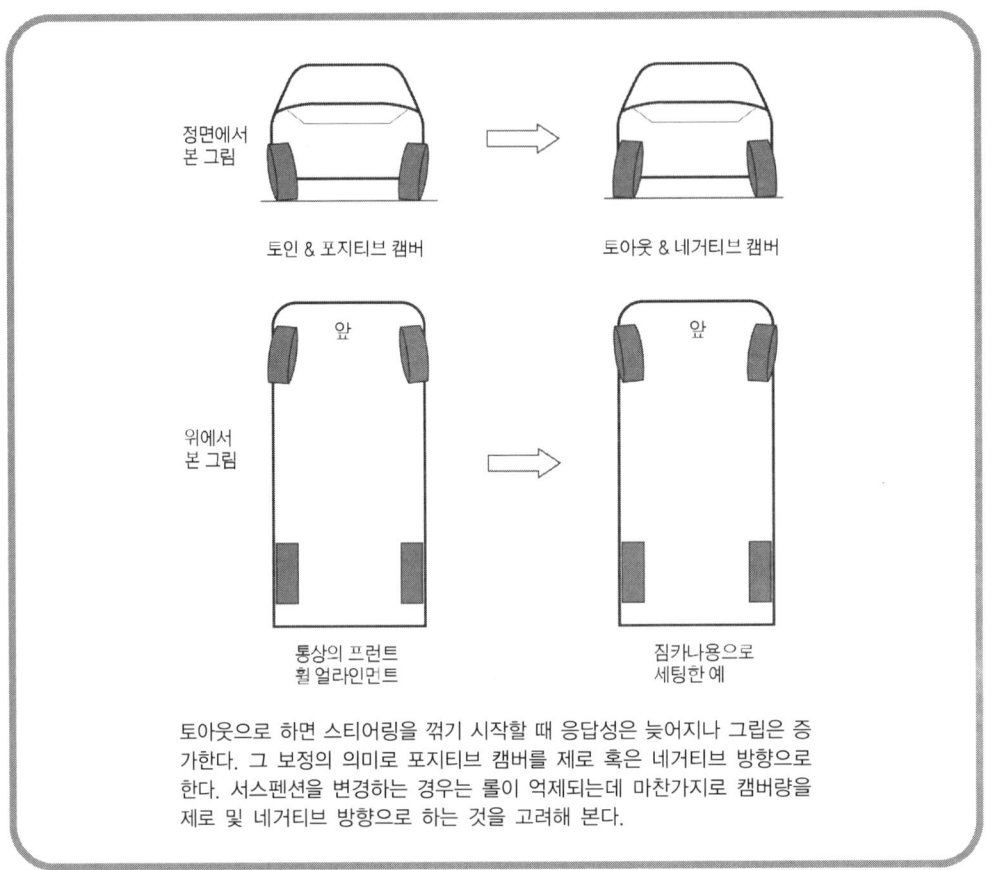

토아웃으로 하면 스티어링을 꺾기 시작할 때 응답성은 늦어지나 그립은 증가한다. 그 보정의 의미로 포지티브 캠버를 제로 혹은 네거티브 방향으로 한다. 서스펜션을 변경하는 경우는 롤이 억제되는데 마찬가지로 캠버량을 제로 및 네거티브 방향으로 하는 것을 고려해 본다.

캠버는 차량을 앞에서 보면 타이어가 기울어져 있는데 좌우 타이어가 '역八자'로 되어있는 상태가 +(포지티브) 캠버이고, '八자' 모양이면 -(네거티브) 캠버(다시 말해 역캠버)이다.

캠버는 서스펜션 지오메트리에도 연유되는데 통상은 서스펜션에 하중이 가해지면 캠버는 네거티브 쪽으로 변화한다(더블위시본의 경우처럼 변화하지 않는 경우도 있다). 결국 코너링할 때 하중이 걸리는 바깥쪽 타이어는 (-)캠버 방향으로 변하는데 이러한 장면에서 적정한 캠버각을 얻기 위해 미리 (+)캠버를 맞춰

놓기도 한다. 그러나 직진시에는 타이어가 기울어져 있어 타이어는 경사진 방향으로 휘어나가려고 하는 성질이 있다. (+)캠버라면 타이어는 바깥쪽으로 진행하려고 한다. 그것을 똑바로 나아가도록 타이어를 안쪽으로 향하게 보정하는 것이 토인이라고 하는 것이다.

다시 말해 토인과 캠버는 떼려야 뗄 수 없는 관계다.

킹핀축의 개념

킹핀각도는 차량을 앞에서 보면 타이어가 기울어져(안쪽으로 넘어진 각) 있는데 이것이 없으면 구동시나 브레이킹시에 킹핀축 주변에 모멘트**가 작용하여 스티어링시 쇼크가 전달되어 어지럽게 된다. 캐스터는 차량을 옆에서 봤을 때 킹핀축의 기울기(뒤쪽으로 넘어진 각)다. 이 축의 연장선이 타이어의 접지면보다 앞쪽에 있으면 타이어의 접지면 저항에 의해 직진성이 생긴다. 이것은 쇼핑카트 등의 캐스터와 같은 원리다.

역시 킹핀이라고 하는 것은 조타된 차바퀴의 회전축이라고 하는 부품인데 서스펜션의 발달로 현재의 자동차에는 사실상 존재하지 않는다. 단 조타륜의 회전축이라고 하는 것은 존재하는데 더블위시본식 서스펜션에는 상하 볼조인트를 연결하는 선이며, 스트럿식의 경우에는 스트럿의 위쪽 장착부와, 로어암의 볼조인트를 연결하는 선이다. 이 선의 기울기를 가지고 킹핀 각도와 캐스터각을 표시하고 있다.

> **편집자 Tip** **모멘트란?** : 어느 축을 중심으로 회전하는 물체에 축을 통과하지 않는 작용점 위에 힘을 작용시키면 물체는 그 축을 중심으로 하여 회전하려고 하는 힘

얼라인먼트 조정

01 조종성을 위해 적극적 토 조정

캠버각의 조정이 표준으로 조절가능한 자동차는 그다지 없는데, 예를 들면 스트럿식이라고 하면 스트럿 위쪽 장착위치를 가변으로 하면 캠버를 위시하여 캐스터, 킹핀 각도도 조절이 가능하다.

06

단 번호판이 부착된 아마추어 레이스 차량에는 이러한 개조는 허락되지 않는 수가 많으니 사전에 규정을 살펴봐야 한다. 그리고 스트럿 장착부 구멍의 여유 간극만큼 약간은 캠버를 변화주기도 한다.

타이어는 항상 노면에 직각으로 접지하고 있는 것이 이상적이다. 단 서스펜션이 딱딱하면 캠버의 변화가 적어지는데 그 점을 생각해서 초기 캠버를 조절한다. (-)캠버 쪽이 일반적으로 견디는 힘이 좋다고 할 수 있는데 그것도 정도문제다.

토인, 토아웃은 적더라도 앞바퀴는 조정이 가능하며, 뒷바퀴도 조정가능한 차량이 있다. 본래 이 토 조정은 캠버를 보정하기 위해 부착되게 된 것인데 메이커의 기준치가 있으며 서킷주행용으로 세팅할 때에는 조종성을 고려하여 적극적인 의미로 조정되어질 때도 있다.

02 뒷바퀴의 토아웃으로 코너링이 쉬워진다

앞바퀴가 토인 상태가 되면 스티어링을 꺾었을 때 하중이 걸려 조타의 주역이 되는 바깥쪽 타이어는 처음부터 토인으로 각도가 되기 때문에 그것만으로 빠른 코너링 포스가 발생하여 그립력도 높아진다. 결국 스티어링 리스폰스가 좋아진다. 반대로 토아웃으로 하면 꺾었을 때 바깥쪽 타이어는 꺾인 방향을 향하는 게 늦어지는 식이 되어 리스폰스가 둔해진다.

단 꺾인 각도가 크게 되는 경우 토인 쪽이 먼저 최대 그립 각도에 도달하는데 그립한계를 초과하여 언더스티어가 생기기 쉽다. 그러나 어쨌든 앞바퀴의 토 각도 조정은 그다지 크지는 않게 0 ~ ±5mm 정도 범위 안에서 생각해봄직하다.

뒷바퀴의 경우는 토인으로 하면 뒤의 접지력(그립)이 좋아지는데 토아웃으로 하면 차꼬리(테일)가 밖으로 나가기 쉽다. 따라서 작은 코너가 많은 미니 서킷에서는 특히 FF차의 경우 뒤 타이어를 토아웃으로 하는 예도 있다. 단 차 꼬리가 밖으로 나가기 쉬워지는 대신에 직진성은 나빠진다. 미니 서킷에서는 문제없어도 비가 오는 고속도로 등에서는 안정감이 떨어지는 것을 각오해야 할 것이다.

6 LSD(리미티드 슬립 디퍼런셜)의 지식

굉장한 디퍼런셜의 기능과 그 약점

LSD(리미티드 슬립 디퍼런셜 = 차동제한장치)는 모터스포츠에서는 매우 중요한 부속이다. 특히 미니 서킷같이 작은 코너를 달리는 경우는 그것이 있고 없음에 따라 기록에 큰 차이가 난다. 코스가 작은 만큼 파워가 큰 만큼 LSD의 필요성은 높아진다.

최근은 시판차에도 처음부터 LSD를 장착한 차종도 있다. 그것은 대개가 비스커스식이나 헬리컬식, 혹은 토센식이다. 주행회 수준이라면 이러한 표준 LSD로도 꽤 유용하다. 그러나 주행을 본격적으로 하고 싶다거나 레이스 테크닉을 몸에 익히려고 한다면 역시 경기용 LSD를 장착할 필요가 있다.

LSD에는 여러 가지 종류가 있는데 이것은 모터스포츠용으로 일반적인 마찰판식 LSD. 사진은 이니셜 토크를 코일 스프링 끌어내는 타입. 사진의 왼쪽은 가운데 부분을 꺼낸 것인데 프레셜 링의 꺾이는 각도가 보인다. 아래는 접시 스프링 타입의 LSD의 분해도인데 구조는 역시 같다.

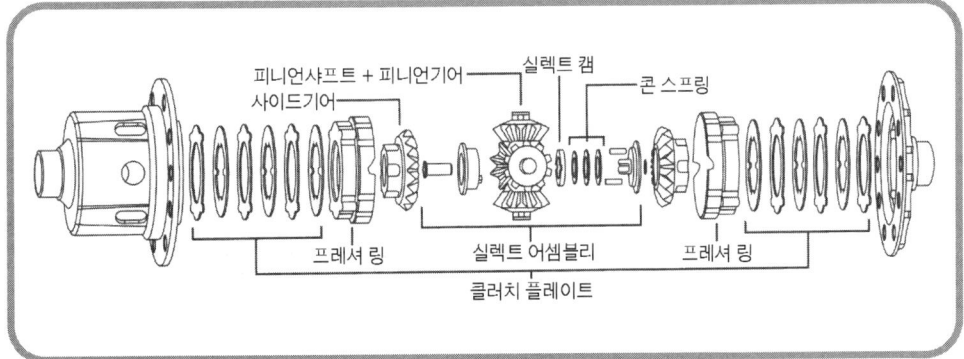

06

 LSD는 스포츠 주행에서는 대단히 중요한 부속인데 조금 자세하게 설명해 보겠다. 우선 왜 LSD가 필요한가를 알기 전에 먼저 보통의 디퍼런셜 기어부터 이해하지 않으면 안된다.

 자동차가 커브를 돌 때, 안쪽의 바퀴와 바깥쪽 바퀴가 달리는 거리가 다르다. 그것을 위해서 좌우 바퀴를 봉으로 직접 연결하고 있는데 부드럽게 코너를 돌아 나갈 수가 없게 된다. 코너에서 바퀴가 슬립하는 등 어디에선가 편차를 흡수해나가지 않으면 안 된다. 이것이 저항이 되어 타이어가 쓸데없이 닳게 된다. 그것을 생각하는 것이 통상의 디퍼런셜 기어인데 이것이 멋지게 이 문제를 해결해준다.

 그런데 곤란한 부분도 있다. 한쪽 바퀴가 도랑이나 혹은 진창에 들어갔을 때, 그 차바퀴는 헛돌게 되는데 그 공전하는 바퀴에 더 많은 토크가 걸려 정작 마른 땅에 접지하고 있는 바퀴는 굴러가지 않게 되므로 자동차는 움직일 수 없게 된다. 그것은 모터스포츠의 장면에서는 코너링시에 무게가 가벼워지는 안쪽 굴림 바퀴가 헛돌게 되어 토크가 걸리지 않는 현상을 볼 수 있다. 안쪽의 들린 바퀴가 진창에 빠진 것처럼 되면서 정상적으로 접지하고 있는 바퀴에도 토크가 전달되지 않게 되기 때문이다.

디퍼런셜의 움직임에 제한을 가하는 LSD

 기록을 다투는 모터스포츠에서 코너는 가능한 한 빨리 돌파해야 하는데 만약 LSD가 없다면 코너 주행시 액셀러레이터를 밟아도 안쪽 바퀴가 헛돌기 때문에 바깥쪽 바퀴에는 토크가 전달되지 않는다. 드라이버 입장에서는 엔진이 헛도는 것과 같은 상태에 이르기 때문에 힘이 노면에 전달되지 않는다. 왜냐 하면 역시 코너링 중에 안쪽 바퀴에 걸리는 하중이 적고 뜨기 때문에 큰 토크가 걸려도 쉽게 공전되고 말기 때문이다.

 이러한 경우에 디퍼런셜 기능에 있는 차동(差動)을 제한하는 것이 차동제한장치 즉 LSD라고 하는 것이다. 디퍼런셜을 무시하고 직결시키면 차동이 필요한 통상의 커브 주행에 지장을 가져오는데 어느 정도 제한을 가해서 주행조건에 맞게 대응할 수 있도록 하는 것이다. 결국 일상의 평온한 주행에는 거의 대부분 LSD가 효과를 발휘하는데 부드럽게 교차점을 돌아나가는 것도 차고에 들어갈 수 있게 하는 것도 한번 큰 파워를 걸리게 되면 LSD가 작동한다고 할 수 있다.

실제로는 앞에 설명했던 것처럼 LSD에는 여러 가지 방식이 있다. 오일의 전단력(剪斷力)을 이용한 비스커스식과 기어의 마찰력을 이용하는 헬리컬식과, 그 일종이라고 할 수 있는 토센식 등은 양산차에도 표준으로 장비되어 있다. 대개 스포츠용, 특히 경기용은 역시 마찰판식 LSD이다. 경기에서 확실하게 LSD의 효과를 보려면 이 방식이 가장 적합하기 때문이다.

보통 이 세계에서는 기계식이라고 하는 통상 마찰판식의 LSD를 지향하는 수가 많다. 헬리컬식은 물론 비스커스식도 기계식이라고 할 수 있는데, 본래는 정확한 사용법은 아니다.

어쨌든 스포츠용 LSD는 마찰판(클러치 플레이트나 프릭션 플레이트라고도 불린다)식인데 이 방식에 대해서 설명하기로 하겠다.

마찰판식 LSD의 작동원리

01 프레셜 링의 캠각도가 LSD 작동의 원점

우선 기본적인 작동원리인데 통상의 디퍼런셜에는 사이드기어가 디러펀셜 케이스로부터 자유로운 상태로 되어있다. 따라서 피니언기어를 사이에 두어 좌우 회전차가 생겨도 문제없이 차동장치를 작동하도록 한다. 여기서 좌우 사이드기어가 디퍼런셜 케이스와 일체로 놓여있다고 한다면 좌우가 디퍼런셜 케이스를 사이에 두고 직결되어, 소위 디퍼런셜 록 상태가 될 것이다.

이것을 행하는 것이 LSD인데 사이드기어와 디퍼런셜 케이스를 연결하는 임무를 수행한다. 실제로는 피니언기어의 공전과 일체가 되어 회전하고 있는 프레셜 링이 클러치 플레이트를 사이에 두어서 디퍼런셜 케이스를 누르게 되면, 좌우 사이드기어는 디퍼런셜 케이스를 사이에 두고 직결상태가 된다. 정확하게 말하면 마찰판식에는 완전한 직결이 없는데 그렇게 근접한 상태가 되기 때문이다.

그럼 어느 정도 되어야 프레셜 링을 밀어붙이는 가인데 이것을 행하는 것이 프레셜 링의 꺾임(캠)과 피니언샤프트의 조합이다. 하중이 걸리지 않을 때에는 특히 캠에 작용하지 않는 피니언샤프트가 하중이 걸려도 좌우의 프레셜 링을 눌러 열어주는 작용을 한다.

이것이 LSD의 **압착력**이라고 하는 움직임이다.

예를 들면 정속주행하고 있을 때에는 엔진의 구동력과 저항력이 균형을 이뤄 LSD는 작동하지 않는다.

다시 말해 가속시 구동계과 저항력이 균형을 이뤄 LSD는 움직이지 않으며, 구동계에 하중이 걸리면 피니언 샤프트가 프레셜 링을 눌러 열어 LSD가 효과를 발휘한다.

02 전진과 후진시 LSD의 효과가 다르다

그렇다 치고 무릇 군용차에 필요한 장치라고 해서 꼭 들어가는 LSD이기 때문에 전진은 물론 후진에서도 효과가 있어 피니언 샤프트에 꼭 들어맞는 캠은 전후 양방향에 디퍼런셜이 부착되어 있다. 그러나 스포츠용으로 사용시에는 이것이 방해가 되는 경우가 있다.

예를 들면 코너에서 액셀오프로 진입하는 경우에 엔진 브레이크가 걸리게 되면 LSD가 작동하여 직진성이 강해진다. 즉 언더스티어가 나타난다.

거기서 생각하게 된 것이 1웨이인데, 전진시에만 작동하는 LSD다. 결국 전진은 각도가 생기게 되는데 뒤쪽은 각도가 없어져 액셀 오프에서는 작동하지 않는 것이다. 통상의 것을 2웨이라 하는데, 1.5웨이라는 것이 있다. 이것은 1웨이 형태처럼 액셀 오프시 완전히 효과가 없는 것이 아니고 약간은 효과가 나타날 수 있는 각도를 가지고 있는 것이다. 사실 1웨이는 어느 메이커의 특허품이기 때문에 그것을 피한다는 의미로 각도를 생기게 설계하는 측면도 있다.

어느 쪽이든 간에 이렇게 프레셜 링의 캠 각도는 클러치 플레이트의 압착력에 직접 영향을 미친다. 각도가 얕으면 압착력은 약해지고 깊어지면 강해진다. 전진용에서 표준인 것은 45도 정도인데. 이것보다 적은 35도부터 70도가 되어 효과가 강할 때까지의 다양한 제품들이 시장에 판매되고 있다.

LSD 세팅

01 이니셜 토크의 오해

LSD의 작동은 기본적으로 피니언 샤프트가 프레셜 링을 눌러붙임으로서 행해지는데 실제로는 그것 이외에 사전에 어느 정도 눌러붙이는 힘이 존재하고 있다. 이것이 이니셜 토크라고 하는 것이다.

왜 이니셜 토크를 설계했는가 하면 이것이 없으면 효과가 시작되는 때에 힘이 한꺼번에 갑자기 전달되게 되기 때문이다. 이렇게 하여 약한 액셀에서도 안정된 효과를 얻게 된다.

일반적으로 콘스프링, 다시 말하면 접시 스프링을 짜 넣어서 클러치 플레이트를 눌러 붙이게 되면 프레셜 링 사이에 코일 스프링을 끼어서 그 스프링 힘으로 이니셜 토크를 얻게 되는 것도 있다.

LSD 세팅이라고 하는 것은 우선 이니셜 토크의 설정이다. 이전에는 짐카나의 세계에서는 대단히 높은 이니셜이 사용되기도 했는데 최근은 상당히 낮은 정도까지 떨어뜨리고 있는 편이다. 일찍이 이니셜 토크에 대해서는 오해되고 있는 부분이 있어 설명하고자 한다.

이니셜 토크를 강하게 하면 전체적으로 효과가 높아진다고 생각하는 사람이 있는지도 모르겠지만 실제로는 이니셜 토크의 효과는 통상의 효과에 플러스되는 것은 아니다. 이니셜 이상의 토크가 걸리게 되면 이니셜은 더 관계없이 되고 만다. 필요할 때 이니셜 토크가 미끄러져 초기의 효과를 일정하게 유지해서 안정되게 해서 액셀러레이터에 의해 효과의 시작을 매끄럽게 하는 것 등이다.

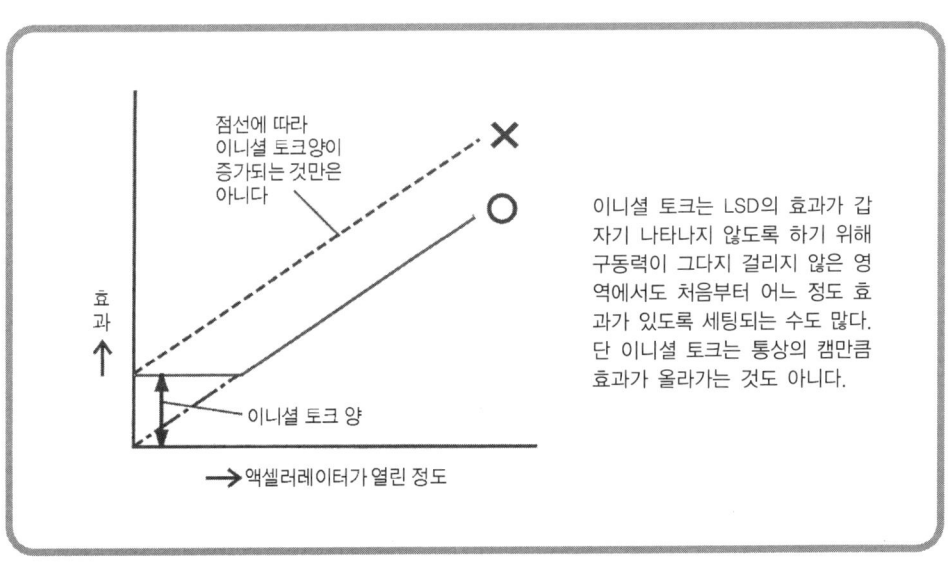

구동력이 약한 단계에서는 그래프에서 보는 것처럼 효과가 기대만큼 되나, 갑작스러운 때는 효과가 기대에 미치지 못한다.

06

02 원점은 'LSD는 코너를 돌아나가기 어렵게 하는 것'

그렇다 치고 보통의 디퍼런셜은 코너를 잘 돌아나가기 위한 것이나 LSD는 그 기능을 제한하는 것이기 때문에 'LSD는 코너를 돌기 어렵게 하는 것'이라고 우선 인식하는 것이 좋을 것이다. 따라서 프런트의 경우는 액셀 오프 시에도 작동하는 2웨이에서는 언더스티어가 강하게 되어 잘 돌아나가지 못하는 자동차가 되고 만다. 그래서 보통 프런트는 1웨이나 1.5웨이라고 하는 것이 사용된다. 여기서 이니셜 토크가 크면 액셀 오프에서도 LSD가 효과를 발휘하게 되어 언더스티어 경향이 되기 때문이다.

리어는 1웨이 또는 2웨이가 선택된다. 리어의 경우는 직진성이 강해도 프런트가 회두(回頭)되게 되면 자동차라는 것은 돌아나가는(회전하는) 방향으로 움직이기 때문에 2웨이로도 좋고 1웨이로 이니셜 효과를 볼 수 있다고 생각할 수도 있다. 차 하체의 세팅과의 관계에서 조종성이 결정나게 되는데 어느 정도가 좋은가는 한마디로 말할 수는 없고 좋은 것이 좋다.

03 캠각도와 마찰판의 수로 효과가 달라진다

이 외에 LSD의 세팅에서 선택의 여지가 있는 것이 프레셜 링의 캠각도다. 처음부터 1웨이나 2웨이의 두 개의 캠을 가지고 있거나, 다른 2종류의 캠각도를 보유하고 있다가 조립하는 과정에서 어느 쪽을 선택하는 수도 있다. 처음에 한 설정이 오버홀(overhaul)시 달라질 수도 있다.

클러치 플레이트는 사이드 기어의 샤프트 측에 끼워져 있는 안쪽으로 돌기가 있는 플레이트와, 디퍼런셜 케이스 측에 끼워져 있는 밖으로 돌기가 있는 플레이트가 있는데 통상은 상호 조합되어 있어 이것을 일부 서로 번갈아 하게 되면 매수가 줄어드는 것과 같은 효과가 나며, 효과를 약하게 하는 것이 가능해진다. 이것도 세팅 방법 중 한가지이다.

04 LSD를 오래 쓰게 하는 드라이빙 방법

끝으로 LSD에 좋은 드라이빙 방법에 대해서 이야기해보기로 한다.

최근에는 내구성이 증가되었다고 하나 LSD를 사용하게 되면 클러치 플레이트가 마모되는 것이 당연하다.

그러나 드라이빙 테크닉 그 하나만으로도 LSD에 걸리는 부담이 크게 달라진다. 결국 핸들을 꺾는 각도가 커지는 만큼, 거기에 걸리는 파워가 커지게 되고 그만큼 클러치 플레이트에도 부담이 걸리게 된다.

따라서 예를 들면 FF차에서 하중이동이 제대로 되면 언더스티어를 일으키게 되며 결국 핸들을 많이 꺾어 LSD에 의지해서 액셀을 밟아 움직이도록 해야 하는데, 제대로 자세변화를 일으켜 언더스티어를 일으키면 핸들의 꺾는 각이 최소화되어서 움직일 수 있으므로 LSD에 걸리는 부담이 크게 줄게 된다. LSD를 가혹하게 다루면 미끌림이 나타나 효과가 나빠진다. 그 상태로 사용이 계속되면 미끄러짐으로 인해 마모가 촉진되어 곧 거의 대부분 효과가 없게 되고 만다.

드라이빙 테크닉이 훌륭한 사람만이 LSD에의 부담을 적게 하고 오버홀 시기도 연장된다.

7 서스펜션의 역할

자동차 하체, 다시 말해 서스펜션의 중요한 역할은 승차감을 좋게 하는 것과, 조종성을 좋게 하는 것이다. 이것은 서스펜션이 없는 자동차를 생각해보면 이해가 갈 것이다. 노면의 요철(凹凸)에 따른 충격이 차체에 직접 전달되면 승차감은 나빠지며 차체도 상하기 쉽다.

또 바퀴가 노면의 요철에서 튀어 올라 바퀴의 노면에 대한 추종성, 다시 말해 로드홀딩이 나빠지며 조종성도 나빠진다. 바퀴가 튀는 동안에는 구동력도 전달되지 않는다.

일반적으로 서스펜션은 연한 쪽이 승차감이 좋다. 그러나 조종성 면에서는 딱딱한 쪽이 좋다. 물론 양쪽 모두 극단적으로 가게 되면 오히려 성능이 떨어지는데, 기본적으로 승차감과 조종성은 상반된 관계이다. 일반 시판차는 승차감과 조종성의 균형을 최대 공약수로, 다시 말해 만인을 향해서 설정하고 있다.

이것은 역으로 말하면 개인이 지향하는 승차감보다도 조종성을 보다 중시하는 것에 개량의 여지가 있는 것을 의미하고 있다. 그 최고봉은 투어링카 레이스 차량인데 그렇게 극단적이지 않으면서도 주행회에서 서킷 주행을 하게 되면 자신이 좋아하는 조종성을 변화시키는 것이 가능하며 의미있는 일이다.

06

섀시는 어려운 것인데 주행중의 자동차에는 4개의 타이어 접지상태가 일정하지 않게 된다. 스티어링을 꺾으면 좌우의 타이어 하중에 변화가 생기며, 브레이크를 밟게 되면 앞뒤 타이어에 무게 변화가 생기게 된다. 이것에 따라서 4개 타이어의 접지상태도 달라진다.

◀앞바퀴용

일반 시판차의 서스펜션은 승차감과 조종성의 균형을 최대공약수적으로 결정한 만인지향의 취향에 맞추고 있다. 그것만으로 조종성을 중시하는 서스펜션으로 튜닝할 여지는 충분히 있다. 위쪽이 앞바퀴용, 아래쪽이 뒷바퀴용 쇼크업소버와 스프링.

◀뒷바퀴용

타이어 그립은 기본적으로 타이어와 노면의 접지상태에 따라 결정된다. 휠얼라인먼트의 변화 문제가 있으면 무엇보다도 큰 것이 타이어와 노면의 접지압의 변화다. 즉 접지압이 커지면 그립이 증가하고, 작아지면 그립이 감소한다. 기본적으로는 접지압과 그립은 비례관계에 있다.

극단적인 경우, 타이어가 떠오르게 되면 그립력은 제로다. 자동차의 조종성은 순간순간의 각 타이어 그립력의 밸런스로 결정된다.

이 타이어의 하중 변화는 순간적으로 일어나는 것은 아니다. 차체와 타이어 사이에 서스펜션이 개재되어 있어 타임랙(시간 지체)이 있다. 이 타임랙의 대소를 포함하여 스프링의 움직임을 컨트롤하는 것에 의해 각 타이어에의 접지압을 변화시켜 보다 나은 조종성을 얻는 것이 서스펜션의 역할이다.

예를 들어 스프링에 힘을 가해 누르게 되면 통상적으론 누르는 힘에 비례하여 스프링은 수축되고 만다. 그러나 처음엔 크게 수축되는 쪽의 힘을 증가시키는데 이어질 때는 수축되는 쪽이 작아진다고 하는 설정도 생각해 볼 수 있다. 또 같은 힘에서도 천천히 누르는가 혹은 빠르게 누르는가에 따라 스프링이 수축되는 힘도 달라지도록 부착하는 것도 생각해볼 수 있다.

이처럼 자동차 하체에 걸리는 복잡한 하중변화에 대응해서 스프링, 쇼크 업소버, 스태빌라이저, 그리고 부시 등이 움직임을 세밀하게 컨트롤한다. 그 결과 각 타이어의 그립도 컨트롤되어 보다 높은 운동성능과 좋은 조종성을 얻는다. 이것이 자동차 하체의 튜닝이다.

8 각 부품의 튜닝

스프링

자동차 하체라고 하는 것은 메커니즘이 복잡하기 때문에 쇼크 업소버를 가장 먼저 생각할지도 모르는데, 우선 요구되는 것은 스프링이다.

단단한 스프링은 승차감이 울퉁불퉁한 노면에 대해서 조향했을 때의 롤을 작게 억제하는 것이 가능하다.

브레이킹 시의 노즈다이브와 가속시의 스쿼트**도 억제시켜 준다. 결과적으로 하중이동이 빨라져 민첩한 주행을 가능케 한다.

> **편집자 Tip** 　**스쿼트(squat)** : 자동차가 출발할 때 구동바퀴는 이동하려 하지만 차체는 정지하고 있기 때문에 앞 범퍼 부분이 들리는 현상을 말한다. 급출발시 앞타이어가 들리게 되면 접지력을 잃게 되어 차는 나아가지 못하고 타이어만 헛돌게 된다. FF 차량의 경우 자동차 경주에서 출발시 스쿼트를 줄이는 것이 매우 중요하다.

스프링의 딱딱한 정도는 스프링 상수로 표시하는데 이것은 코일의 **선경, 외경, 감은 수** 등 3가지 요소로 결정난다. 누르는 힘에 대해서는 수축하려는 쪽이 비례하고 있는 것을 '**선형 스프링**'이라고 하는데 그래프로 표시하면 직선이 된다. 이 선형 스프링에 대해 누르는 힘과 수축하는 쪽이 일반선이 아닌 '**비선형 스프링**'도 다수 사용되고 있다.

스프링은 서스펜션에서 꼭 필요한 것으로 조종성에 가장 영향을 미치는 부품이다. 서스펜션의 강도는 스프링 상수로 결정되는데 누르는 힘에 대해서 수축되는 쪽이 일직선으로 변화되지 않는 비선형 스프링 등 종류도 여러 가지다.

예를 들자면 상하로 외경이 다른 디퍼런트 스프링과 위쪽과 아래쪽의 감긴 수가 다른 부등 피치 스프링 등이다. 이처럼 변형 스프링은 처음엔 부드럽다가 누르는 힘이 강해지면 딱딱해지는 성질로 바뀌는 스프링이다.

딱딱한 스프링의 경우 서스펜션이 늘어날 경우 스프링이 놀아 제 소임을 못할 수도 있다. 그렇게 노는 것을 없애기 위해 헬퍼 스프링이라고 불리는 극단적으로 연한 스프링을 거듭 사용한 유형도 있다. 어느 쪽도 스프링 상수는 일정하지 않으나 보다 세밀한 세팅이 가능해진다.

쇼크 업소버

쇼크 업소버는 스프링만으로는 좀처럼 진정되지 않는 흔들림을 강제적으로 억제하는 감쇠 임무를 담당한다. 감쇠력은 흔들림을 억제하는 것만이 아니고 신축의 과도적인 상태에서 서스펜션의 딱딱함을 변화시켜 조종성에 커다란 영향을 끼친다.

쇼크 업소버의 대부분은 통형의 유압식인데 이 원리는 물총에 자주 비교되곤 한다.

결국 오일이 작은 구멍(오리피스 또는 밸브)을 통과하는 때에 생기는 저항력을 감쇠력으로 이용하고 있는 것이다. 이 감쇠력은 상하 흔들림의 속도, 다시 말해 피스톤 스피드가 느릴 때는 작아지고, 빠를 때는 커진다. 단지 각각의 밸브를 이용하는 데에 생각을 집중한 것이지 단순한 비례관계는 아니다.

이 피스톤 스피드에 대한 감쇠력의 크기를 그래프로 표현한 것이 감쇠력 곡선인데, 늘어나는 쪽과 줄어드는 쪽의 두 가지 선으로 표시된다. 이것이 쇼크 업소버의 특성을 표시한 것이다.

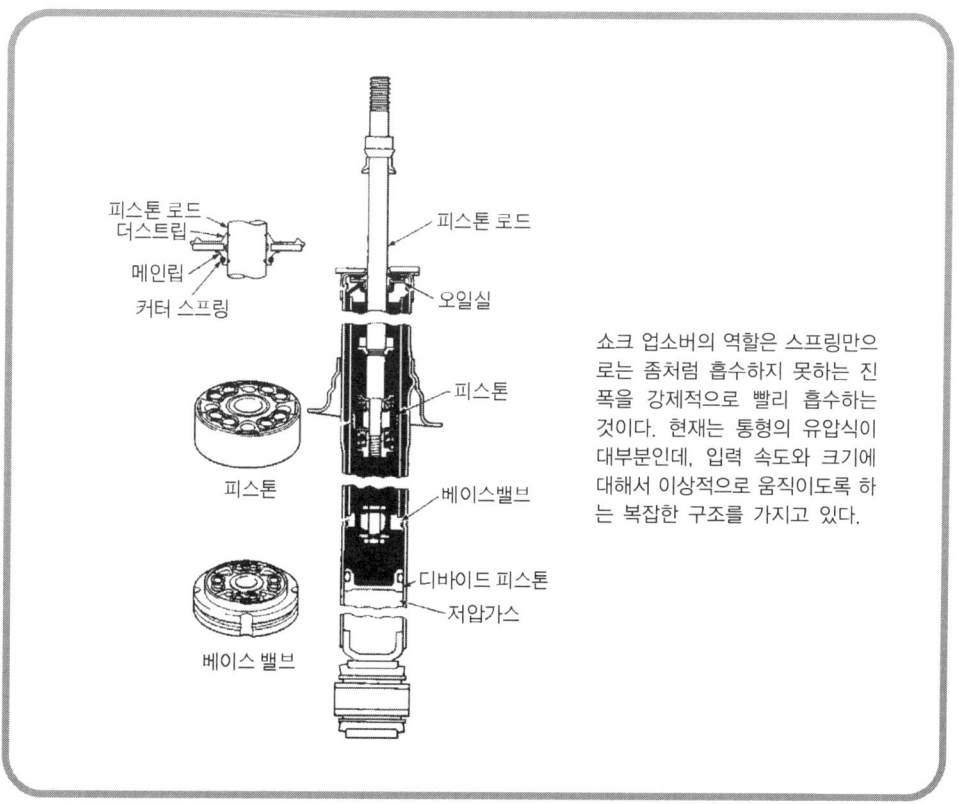

쇼크 업소버의 역할은 스프링만으로는 좀처럼 흡수하지 못하는 진폭을 강제적으로 빨리 흡수하는 것이다. 현재는 통형의 유압식이 대부분인데, 입력 속도와 크기에 대해서 이상적으로 움직이도록 하는 복잡한 구조를 가지고 있다.

01 종류

단통식과 복통식

쇼크업소버의 종류라 하면 단통식과 복통식이 있다. 단통식에는 오리피스가 피스톤에 설치되어 있어 눌려진 오일이 피스톤의 반대쪽 방으로 흘러들어가게 된다. 단통식은 구조가 간단한데 케이스가 직접 외기에 접촉되는 데 접촉성이 높다. 또 프리 피스톤을 사이에 두고서 고압의 가스가 밑부분에 봉입되곤 하는데 승차감이 약간 딱딱해진다.

쇼크 업소버의 원리는 물총의 원리와 같은데 오일이 통 가운데에 설계되어 있는 오리피스(구멍)를 통과할 때의 저항력을 사용하는 것으로 통 구조에 따라서 단통형과 중통과 외통을 가진 복통식이 있다.

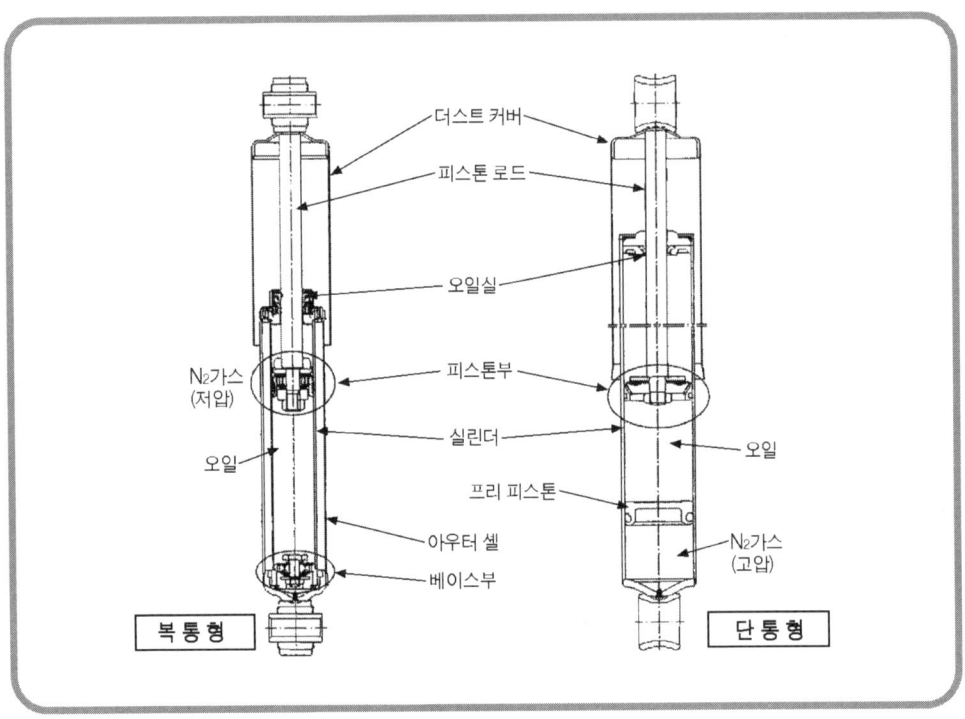

단통식에는 오리피스가 피스톤 외에 내통의 아래에 설치되어 있어 눌려진 오일은 외통에도 흐른다. 밑바닥이 되는 아래 부분에도 밸브가 있기 때문에 세밀한 감쇠력 조정이 가능해지는데 이중 구조 등으로 방열성은 떨어진다. 승차감은 저압 가스 등인데 비교적 부드럽다.

피스톤이 눌려지면 오일이 아래쪽으로부터 위쪽으로 흐르게 되는데 억지로 밀어 넣은 피스톤 로드 두께 만큼 방이 좁아지게 되어서 그 두께를 어느 정도까지 흡수해주지 않으면 안 된다. 그를 위해서 단통식은 하부를 프리 피스톤으로 구획 짓고 그 아래에 가스를 봉입하고 있다. 이 가스는 가압되는데 오일에 기포가 생기지 않도록 항상 압력을 가하고 있다. 복통식에는 외통의 케이스에 가스를 봉입하고 있다.

서브 탱크식, 감쇠력 조정식

쇼크 업소버는 심하게 사용하게 되면 열이 생기게 된다. 그다지 높은 온도가 아니어도 오일 성질이 열화되어 캐비테이션(cavitation : 액체 중에 기포가 생기는 현상)을 발생시켜 기능을 잃게 한다. 그것을 위해 단통식의 반을 분리하여 별도의 탱크를 설치한 '서브 탱크식'**도 있다. 오일량을 증가시켜도 열에 강하고 호스에 별도의 탱크를 연결한 타입이라 배치도 자유롭다.

단통식에는 통상적으로 상하를 반대로 장치한 '물구나무형'이라고 하는 것도 있다. 이 타입은 횡방향의 힘을 케이스 측에 지탱하는 횡강성이 강할 뿐만 아니라 피스톤 측이 서스펜션에 연결되는데 스프링 아래 무게가 가벼워진다는 장점도 있다.

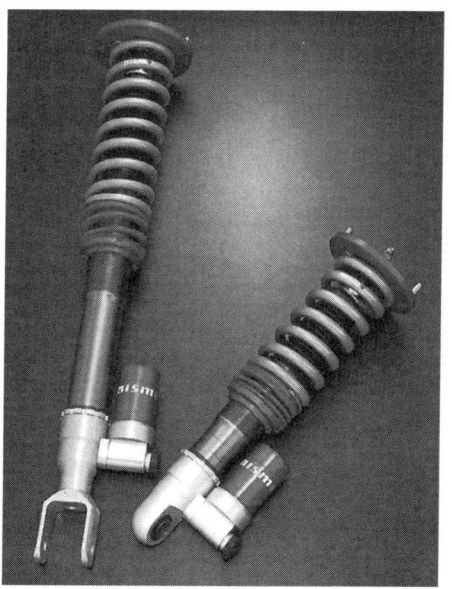

오일의 저항이 쇼크를 흡수하는 것인데 에너지라고 보면 운동 에너지를 열 에너지로 변환시키는 것이다. 오일양이 적지 않고 고온이 된 오일은 성능을 열화시켜 기능을 발휘할 수 없게 되는데 오일양을 증가하기 쉽게 하기위해 탱크를 분리해서 설계한 분리 탱크식(서브 탱크식)도 있다.

06

위부분의 스프링에 따라 오리피스의 크기를 선택하여 감쇠력을 몇 단계인가 조정할 수 있는 '감쇠력 조절식'도 있다. 이것은 간편하게 세팅할 수 있어 편리하다.

편집자 Tip 　**서브 탱크식** : 쇼크 업소버 중에서 탱크가 두 개로 분리되어 있는 형식으로 탱크 분리식이라고도 부른다.

차고 조절식이 만능은 아니다 !

별도의 분류로 나누면 순정 타입과 차고 조정식이 있다. 서스펜션의 움직임은 원호를 묘사하는데, 쇼크 업소버의 움직임은 상하. 그것만으로는 스프링은 비스듬하게 눌리게 되는데 그 힘이 쇼크 업소버를 구부러지듯이 작용한다. 그것을 위해 순정 타입 스트럿에는 스프링을 옵셋시켜 설치하는데, 힘이 작용해도 부드럽게 작동되는 이점이 있다. 차고 조절식의 경우는 쇼크 업소버와 스프링이 평행하게 설치되어 있는데 서스펜션의 움직임에 대해서 쇼크 업소버에 구부러지는 힘이 작용한다. 차고조절식이라고 해서 순정 타입보다 상급의 이미지를 가지고 있는 것은 아닌데, 이 점에서는 순정 타입이 차고 조절식보다 낫다.

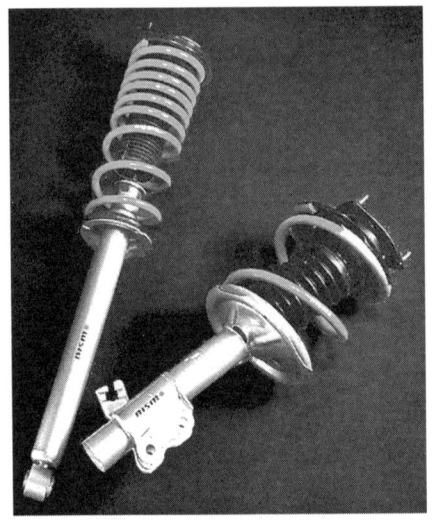 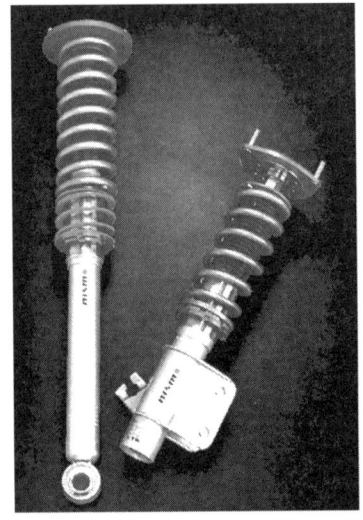

스프링과 쇼크업소버의 조합은 순정 타입(왼쪽 사진)과 차고조정식(오른쪽 사진)으로 나뉜다. 차고조정식은 순정 타입보다 이미지상 상급이라고 생각하는 수가 많은데 순정 타입의 쪽이 더 부드럽다.

02 감쇠력 곡선

쇼크 업소버의 특성은 감쇠력 곡선으로 표시된다

쇼크 업소버의 감쇠력은 피스톤을 누르는 속도에 따라 달라진다는 것은 설명했다. 그것을 위해 그 쇼크의 성격을 표시하는 것은 g나의 수치가 아니고 감쇠력 곡선이라고 하는 그래프에 의해 표시된다. 이것은 가로축에 피스톤 스피드, 세로축에 감쇠력을 표시해서 감쇠력이 제로(0)인 선을 기준으로 늘어나는 쪽과 줄어드는 쪽의 상하 2개의 선으로 표시한다. 어느 정도의 피스톤 스피드에서 어느 정도의 감쇠력이 나오는 가를 표시해서 이

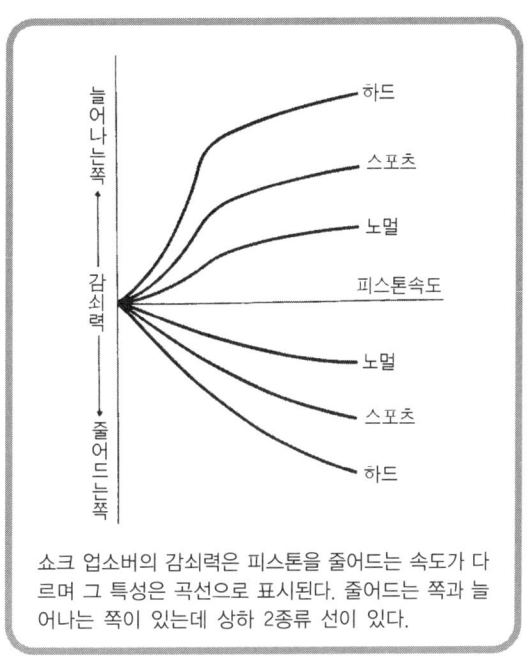

쇼크 업소버의 감쇠력은 피스톤을 줄어드는 속도가 다르며 그 특성은 곡선으로 표시된다. 줄어드는 쪽과 늘어나는 쪽이 있는데 상하 2종류 선이 있다.

그래프에 의해 각각의 쇼크 업소버의 성격을 알 수 있다.

전체적으로는 줄어드는 쪽보다 늘어나는 쪽의 감쇠력을 높게 하는 것이 보통이다. 서킷 주행에서는 코너링 등의 아주 늦은 속도 영역에서의 특성도 중요한데 쇼크 업소버 메이커는 그러한 영역에 딱 맞는 감쇠력을 낼 수 있도록 연구하고 있다.

03 세팅

부드러우면 잘 달라붙어 한도를 초월하는데......

쇼크 업소버의 역할은 스프링만으로는 상하 움직임이 꼭 알맞게 정돈되지 않기 때문에 그것을 빨리 수습하는 것이라고 말할 수 있다. 이것을 조종성의 면에서 보면 롤되는 스피드를 컨트롤하는 것이라고 말할 수 있다. 예를 들면 코너에서 조향할 때 쇼크 업소버의 감쇠력이 약하면 금방 스프링이 딱딱하게 규제되는

곳까지 롤이 생기는데, 쇼크 업소버가 강하면 롤은 바로 진행되지 않는다. 단 횡 G가 계속 걸리는데 이어 롤이 진행되면 스프링이 딱딱해져 한계에 이르는 곳까지 롤이 된다. 쇼크 업소버의 늘어나는 쪽의 감쇠력이 강하면 롤이 일어난 자세로부터 되돌아오는 것이 늦고, 감쇠력이 약하면 되돌아오는 것이 빠르다.

실제의 세팅상의 원칙은 쇼크 업소버는 강하면 미끄러지기 쉬워지는데 부드럽게 되면 접지력이 한도를 초월해 미끄러지게 된다. 결국 강하거나 약하거나 하는 곳에서 최고의 정점이 있는데 그것을 탐구하는 것이 세팅이라고 할 수 있다.

전후 관계에 스티어 특성도 변한다

또한 생각하는 것은 전후 및 좌우의 관계다. 예를 들면 앞부분만을 딱딱하게 하면 프런트는 그립이 사라져 미끄러지기 쉽게 되기 때문에 언더스티어 경향이 된다. 반대로 앞부분을 너무 부드럽게 하면 금방 바깥쪽 타이어가 풀범프 상태가 되어 그것 이상 롤이 된다. 그것처럼 타이어는 그립이 사라져 미끄러지게 되면 언더스티어 경향이 된다. 그러면 바깥쪽은 어느 정도 롤이 일어나는데 그것에 따라 안쪽 타이어가 떠오르게 되어 좋지 않게 된다. 그래서 늘어나는 쪽의 감쇠력을 높게 설정하여 리프트를 억제하는 것이 보통이다.

뒷부분만을 딱딱하게 하면 뒷 타이어가 먼저 한계를 초월하여 오버스티어 경향이 된다. 물론 너무 부드러워도 미끄러지는 것이 빨라 오버스티어되고 마는데 앞쪽과의 관계를 생각하여 좋은 점을 찾아낸다.

역시 타이어의 그립 성능에 따라 롤의 한계가 많이 달라지는데 그것에 맞는 세팅이 필요하다는 것은 말할 것까지 없다. 특히 레귤러 타이어냐 경기용의 S타이어냐에 따라서도 많이 달라진다.

스태빌라이저

자동차에는 스프링이 장착되어 있는데 코너링될 때 롤(차체의 경사)이 발생한다. 승차감을 중시해서 스프링을 연하게 하면 이 롤의 정도가 커진다. 롤이 너무 커지면 하중이동의 타임래그가 커지게 되어 감정적으로 불안정하게 느끼는 감정도 많아지게 된다. 또 지나친 하중이 한꺼번에 바깥쪽 타이어에 걸리게 되면 그립과 트랙션도 그만큼 비례해서 떨어지게 된다. 어느 정도의 롤은 허용되는데 지나친 롤은 좋지 않다.

스태빌라이저는 넓은 의미로 안정기라는 의미를 갖는데 서스펜션에는 '차체경사제어기'라고 해서 롤을 억제하는 작용을 한다. 구조는 'ㄷ'자형의 봉 중앙에 부시를 연결하여 차체에 지지하는데 양쪽 끝을 서스펜션 암에 고정하고 있다. 이것이 토션바(비틀림봉)식의 스태빌라이저인데 구조가 간단하기 때문에 거의 대부분의 자동차에 이 방식을 채용하고 있다. 역시 앞바퀴 쪽에는 반드시 스태빌라이저를 설치하는데 뒷바퀴 쪽에도 설치하는 가는 차종에 따라 여러 가지다.

자동차는 코너에서는 바깥쪽 타이어의 스프링이 줄어드는데 안쪽 바퀴가 늘어나 차체는 롤링으로 인해 기울어진다. 이때 스태빌라이저의 끝이 서스펜션 암과 연결되어 있어 좌우로 반대되게 움직이게 된다. 그 결과 스태빌라이저의 가운데 부분이 비틀리게 된다. 이 비틀림에 대한 반발력이 롤을 억제하게 된다.

스태빌라이저는 롤에 대해 저항하는 형태로 움직이는데 서스펜션이 딱딱해진 것 같은 느낌이 드는데, 스프링을 강하게 하는 경우와는 다르며 브레이킹시 좌우 서스펜션이 같게 수축되는 때에는 작용하지 않는다.

스태빌라이저의 효과는 재질이 같으면 굵은 만큼 강하다. 또 구부러진 부분으로부터 암까지의 결합부분까지의 길이(ㄷ자의 상하 횡봉의 길이)가 짧은 만큼 효과가 강하다. 통상 스포츠 파츠라고 하는 것의 강화품은 큰 것이 고려되어 교환시 강하게 세팅한다. 단 스태빌라이저는 강하기만 하다고 해서 좋은 것만은 아니다. 강하게 세팅하게 되면 타이어의 움직임을 규제하기 때문에 정도를 넘어서면 접지성이 나빠진다.

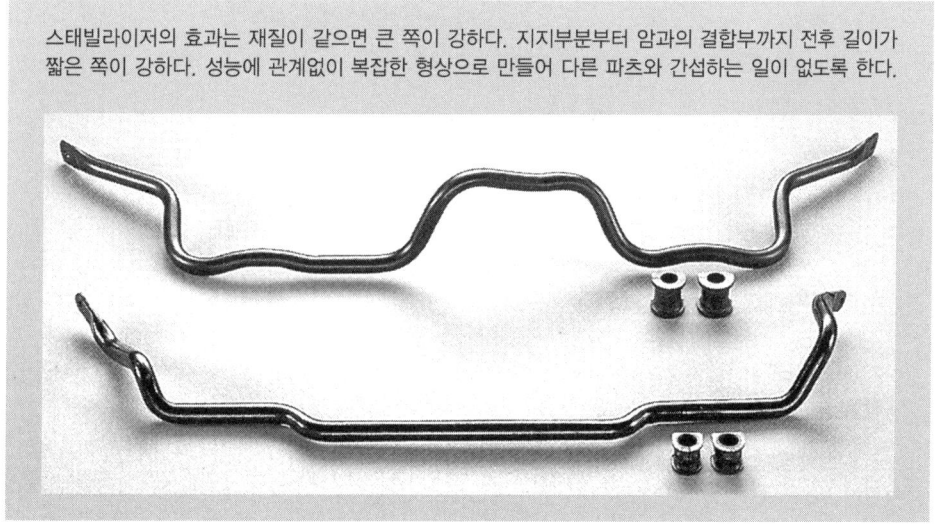

스태빌라이저의 효과는 재질이 같으면 큰 쪽이 강하다. 지지부분부터 암과의 결합부까지 전후 길이가 짧은 쪽이 강하다. 성능에 관계없이 복잡한 형상으로 만들어 다른 파츠와 간섭하는 일이 없도록 한다.

프런트 스태빌라이저를 강화시켜 롤 강성을 끌어올리게 되면 조향에 대한 반응은 향상된다. 그러나 그 때 조종성은 매우 어려워질 수도 있다. 너무 강하면 언더스티어가 나타나 코너링이 어렵게 된다. 리어 스태빌라이저를 강화하게 되면 그 반대로 테일(차 뒷부분)이 바깥으로 밀려나가기 쉬워진다. 작은 코너에서는 주행이 쉬워지나 고속 코너에서는 차 뒷부분의 접지력을 잃게 된다.

어찌되었든 간에 세팅은 스태빌라이저 단독으로는 한계가 있으며, 스프링, 쇼크 업소버 등과 통합적으로 고려해서 수행하지 않으면 안 된다. 역시 스태빌라이저를 단독으로 봐서 복잡한 형상으로 만드는 때도 많이 있는데 이것은 다른 부품을 간섭하지 않기 위해 피해서 만드는 것이지 성능과는 무관하다.

부시

부시는 금속제품인 외통과 내통 사이에 고무를 삽입한 것인데, 통상 서스펜션의 암과 링크, 로드 등의 피봇 부분에 사용되고 있다. 이것은 암의 회전방향의 움직임을 가능하게 하기 위한 것과 노면으로부터의 충격력을 흡수하기 위해서다. 전후 방향의 허용량은 컴플라이언스라고 하는데 약간씩은 존재하는 것이다. 왜 전후 방향에 컴플라이언스를 설계하는가 하면 노면의 이음매 등의 콘, 콘이라고 하는 작은 충격을 피하기 위함인데 불쾌한 소음이 차체에 전달되는 것을 방지하기 위함이다.

부시를 단단한 것으로 교환하는 것은 서스펜션을 경화하는 것과 같은 효과가 있다. 승차감과 진동소음은 점에서는 손해지만 조종성은 향상된다.

부시는 충격을 어느 정도 흡수시켜 주는데, 승차감이나 진동소음이라는 점에서는 좋을 수 있으나 조종성 측면에서 보면 유연성이 안좋을 수도 있다. 조향시 직접적으로 반응하여 민첩한 주행을 추구한다면 부시도 강한 편이 좋다.

생산차의 부시는 대개 고무지만 튜닝 파츠로서의 부시는 같은 고무라도 강도가 높은 고무를 사용하거나 우레탄이나 테프론 등의 재질로 변경시킨 제품을 사용하고 있다. 경기차량의 경우 재질의 변경이 인정되고 있지 않은 경우는 강한 고무 부시를 선택하면 안되도록 되어있으나, 그렇지 않으면 테프론 등의 수지제 부시로 교환하는 것이 효과적이다.

피봇부의 수지제 부시와는 형상이 다르나 스트럿의 어퍼 마운트도 고무 부시가 사용되고 있다. 이것도 다른 부시처럼 튜닝파츠의 대상이 되고 있다. 역시 서스펜션은 아니나 엔진 마운트도 일종의 부시라 할 수 있다.

필로볼

통칭 '필로볼'이라고 불리고는 있으나 실제 이것은 고유의 상품명이고 일반 명칭은 '스페리컬 조인트'라 하는 것이 맞다. 서스펜션 암과 링크, 로드 등의 회전운동하는 가동부(可動部)에 사용하는데, 이 움직임은 부시와 같다. 단 금속만으로 되어 있기 때문에 컴플라이언스가 전혀 없는 것이 특징이다. 그런 이유로 조종성 면에서는 확실하게 좋긴 하나 한계에 이르렀을 때는 오히려 과도해지는 면도 있다. 어느 정도 수준으로 튜닝을 하는 가에 따라 강화 부시로 할 것인가, 아니면 필로볼로 할 것인가를 결정하는 것이 좋다.

필로볼은 서스펜션 암과 링크, 로드 등의 연결에 사용하는데, 부시와 다른 금속제 등으로 컴플라이언스(유격)가 전혀 없다. 그것만으로 조종성이 정점에 이를 수도 있으나 튜닝 수준을 고려해서 사용한다.

서스펜션 암과 스태빌라이저를 잇는 링크에도 부시가 사용되고 있는데 이것을 필로볼화하게 되면 스태빌라이저가 대단히 효과를 보게 된다. 통상 암 같은 것들은 파이프 등으로 새로 만드는 것이 보통이다. 결국 필로볼로서 고정된 하체, 통칭 필로볼을 사용한 파이프 암의 하체를 말한다.

모든 부시를 필로볼화하게 되면 움직임이 너무 경직되어 극단적으로 강한 힘이 가해질 때에는 거의 움직

06

일 수 없게 된다. 이것은 필로볼 하체가 정밀하게 되지 않기 때문에 다소 지나치게 되면 그 충격을 컴플라이언스가 사실상 없는 필로볼에서는 부시처럼 흡수시켜주지 못하기 때문이다.

또 정밀하다고 해서 짜 넣었는데 실제 달려보면 달그락달그락 하는 소음을 발생시키는 경우도 많이 있으니 주의가 필요하다.

9 스트럿 타워바(스트럿바)

스티어링 리스폰스 향상

자동차의 차체는 기본적으로 금속으로 되어있기 때문에 단단하게 보이지만 의외의 허점이 많다. 예를 들어 재키로 들어 올려서 보면 도어가 잘 닫혀있지 않거나 생각보다 많이 비틀어져 있는 것 등이 그것이다. 특히 그립이 높은 타이어로 한계주행을 하는 경우는 차체에도 꽤 많은 힘이 걸리게 된다. 이것에 의해 서스펜션의 설치부 지오메트리(기하학적 위치)에 변동이 생기게 되면, 조종성에 악영향을 미치는 수도 있다.

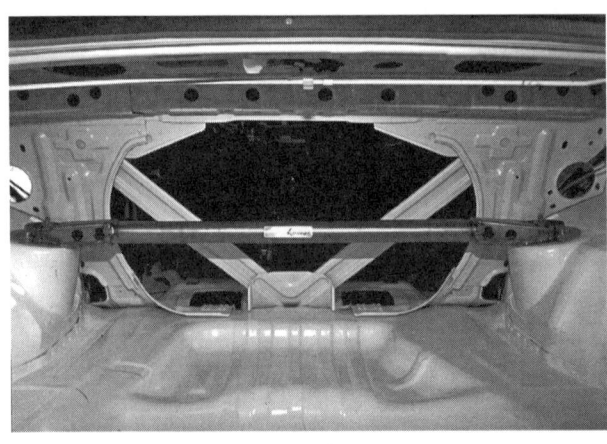

리어 어퍼 마운트에 타워바를 부착한 예.
목적은 프런트와 같다.

그러한 비틀림을 감소시키기 위해서 좌우 스트럿의 윗부분을 하나의 봉으로 비끄러매어 연결하는 것이다. 최근엔 스포티한 자동차의 프런트에는 처음부터 표준으로 부착되어 나오는 수도 많다. 좌우 스트럿 윗부분을 하나로 묶은 것과, 캐빈과의 칸막이를 사이에 두고 3개 지점을 고정한 것도 있다. 이 스트럿바는 앞부분만이 아니고 뒷부분에도 장착되는 경우도 있다.

튜닝파츠의 지식과 세팅

레이싱 주행에서는 차체에 걸리는 힘보다도 스트럿의 부착 부위에 비틀림이 생기는데, 서스펜션 지오메트리(기하학적 위치)가 너무 흔들리면 불안해진다. 그것을 방지하기 위해서는 부착하는 것이 스트럿 타워다.

이것을 장착하게 되면 조종성을 얻을 수 있는데 부시의 강화만으로는 커다란 변화는 없다.

10 에어로파츠

에어로파츠의 목적은 다운포스의 증대와 공기저항의 감소에 있는데, 양산차에는 경량화 목적으로도 쓰인다. 또 중심으로부터 먼 부분의 경량화에 따라 조종성의 향상도 기대할 수 있다. 엔진룸의 공기 도입, 배출효과도 높아진다. 고성능으로 개조한 겜발라 애벌랜치의 차체. 에어로파츠와 공기 흡입구 등이 돋보인다.

에어로파츠는 자동차를 스포티하게 보이게 하는 패셔너블한 부분품이기도 하지만, 결과적으로는 패션성만이 아니고 성능을 향상시키는데 도움이 된다. 주는 다운포스를 얻는 것뿐아니라 냉각성을 높이며 경량화를 실현시키는 역할도 담당한다.

현재는 메이커와 딜러옵션도 풍부한데 합법적인 에어로파츠 튜닝은 쉬워지고 있다. 등록 넘버판을 부착한 아마추어 레이스**에 출전하는 경우는 제한이 꽤 많은 편이므로 차량규제를 잘 확인해야 한다.

편집자 Tip 우리나라에서도 번호판이 달린 아마추어 경주나 처음 레이스에 참가하는 사람들을 위한 초급 레이스에서는 에어로파츠에 대한 제한을 두고 있다. 그러므로 참가하기 전에 그 규정을 자세히 살피는 것이 좋다.

프런트 스포일러/범퍼

프런트 스포일러는 노즈 부분에 정면으로부터의 공기를 위아래로 나누는 기능을 가진다. 주요한 임무는 다운포스를 얻어서 고속에서 앞 타이어 접지성을 높이는 것이다. 라디에이터와 브레이크의 에어덕트에 부드럽게 공기를 도입하는 역할도 크다. 아랫면의 공기를 부드럽게 흐르게 하는 역할도 있다.

에어로 범퍼는 스포일러와 범퍼가 하나로 되어있는데 개구부를 크게 만들어 냉각성을 높인 것이 많다. 좌우에 공기를 부드럽게 흐르게 하여 공기저항을 줄임으로서 다운포스, 냉각성을 높이는 부품이다. 중심으로부터 떨어진 위치의 경량화는 운동성능을 향상시키는 효과가 있다.

리어 스포일러/윙

리어 스포일러는 차량의 형상에 따라 트렁크 리드의 후면에 부착되어 있는 경우도, 루프 엔드에 부착되어 있는 경우도 있다. 어느 쪽이든 다운포스를 얻어서 뒷 타이어의 접지성을 높이는 임무를 가진다. 리어 윙은 훨씬 더 적극적으로 다운포스를 얻도록 되어 있는데 일반적으로 스포일러보다 크기가 크다. 각도를 조정할 수 있는 것도 있는데 다운포스를 높이기 위해 각도를 강하게 하면 공기저항이 증가되어 최고속도가 억제되기도 하므로 정도껏 해야 한다. 고속 코너인가 중저속 코스인가에 따라 세팅이 변한다.

리어 범퍼/디퓨저

리어 범퍼는 아랫면을 디퓨저로 해서 차체 아랫부분을 흐르게 되는 공기의 유속을 빠르게 하여, 벤투리 효과에 따라 다운포스를 발생시킨다. 경량화는 프런트 같은 운동성능에도 기여한다.

사이드 스텝

사이드 스텝은 차체 측면의 공기의 흐름과 차체 아랫부분의 공기의 흐름이 서로 간섭하지 않도록 정류하는 효과가 있다. 리어펜더에 브레이킹용의 에어덕트가 있는 경우는 그 곳으로 공기의 도입을 촉진시키는 임무를 가지고 있다.

보닛후드/트렁크 리드

배기량이 큰 자동차의 보닛을 열 경우 의외로 무겁게 느껴지기도 한다. FRP나 카본파이버제의 보닛은 경량화에 크게 도움이 된다. 또 터보차에는 대형 에어아웃렛을 설치하기도 하는데 냉각성도 향상된다. 파이버제의 트렁크 리드도 경량화에 도움을 준다.

11 버킷 시트

스포츠 주행에 적합한 것을 선택

버킷 시트에 대해서는 양론이 있다. 하나는 우선 빨리 달릴 때 완력을 키우기 위해 시트 교환은 하는 것이 좋다고 하는 것이고, 다른 하나는 자동차가 움직일 때 그 상태는 시트를 통해 허리에 전달되기 때문에 중요한 역할을 담당한다는 것이다. 어느 쪽의 주장을 선택하는 가는 드라이버의 기량 수준과도 관계있는데 한마디로 이야기할 수는 없고 고도의 드라이빙 영역에서는 중요한 역할을 담당한다고 할 수 있다.

타이어 성능이 향상되고 있는 현재, 홀드성이 좋은 버킷시트는 서킷 드라이빙을 쉽게 해준다. 안전을 위해 보디에 고정시켜주는 시트레일의 강도를 확인할 필요가 있다.

시트를 선택할 때 중요한 것은 우선 홀드성을 들 수 있다. 본격적인 레이싱카에는 스티어링을 교체하지 않기도 하는데, 양산차에서는 교체할 경우 팔에 많은 힘이 들어가게 되는 수도 많으며 어깨 부분도 너무 길어져 스티어링를 조작하기가 어렵게 된다. 공도주행을 전제로 한 등록 넘버 부착 차량에서는 시트의 배면에 프레임이 노출된 것은 허용되지 않는다. 레이스용의 시트를 물려받을 경우에는 주의가 필요하다.

또 하나 중요한 것은 시트 레일의 강도다. 이것은 시트를 차체에 고정할 때 그 사이에 개재되는 것인데 이것이 약하면 충돌할 때에 시트가 밖으로 밀려나가 드라이버의 안전이 보호되지 않는다.

버킷 시트는 경량화를 위한 요소이기도 한데, 차량 규정에 따라서는 최저중량이 엄격하게 제한되어 있어서 시트를 바꾸어서 경량화시키는 것은 곤란할 때도 있다.

시트와 레일에 대해서는 강도 등에 FIA의 공인기준이 있을 정도로 안전상에서도 대단히 중요한 것이다.

12 4점식(풀하니스) 시트벨트

4점식 벨트에 대해서는 이미 언급한 적이 있는데 매우 중요한 용품이므로 다시 설명하기로 한다. 주행회에서는 3점식 벨트라도 참가가 가능한 경우도 있는데, 전도나 충돌의 가능성이 통상보다도 높은 서킷 주행에서는 4점식 벨트는 필수라고 말할 수 있다. 단순히 정면으로부터의 충돌이라면 3점식으로도 드라이버를 보호하지 못하는 것은 아니지만 전도나 측면, 비스듬한 충돌시 3점식에서는 벨트로부터 몸이 바깥으로 밀려나갈 위험성도 있다. 4점식에서는 몸이 바깥으로 나갈 염려가 없고 벨트의 지탱하는 면적도 증가하여 심한 충격에 대해서도 몸에서의 부담을 감소시켜 준다. 서킷 주행에 뜻을 두고 있다면 반드시 4점식 벨트를 추가하는 것이 좋다.

4점식 벨트는 표준의 3점식 벨트를 교체하는 것이 아니다. 기존의 3점식 벨트는 그대로 둔 상태에서 4점식 벨트를 추가하지 않으면 등록 넘버 부착 차량에서는 규정에 어긋나기도 한다. 다시 말해 '추가하는 것'이다. 서킷 주행할 때 4점식 벨트를 사용하고 공도에서는 표준 3점식 벨트를 사용하라고 하는 것은 아니다. 실제로는 4점식 벨트 쪽이 공도에서도 안전한데 보안기준상 3점식을 사용하지 말라는 것으로 되어있다.

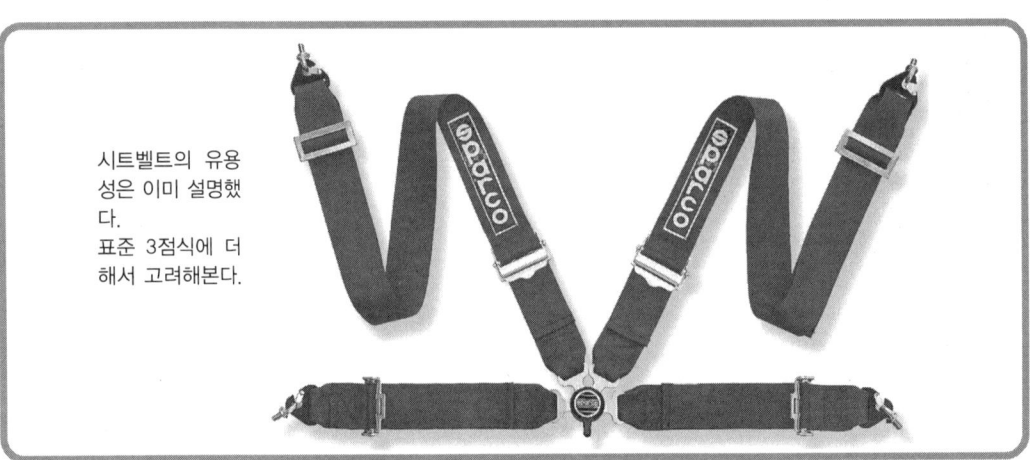

시트벨트의 유용성은 이미 설명했다.
표준 3점식에 더해서 고려해본다.

역시 어깨 부분은 2줄인데 뒷부분은 한 줄로 마무리된 소위 Y자형 벨트는 4점식으로 볼 수 없다. 주행회 수준에서는 이 타입으로도 효과를 충분히 볼 수는 있다. 또한 한번 충돌로 인해 그 사명을 다한 시트 벨트는 봐서 이상이 없어도 재사용할 수 없다. 물론 경미한 충격이라면 주행회 수준에서는 그다지 민감하게 신경쓰지 않아도 되지만 재사용하는 것은 안전을 보증할 수 없다는 것을 지식으로 알아둘 필요가 있다.

13 좋은 컨디션을 유지하기 위해서 - 오일

엔진 오일

01 순정 오일은 밸런스가 잡혀있는 오일

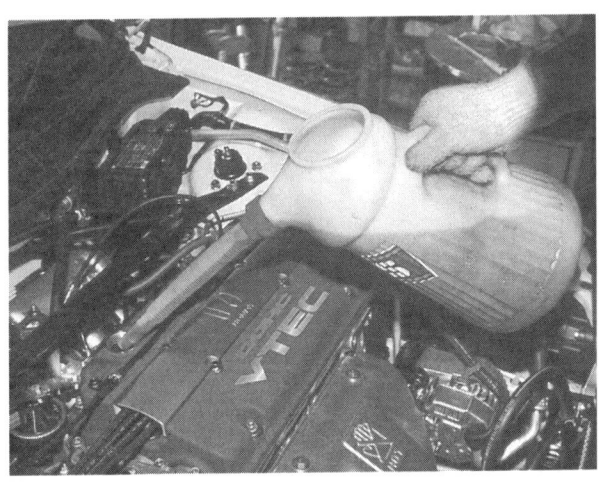

서킷 주행에서는 엔진에의 부담이 매우 크기 때문에 엔진 오일에도 신경을 써야 한다. 메인터넌스시 주기적인 교환이 필요하다. 주행 빈도에 따라 3천~5천km 정도에서 교환하는 것이 좋다.

엔진 오일은 통상 '5천km 혹은 6개월마다' 등으로 메이커에서는 지정하고 있는데, 스포츠 주행 등 엔진의 능력을 끝까지 발휘되는 운전을 자주 행하게 되면 그런 것까지 신경을 써야 한다. 한 가지는 교환 시기, 또 한 가지는 오일의 선택이다. 단 기본적으로 노멀 엔진이라면 그렇게까지 세밀하게 신경 쓸 필요는 없다.

우선 오일 교환시기는 3천~5천km 정도의 기간에서 주행회와 경기에의 참가 빈도에 따라 고려하는 것이 좋다.

오일필터는 이상적으로 하면 매회 교환하는 것이 희망사항이나 2회에 1회 교환하면 좋다. 오일 교환시 프레싱 오일(freshing oil)로 윤활계통을 세정하는 방법이 있는데, 가솔린 스탠드 등에서 추천되어지는 것을 자주 교환하는 것은 그다지 필요 없다. 수만km에 1회 정도 생각해보면 좋다.

오일은 어떤 상표가 좋은가는 어려운 문제다. 오일의 세계는 단순한 것 같으나 매우 그 속이 깊다. 어떤 오일을 선택하느냐에 따라 파워도 달라지지만 그다지 심각하게 생각하지 않는다면 메이커 지정의 순정 오일을 사용하면 무난하다. 순정 오일은 특별하게 우수하지는 않더라도 가격을 포함하여 전체적으로 균형을 갖춘 오일이라고 할 수 있다.

02 품질과 점도의 규격

여기서 오일의 기초적인 지식을 확인해보기로 하자. 오일의 역할은 이미 알고 있듯이 마찰을 감소시키는 윤활이 최우선이다. 그 밖에도 그 역할은 여러 가지다. 그것을 거론해보면, 엔진 내부의 냉각, 실린더의 기밀성 유지, 엔진 내부의 세정, 녹 방지, NOx와 SOx로부터의 보호, 충격 완화 등이라고 할 수 있다. 이 중에서 윤활과 함께 냉각도 오일의 커다란 역할이라고 알려져 있다.

실제 선택에서는 당연히 상표보다도 오일의 점도와 등급에 대해서 알아둘 필요가 있다. 우선 점도인데 오일은 일반적으로 온도가 떨어지면 굳고 올라가면 부드러워진다. 너무 굳어도 오일의 임무를 다하지 못하는 것이고, 너무 부드러워도 성능이 유지되지 못한다. 그래서 어느 정도의 저온부터 어느 정도의 고온까지를 커버하는 오일인가를 알려주는 표시가 있다.

통상의 멀티 그레이드라고 하는 오일의 점도표시는, 예를 들면 'SAE 10W-40' 라고 표시되어 있을 경우 SAE는 미국 자동차기술자협회의 규격이고 '10W' 는 저온시의 동점도(動粘度)를 표시한 기호인데 −25℃에서도 점도가 유지되는 것을 표시하고 있다. '40'은 고온시의 동점도의 지수를 표시한 것인데 숫자가 큰 만큼 동점도도 높아진다. 알기 쉽게 말하면 처음의 W에 붙어있는 숫자가 작은 만

오일 캔에 표시되어 있는 숫자의 표시. 위에는 점도를 표시한 SAE 규격, 아래는 등급을 표시한 API 규격. 현재 SL이 최고 등급이다.

큼 저온에 강하고, 뒤의 숫자가 큰 만큼 고온에 강한 오일이라고 생각하면 된다.

단 뒤의 숫자가 커서 고온에 강하게 되면 일반적으로 그만큼 굳은 오일이기 때문에 냉각계가 고온에 도달하지 않은 때에는 저항이 커져서 파워를 잃게 하는 수도 있다. 사용조건을 생각하여 필요 이상으로 폭이 넓은 성능을 추구할 필요는 없다.

따뜻한 지역에서 활동하는 사람과 추운 지역에서 활동하는 사람과는 당연히 오일 선택이 달라진다. 그 차량에 대해서는 메이커의 지시가 있으면 그것을 따르는 것이 좋다. 예를 들면 어떤 지역에서 10W-30~40 정도를 기준으로 한 터보차라 할 때, 한여름이냐 한겨울이냐의 조건을 생각하는 것이 좋을 것이다.

오일의 등급에 대해서는 API(미국석유협회)가 정하고 있는데 'SJ'라고 하는 알파벳으로 표시하고 있다.

이것은 내마모성과 방청성, 슬러지 방지성 등의 품질규격인데 앞에 나오는 'S'는 가솔린 엔진용을 의미하고, 그 뒤에 붙어있는 'J'는 등급(그레이드)을 표시하고 있다. 'SA'가 최저이고 현재는 'SL'이 최고 그레이드로 되어 있다. 현재의 자동차에 사용가능한 그레이드는 'SD' 이상이라고 이야기되는데 스포츠 주행을 전제로 해서 선정하게 되면 'SJ' 이상을 넣는 것이 좋다고 할 수 있다. 특히 터보차의 경우는 엔진의 부담도 크기 때문에 오일에 신경을 쓰는 편이 좋다.

기어 오일

01 트랜스미션 오일

기어넣기와 기어 소리에도 관계가 크다

트랜스미션의 오일은 메이커가 지정한 순정 오일 이외의 것을 사용하는 경우는 반드시 API 등급과 SAE 점도를 확인한다. 등급에 대해 설명하면 트랜스미션 오일의 경우 GL-4라든가 GL-5와 같이 표시되어 있는데 맨 뒤의 숫자가 큰 쪽이 상급 그레이드라고 할 수 있다. FR차와 마찰판식 LSD가 장착되어 있지 않은 트랜스미션이라면 통상 GL-5 이상의 등급에 75W-90을 선택하면 좋을 것이다.

트랜스미션 오일은 기어를 넣는 것과 기어 소리와도 관계가 크다. 통상은 2만km정도인데, 연습량을 감안하더라도 1만km 정도면 교환하는 쪽이 좋다. 기어를 넣는 것이 잘 안되거나 기어에서 소리도 크게 난다거나 하면 그레이드가 높은 오일로 교환하거나 대폭 개선하는 수도 많다.

02 디퍼런셜 오일

가혹한 LSD 환경과 오일의 중요성

트랜스미션 이상으로 가혹한 조건에 있는 것이 디퍼런셜 기어다. 특히 마찰판식 LSD를 장착한 디퍼런셜의 경우는 오일의 선택과 교환 시기에 신경을 써야 한다.

LSD는 디퍼런셜 케이스마다 디퍼런셜 캐리어 속에 오일에 침투되어 있다. 결국 클러치 플레이트는 습식다판 클러치인 것이다. 프레셜 링이 열리면 LSD가 작동하여 플레이트가 함께 압착되어서 마찰력이 생긴다. LSD에서 강한 효과를 얻으려 한다면 그 효과만큼 플레이트 사이에 압력이 높아져 마찰열의 발생도 커진다. 그래서 플레이트 표면은 가혹한 상황에 놓이게 된다.

가혹한 상황에서 기능을 발휘하기 위해 전용 LSD 오일을 사용하도록 권장하는 LSD 메이커들이 많다.

이러한 중에 플레이트의 표면이 눌어붙는 것을 방지하는 것이 LSD 오일이다.

LSD 메이커의 대다수가 전용 오일을 갖추고 있을 정도로 LSD에 있어서 오일은 중요하게 취급되고 있다. LSD의 메인터넌스라고 한다면 이처럼 오일의 관리라 할 수 있다. 가혹한 상황에서의 사용은 열로 인한 오일의 열화가 빨라져 상황에 따라서 교환을 조절하는 것이 필요하다.

단 이것은 엔진 등과는 달라 단순히 주행거리로만 나누는 것은 아니고 LSD를 얼마나 가혹하게 사용했는가의 상황에 따르는 것이 좋다. 역시 LSD 전용 오일에는 보통의 기어오일에는 들어있지 않은 극압 첨가제가 배합되어 있기 때문에 반드시 LSD 오일을 사용하는 것이 좋다.

FR차의 경우는 110W-140이라고 하는 트랜스미션 오일보다 더한층 굳은 오일을 사용한다. 일반적으로는 굳은 오일 쪽이 '바각바각' 하는 소리가 작게 나는 대신에 효과는 무딘 편이다. 부드러운 편이 음이 크게 나나 효과는 좋다. 그러나 지나

치게 LSD의 마찰판(클러치 플레이트)을 혹사시키면 오버홀 시기를 앞당길 가능성이 있다. 오일 교환은 바지런히 해야 하는데 3천km 정도를 표준으로 삼아 연습량을 생각해서 결정하는 것이 좋을 것이다.

    FF차, FF 베이스의 4WD차, 미드십 등의 디퍼런셜을 내장한 트랜스미션의 경우는 차종에 따라서는 좀더 부드러운 점도에서 좋은 경우도 있고, 굳은 쪽이 좋은 경우도 있는데 경험있는 튜닝숍이나 미캐닉 등에게 확인하는 것이 좋다.

07 국내 서킷 소개

챔프카와 미완성 안산 서킷
용인은 한국의 모터스포츠 클러스터?
태백 서킷
코리아 인터내셔널 서킷(KIC)

과거 우리나라에도 자동차 전용 경기장(서킷)이 생기는 것이 가장 큰 소망으로 자리잡던 시절이 있었다. 모든 모터스포츠인들에게는 자동차 경기장이 꿈의 구장이었던 것이다. 그 오랜 갈증을 풀고 생겨난 것이 바로 용인 에버랜드 스피드 웨이다.

역시 포장 서킷의 위력은 대단했다. 그때까지 해왔던 모든 틀을 무너뜨리고 새로운 질서를 구축하는 데에는 오래 걸리지 않았다.

95년 포장 서킷에서 첫 경기가 열린 후 드디어 98년 포뮬러가 국내에 상륙한다. JK사에 의해서 도입된 포뮬러는 비록 일본의 한물 간 구형 섀시를 베이스로 해서 개발되었지만 레이스에 대한 갈증을 해소하기엔 부족함이 없어 보였다.

포뮬러의 도입은 해외교포 및 일본 레이서들의 원정 붐을 낳기도 했다. 신일성, 한원덕, 조경업 등 교포 외에 료헤 등등 해외에서 활동하던 레이서들이 새로운 꿈의 땅 한국을 찾게 되면서 국내 모터스포츠 수준을 끌어올리는 데 일조를 하기도 했다.

07

에버랜드 스피드웨이는 비록 작은 서킷이었지만 서울에서 가까웠고 또한 전국 어디에서도 접근성이 좋다는 것이 가장 큰 장점이었다.

또한 항상 입장객이 많이 몰리는 위락시설 입구에 위치해 있다 보니 모터스포츠를 대중에게 알리는 것도 쉬워 폭발적인 성장을 가져오게 되었다.

에버랜드 스피드웨이의 또 다른 장점은 관람의 편이성이다. 작고 아담한 코스 덕분에 관중석에서 보면 경기장 전체가 보여 경기를 이해하기 쉬웠을 뿐만 아니라 전망도 뛰어나며 입장료를 받지 않고 누구나 관람할 수 있어 대중적인 지지를 얻어내는 것도 쉬웠다.

다만 너무 작은 코스는 직선 구간도 짧아 스피드를 원하는 고객의 욕구를 충족시키기 어려웠고 입장 수입을 올릴 수 없어 프로모터의 성장을 제한한 것이 문제점으로 꼽힌다.

또한 구조도 트랙이 밖에 위치해 있고 안쪽에 광장이 있는 독특한 모양(?)이라 경기장 안쪽에서 이벤트를 열 수밖에 없어 동선 구조가 복잡해지고 경기 외적인 것에 시선을 빼앗길 우려가 높은 것도 단점이다. 연예인 및 레이싱걸에 관심이 몰린 것도 바로 이러한 독특한 경기장 구조와 무관하지 않을 수도 있다.

에버랜드 스피드웨이의 운영상 독특한 점은 누구나 쉽게 트랙을 주행할 수 있도록 했다는 데에 있다. 간단한 교육만으로 서킷 라이선스를 취득할 수 있을뿐더러 자신의 자동차로 가볍게 트랙을 달릴 수 있도록 한 것은 우리만의 운영 방식이라 할 수 있다.

태백 서킷은 국내 유일의 모터사이클 경주 및 일본 슈퍼다이큐 같은 국제 경주가 열리는 국제 규모의 자동차 경주장이다.

레이서들도 다른 서킷이 없고 항상 연습을 할 수 있고 있다는 점 때문에 캠프를 모두 용인 에버랜드 근처로 옮기고 늘 경기장에 살며 연습하는 것이 하나의 관례처럼 되어버렸다. 그러다 보니 일명 스피드웨이 보이라는 신조어까지 생겨나기도 했다.

외국의 경우 보통 경기를 하게 되면 여러 경기장을 돌아다니며 하게 되기 때문에 목요일 도착, 금요일 연습, 토요일 예선, 일요일 결승이라는 공식이 형성되는데 우리는 경기장이 하나다 보니 돌아다닐 필요도 없거니와 아무 때나 연습할 수 있으니 하루만 연습하고 시합에 나가는 외국과는 너무 달랐다. 그러니 카레이서들은 눈을 감고도 스피드웨이를 달릴 수 있다는 농담이 나올 정도였다.

미니 서킷에 적응된 레이서들이 간혹 외국이라도 나가게 되면 달라진 환경에 적응에 어려움을 겪는 일이 많아 스피드웨이에만 적응되는 것을 빗대어 얘기한 것이었다. 차라리 외국처럼 시합 전날만 연습을 허용하고 일반인들에 더 많이 문호를 개방했으면 하는 바람도 개인적으로 가지고 있다. 다행히 요즘은 아마추어 경기가 활성화되어 이러한 바람이 다소 해결되었지만 지금도 너무 많은 연습시간이 주어지는 것은 프로모터나 선수 모두에게 바람직하지 않다고 할 수 있다.

이후 스피드웨이는 경기장을 활용하는 방법으로 롱코스 외에 숏코스를 개발하여 번갈아가며 경기를 치르게 하여 한 경기장으로 두 개의 코스를 경험할 수 있도록 배려하기도 했으나 대규모 서킷을 경험하고자 하는 선수 및 관중의 욕구를 충족시키기엔 부족했다.

그러던 중 반가운 소식이 들려온다. 창원에 첫 국제 경기인 F3가 열리게 된 것이다. 경상남도는 이를 위해 창원시 내에 임시 트랙을 만들게 된다. 도로를 막아 설계한 창원 트랙은 모나코나 몬테카를로처럼 평소에는 일반 도로로 사용되다가 경기 때만 임시로 경기장으로 변신하는 비상설 트랙이었다. 당연히 일반 전용 트랙처럼 안전지대가 확보되지 않은 구조였으나 국제 경기인 만큼 코스가 길고 또 직선도 확보되어 용인 에버랜드 스피드웨이에서 느껴보지 못한 짜릿한 스릴과 고감도 스피드를 즐길 수 있는 게 큰 장점이었다.

07

또한 세계적인 유망주들과 명문 팀을 옆에서 접하게 되면서 우리 모터스포츠 전반에도 많은 영향을 끼친 경주였다. 비록 5년만 치러지고 중단되어 아쉽긴 하지만 당시 부족했던 갈증을 해결시켜준 것이 창원 임시 서킷이었다.

이후 또 하나의 전용 서킷이 태백에 건설되게 된다. 탄광 도시였던 태백은 새로운 성장 동력이 필요했고 국내 최초의 카지노가 들어서면서 새로운 기회의 땅으로 각광받게 된다. 그러던 중 최초의 민간 투자 형식으로 들어서게 된 것이 태백 서킷이었다.

결과론적으로 보면 소문만큼 먹을 것 없는 경기장이 되었지만 시설면에서 보면 지금까지의 경기장에 비해 진일보한 것은 사실이다. 다만 거리가 멀고 외진 곳에 위치해 있으며 겨울이 길어 활용 기간이 짧은 게 흠이라면 흠이었다.

태백 서킷은 자동차에만 국한되어 있던 모터스포츠 분야를 모터사이클까지 확대했으며 관중석 및 패독 등 시설이 우수하여 기대를 많이 모았으나 결국 재정난을 이기지 못하고 경매에 넘어가 아쉬움을 사기도 했다.

코스는 2.5km로 용인 스피드웨이의 2.125km보다 길고, 또 코너가 별로 없는 직선 위주의 시원스런 코스를 가지고 있어 스피드를 즐기기에 안성맞춤이었다. 용인 스피드웨이의 경우 적은 면적에 코스를 개발하다 보니 억지로 코너를 많이 삽입하여 직선이 짧고 이로 인해 레이싱카의 특징인 스피드를 낼 수 없다는 것이 가장 큰 단점이었으나 태백 서킷은 이와 정반대로 코너는 거의 없고 있어도 원만하기 때문에 경주차의 성능을 최대한 발휘할 수 있다.

특히 완만한 곡선의 마지막 코너에 이은 약 900m에 이르는 직선 구간으로 설계되어 이미 스트레이트에 접어들 때부터 가속을 할 수 있기 때문에 직선에서의 속도는 그 어느 트랙보다도 빠른 것이 돋보인다.

1 챔프카와 미완성 안산 서킷

그러던 중 2005년 챔프카 유치가 발표되면서 경기장이 건설되기에 이른다. 그 장소도 수도권에 위치해 있고 지역이 제법 개발되어 있는 안산이었다. 지리적 조건이나 환경 등 모든 면에서 안산 서킷은 지금껏 만들어졌던 다른 서킷들보다 가장 훌륭하다고 할 수 있어 큰 기대를 모았으나 막판 자금난으로 챔프카 경기가 취소되면서 경기장도 건설이 중단되게 된다.

약 2.9km의 긴 코스는 폭도 넓고 시원스럽게 뻗어 있어 스피드와 코너의 묘미를 한꺼번에 즐길 수 있는 장점이 있다. 에버랜드는 너무 짧고 태백은 너무 단조롭다는 단점을 안산 트랙은 모두 해결한 것으로 평가 받고 있다.

주변에 시화호 등 바닷가를 끼고 있고 주변에 도시가 발달되어 있어 대규모 행사를 하더라도 숙박 및 편의 시설 등이 고루 갖추어져 있다. 서울, 인천 등 대도시 및 국제공항에서도 매우 가까운 것도 장점이다.

하지만, 결국에는 챔프카 대회의 실패로 인하여 지역사회의 무관심과 안산시의 부지 용도변경으로 미완성작으로 남기고 역사의 뒤안길로 사라지게 된다.

그러나 사라질 뻔 한 안산 스피드웨이는 채권단에 의해 2010년부터 다시 재건 움직임이 부분적이나마 옛 모습을 되찾아가고 있다. 비록 콘크리트 방호벽과 피트, 컨트롤타워 등이 철거된 아스팔트 포장도로만 존재하지만 최고의 접근성과 넓은 공간이 갖는 매력으로 인해 활성화되고 있다.

특히 탑기어트랙으로 더 잘 알려졌으며 다양한 자동차 행사 및 주행회 등이 열리고 있다. 다만 공간이 한계 때문에 아직 정식 자동차 경주는 열리지 못하고 있다.

07

안산 경기장_코스별 공략법

제1코너 공략법

공략 코너의 진입 시간이 길기 때문에 브레이킹 구간의 포인트와 브레이크 강도를 어떻게 잡는가에 따라서 코너 전체의 리듬이 좌우된다. 코너 진입 때 무게 균형을 안정되게 가져가는 것이 가장 중요하다.

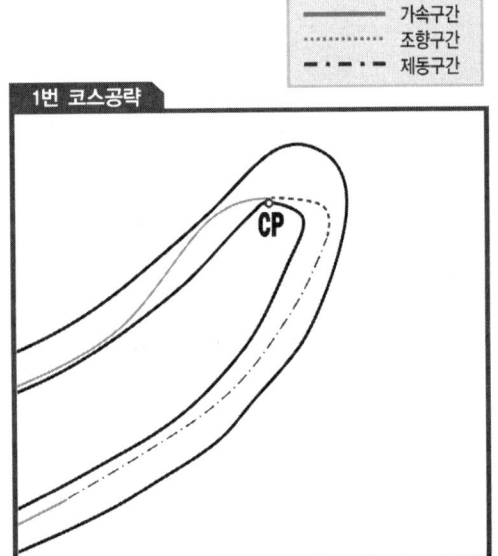

가속구간
조향구간
제동구간

1번 코스공략

진입
1번 코너는 사고가 많은 구간이다. 탑기어 코리아 때문에 오히려 '김수로 코너'로 더 잘 알려져 있다. 직선이 길어 가속이 된 상태에서 급감속을 해야 하는데 브레이킹 지점이 휘어져 있어 브레이킹도 쉽지않은 구간이다.
고속으로 핸들이 돌아가 있는 상태에서 브레이킹을 해야 하기 때문에 아주 예민하게 조절을 하면서 제동을 해야 한다.
이때 무게중심을 최대한 중앙으로 올 수 있도록 노력해야 한다.
코너 진입 직전 너무 무리한 제동을 하면 앞 바퀴의 타이어 그립이 떨어지는데 이로 인해 코너 진입시 조향 능력도 함께 떨어져 차가 바깥쪽으로 밀려나가게 된다. 결국 레코드라인대로 주행이 어려워진다.

중간
코너의 안쪽 폭이 좁은 헤어핀으로써 코너 진입 후 초반에 차량의 회전을 많이 만들어 가속 위주의 코스 공략을 해야 한다.
코너 진입부터 빠른 속도를 유지하며 코너를 빠져나가는 라인보다는 좀 더 감속을 하더라도 안정적으로 차량의 회전을 많이 주고 스티어링휠을 풀면서 가속하며 풀가속 포인트를 앞당길 수 있는 코너 라인과 테크닉을 구사하는 것이 좋다.

탈출
코너 진입과 중간 주행 라인만 안정적으로 주행한다면 가속은 큰 어려움 없이 주행이 가능한 코너이다.
그 만큼 가속시 도로폭의 활용도가 높아 여유가 있을 정도며 풀가속 포인트를 점점 앞당기는 코스 공략이 바람직하다.

제2코너 공략법

공략 코너의 진입 공략을 잘하면 중간 및 탈출은 크게 어렵지 않게 빠져 나올 수 있는 코너이기 때문에 코너 진입과 코너 중간의 클리핑 포인트(CP) 선정을 잘해서 공략을 한다면 빠른 스피드로 주행이 가능할 것이다.

진입
강하게 하드 브레이킹을 해야 하는 코너중 하나이다.
그래서 코너 진입 때 강한 브레이킹 때문에 무게 하중이 앞쪽으로 많이 걸려서 코너 진입시 스티어링각이 많거나 핸들 조작을 급하게 한다면 앞바퀴 슬립 현상과 코너진입 후 차량의 오버스티어 현상이 자주 일어날 것이다. 앞쪽에 몰린 무게의 복원시점에도 주의를 기울여서 주행해야 한다.

중간
연석이 매우 높아 밟고 주행하는 것은 차량에 무리가 많이 가고 무게 이동도 너무 한꺼번에 몰리기 때문에 타고 넘는 것은 자제하는 것이 좋다. 탈출 시 직선 주로의 시야 확보가 중요한 코너이다.

탈출
탈출시 주행 라인의 굴곡 때문에 가속시 핸들 복원이 무척이나 어렵다. 너무 아웃으로 많이 나가지 않는 게 중요하다.
그렇기 때문에 탈출 라인 선정이 중요하며 무리한 가속을 한다면 탈출시 핸들 복원을 못해서 핸들 양이 많아 오버스티어 현상이 일어날 수 있으므로 주의해서 주행해야 할 것이다. 무리하여 중심을 잃으면 육교 기둥에 충돌할 수 있기 때문에 주의가 필요하다.

제3코너 공략법

공략 코너링 중 탈출보다는 진입과 중간의 비중이 높은 코너이다. 익숙하지 않은 분들의 대다수가 진입 스피드를 너무 높여서 코너에 진입하는 경우가 많기 때문에 주행 연습량이 적은 운전자들은 숙지하여 코스 공략을 해야 할 것이다. 즉 헤어핀 코너를 탄다고 생각하며 좀 더 여유롭게 코너를 공략하여 주행한다면 빠르고 안전하게 적응할 수 있을 것이다.

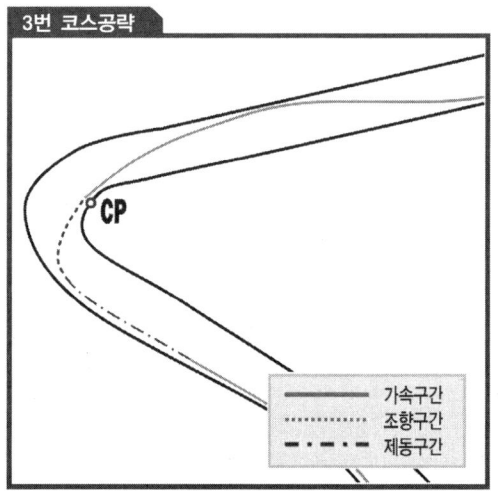

진입
진입시 라인 선정이 매우 중요한 코너이다.
드라이버가 보는 시야보다 코너링 각도가 좁기 때문에 코너링 진입 전부터 코스를 이해하고 주행해야 할 것이다. 육안으로는 평범해 보이지만 실제는 헤어핀 코너와 흡사하기 때문에 동일한 주행 방법을 선택하는 것을 추천한다.

중간
눈으로 보이는 시야만으로 가속 포인트를 정하고 주행하면 가속을 너무 빨리 가져가서 오히려 코너 탈출시 차량이 바깥쪽으로 밀려 코스를 이탈할 확률이 높기 때문에 이 점을 주의해서 가속 포인트를 잡아야 할 것이다.

탈출
코너 중간 라인 선정을 잘한다면 코너 탈출은 자연스러운 주행 라인이 만들어 질 것이다.
하지만 진입시 너무 빠른 속도와 코너 중간 무리한 가속으로 코너를 탈출한다면 레코드라인에서 벗어나지 않았어도 스티어링을 풀지 못한 채 감고 있어야만 하는 경우가 생긴다.
결국 가속 시점에서 풀 가속을 시도조차 못하고 차량이 안정될 때까지 기다려야만 하는 상황이 오기 때문에 이점을 잘 생각하면서 공략을 해야 한다.

제4코너 공략법

공략 코너 진입시 좁게 느껴지는 도로폭의 불안감을 없애기 위해서는 코너 진입부터 시야 포인트를 멀리 보는 습관을 가질 수 있도록 연습해야 할 것이다. 또한 탈출 스피드를 높이기 위해서 코너링 중간 가속 포인트를 조금은 여유롭게 잡고 탈출 라인을 좀 더 직선에 가깝게 펴서 빠져나올 수 있도록 하는 것이 좋다.

진입
진입전 속도가 상당히 높기 때문에 진입시 가장 중점을 두고 공략해야 할 것은 브레이킹이다.
현재로는 브레이킹 포인트를 잡을만한 주위 사물이 없기 때문에 너무 무리하게 깊이 들어가서 브레이킹을 하는 것은 바람직하지 않다. 진입의 리듬이 탈출까지 이어진다는 것을 꼭 명심해야 할 코너이다. 또한 라인 선정은 진입 40%와 탈출 60%의 비중으로 탈출 위주의 라인을 선정하여 가속 위주의 코스 공략으로 이어지도록 해야 할 것이다.

중간
진입 속도가 너무 높거나 너무 낮아도 가속시점이 애매모호해질 정도로 코너 중간 시간이 너무 길게 느껴진다.
또한 코너 중간에서 조금은 긴 시간 동안 원심력이 강하게 작용하는 것을 느낄 수 있는데 이 원심력을 활용하여 라인을 선정하고 코너를 공략하는 것이 좋다. 그러면 코너중간 스피드와 탈출 가속 포인트 잡기가 좀 더 수월해질 것이다.

탈출
코너 진입과 중간에서 차량의 회전을 많이 만들어 가속 위주의 라인을 정하고 최대한 rpm을 높여 코너를 탈출할 수 있도록 해야 한다. 또한 스티어링휠을 부드럽게 조금씩 풀면서 가속할 수 있도록 노력해야 할 것이다.

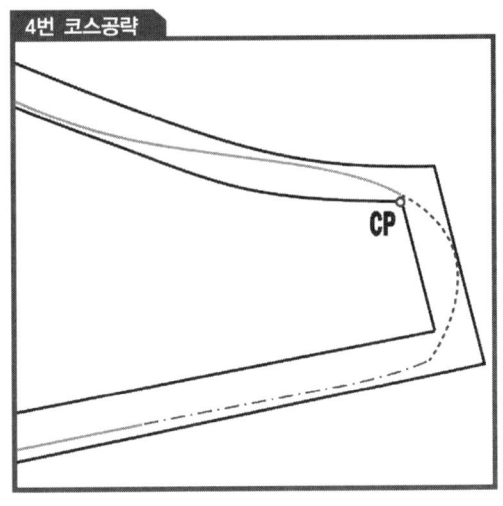

4번 코스공략

――― 가속구간
……… 조향구간
―・―・― 제동구간

제5코너 공략법

공략 진입보다 탈출이 어려운 S자 코너이기 때문에 코너의 비중을 진입 30%, 탈출 70%의 라인 선정이 중요하다. 즉 S코너의 중간 동작은 아웃-인-미들-인-아웃의 주행 방법으로 하는 것이 대부분이지만, 진입시의 비중을 낮추어 (진입코너)아웃-인-인, (탈출코너)아웃-인-아웃으로 주행 라인을 잡는다면 코너 탈출을 좀 더 편하게 가져갈 수 있을 것이다.

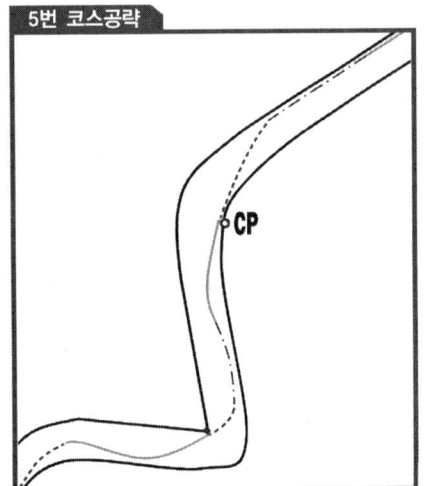

5번 코스공략

진입
진입 제동시 노면의 아스팔트 포장 단층 때문에 차량 바운싱이 심하게 일어나는 점을 유의해서 하드 브레이킹을 해야 한다. 마른(dry)노면에서는 타이어 그립이 높기 때문에 조금은 부담이 적지만 젖은(wet)상황에서는 갑작스럽게 스핀을 할 수도 있다. 때문에 빗길 주행시에는 무리한 급제동보다는 안정적인 브레이킹 동작을 추천한다.

중간
첫번째 코너를 빠져나와 두번째 코너를 진입할 때 강한 브레이킹을 해야만 한다. 그렇기 때문에 첫번째 코너를 돌아 나온 후 신속하게 차량의 롤을 안정시키고 하드 브레이킹을 하여 다음 코너도 부드럽게 공략할 수 있도록 해야 한다.

주의할 점은 너무 욕심을 부려 깊이 들어가 브레이킹이 늦어질 경우 코너 각이 심한 코너를 너무 빠른 스피드로 진입하게 되기 때문에 차량의 균형이 흐트러진 채로 코너링을 해야만 한다. 이 구간은 연속 코너이기 때문에 첫 코너를 돈 후 너무 아웃으로 붙지 말고 중간 혹은 1/3 구간을 선택한 후 다시 안쪽으로 붙어야 한다.

탈출
탈출시 안쪽 연석은 높고 짧기 때문에 밟지 않은 것이 좋으며 이어지는 다음 코너를 생각해서 안정된 하중 이동으로 풀 가속을 시도하는 것이 바람직하다. 탈출 구간이 휘어져있어 너무 아웃으로 붙기보다 다음 구간을 생각해서 라인을 선택해야 한다.

제6코너 공략법

공략 이 S자 코너는 일반적으로 많이들 하는 슬라럼 프로그램과 흡사하며 코너각이 별로 없기 때문에 포인트를 정하고 공략하는 것보다는 리듬을 타듯이 자연스럽고 부드럽게 주행하며 점점 스피드를 높여나갈 수 있도록 노력하는 것이 좋은 방법이다. 또한 드라이버의 시야 포인트를 좀 더 멀리보고 전체적으로 스티어링 및 페달 조작을 부드럽게 가져가야 하는 코너 중 하나이다.

진입
완만한 각도의 S코너다. 대부분 브레이킹 없이 액셀러레이터 조절만으로 턱인을 활용하여 주행이 가능하며 핸들링시 가속 페달을 오프(off)하고 조향을 한다면 차량의 회전을 좀 더 안정적으로 많이 줄 수 있을 것이다.
이것이 턱인 운전 방법이며 이 테크닉을 잘 활용해서 진입을 해야 한다. 또한 계속 이어지는 연속 코너 때문에 아웃에서 진입이 어려우므로 코너 진입 시 미들 라인에서 진입을 해야 한다.

중간
코너 중간에서도 계속적으로 회전을 주어야 하는 코너이다. 그렇기 때문에 코너 안쪽 라인을 감고 돌아가듯 주행 라인을 잡아야 할 것이다.
코너 중간 가속시 rpm이 높고 출력 토크가 강하면 핸들링시 턱인을 활용하여 주행하는 것이 바람직하다. 하지만 rpm이 낮게 가속되는 차량이라면 풀가속하면서 핸들링이 가능하다.

탈출
탈출 가속시 스티어링휠을 조금씩 풀어주고 있는지 한번쯤은 짚고 넘어가야 하는 코너이다. 그만큼 코너 공략하는 방법이 적기 때문에 핸들링의 양에 따라서 기량 차이가 많이 날 수밖에 없는 코너이다.

6번 코스공략

―――― 가속구간
··········· 조향구간
―·―·― 제동구간

제7코너 공략법

공략 빠른 속도로 진입을 해야 하지만 한번 미끄러지는 현상이 생기면 탈출시 가속 rpm이 낮아질 수 있기 때문에 코너링 중 핸들 양을 최대한 적게 가져갈 수 있도록 해야 하며 코너 탈출 가속시 스티어링휠을 풀어줄 수 있도록 노력해야 할 것이다.

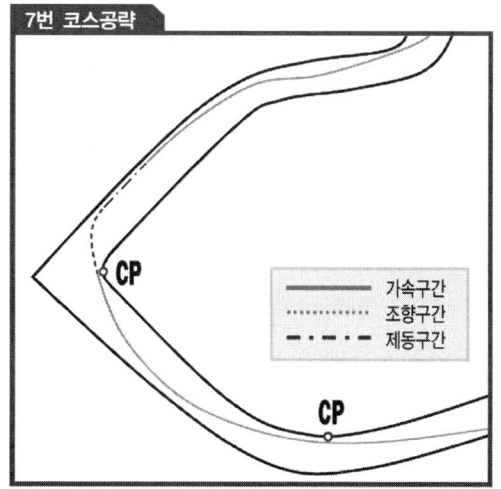

7번 코스공략

―――― 가속구간
··········· 조향구간
―·―·― 제동구간

진입
브레이킹 구간에서 직선으로 만들어 제동하는 것이 안전하고 하드 브레이킹을 안정적으로 할 수 있어서 좋다. 코너 중간 노면 컨디션의 문제로 미끄러지는 현상이 많이 생기므로 진입시 심한 무게 이동은 삼가하는 것이 훨씬 안정적이다.

중간
라인을 폭넓게 활용한다는 생각으로 회전원을 크게 그리며 갈 수 있는 라인 선정과 그만큼 적은 핸들 양으로 주행할 수 있도록 노력한다. 노면 페인팅 때문에 미끄러워 타이어 그립이 이 구간에서는 많이 떨어지므로 적은 핸들 양으로 무게 하중을 최대한 적게 주면서 주행할 수 있도록 한다.
같은 방향의 코너를 두 개 붙여놓은 코너이기 때문에 첫번째 코너보다는 두번째 코너 위주의 라인 선정과 가속 포인트를 잡고 나가는 것이 바람직하다.

탈출
코너 탈출시 풀 가속의 중요성을 가장 많이 느끼는 코너중 하나이다. 코너가 끝나고 900m의 직선 주로를 얼마나 빨리 달릴 수 있는가는 코너를 탈출할 때 얼마나 rpm을 잘 살려서 나오는가에 달려있다. 코너 탈출 가속시 스티어링휠을 풀어주면서 가속 스피드를 높일 수 있도록 하는 것 또한 중요하다.

2 용인은 한국의 모터스포츠 클러스터인가?

선진외국의 경우 모터스포츠의 발전은 관련 산업과의 밀접한 관계를 맺게 된다. 국제 규모의 서킷이 들어서고 F1같은 크고 작은 경기가 열리게 되면 자연스럽게 관련 사업도 커지지만 도시 하나가 만들어질 정도의 파급효과가 나타나게 된다.

점차 모터스포츠가 대중화되면서 참여욕구가 강해지고 자연스럽게 레포츠화되고 있는 추세다. 사람들이 모이고 즐기려고 하다 보니 서비스 산업도 함께 성장하게 된 것이다. 고용을 늘리기 위해 관련 산업을 한데 묶어 대단위 클러스터를 만들기도 하지만 일부 국가에서는 관광 상품과 연계시켜 수입창출에 애쓰고 있다. 과거와 달리 최근에 서킷이 들어서는 곳은 대부분 관광 상품과 연계되는 수가 많으며 한 곳에 와서 즐기고 보고 느끼고 구입할 수 있도록 온갖 아이디어를 짜내고 있다.

국내 모터스포츠에 몰린 관중의 열기. 일본에서도 많은 관중이 관람을 관람차 방문한다. 용인 에버랜드 스피드웨이에서 열린 CJ 슈퍼레이스 대회 모습.

우리나라의 경우 미니 서킷 규모이지만 용인 에버랜드 스피드웨이 한군데서 거의 모든 경기를 개최하다 보니 팀의 경우만 해도 이동할 필요성이 없어지게 되고 당연히 경기장 근처에 캠프를 차려 상주하게 되었다. 외국처럼 대형 트레일러가 필요치도 않거니와 이동에 편리한 도구도 별로 없다. 대부분의 팀들이 차를 실어 나를 트럭과 캠프 내에 기본 정비시설만 갖추면 별 문제가 없게 된 것이다.

레이싱팀은 튜닝 산업 및 문화를 선도하는 역할도 하게 되고 드라이빙을 즐기려는 마니아들이 모여들면서 용인은 자동차를 좋아하는 사람들이 모이는 메카가 되어 버렸다. 당연히 그들을 대상으로 한 아이템도 등장하게 되면서 용인 에버랜드 주변은 수많은 캠프 및 모터스포츠 관련 회사들이 상주해 있다.

최근 에버랜드 스피드웨이가 확장 공사로 인해 문을 닫은 상태이지만 대부분의 레이싱팀이나 캠프가 여전히 용인에 모여 있다. 언제 다시 에버랜드 스피드웨이가 문을 열게 될지 아니면 아예 비공개가 될지는 모르지만 수도권에서 가깝고 관련 회사들이 모여 있다 보니 쉽게 떠나질 못하는 것이다.

3 태백 서킷

21세기를 여는 2000년에 한국의 모터스포츠에 새로운 전기를 마련하는 계기가 된 태백 서킷은 강원도 태백시 구소문동의 폐광지역을 개발한 대표적인 사례로 손꼽힌다. 2002년 개장한 태백서킷은 2.5km의 연장길이와 15m에 이르는 트랙 폭으로 300km에 육박하는 하이 스피드 서킷으로 계획되었고, 국내 유일의 국제서킷 라이선스 '그레이드 4'를 취득하기도 했다.

▲모터스포츠의 꽃 레이싱걸
경기장을 찾는 재미를 한층 배가시켜 주는 필수 양념이다.

2003년부터 국제 서킷에 걸맞게 33개의 피트와 관제실, 방송시설, 관람석 등을 갖추고 AFOS(Asian Festival Of Speed), '포르쉐 카레라 아시아', 각종 모터사이클 대회를 지속적으로 유치하여 모터스포츠 붐업 조성에 이바지 하였다.

하지만 단조로운 코스구성과 수도권과의 접근성, 주변 인프라시설 부족으로 정상운영에는 매우 어려움을 겪게 된다. 'MJ드림월드'는 극심한 경영난으로 결국 부도가 나면서 경매를 통해 새로운 주인(엘림글로벌통상)이 경영을 맡게 되어 새로운 도약을 하게 된다.

2000년 중반 용인 에버랜드 스피

07

서킷은 프로 레이스 뿐만 아니라 누구나 참가하는 아마추어 경주도 함께 열린다. 국내 아마추어 경주의 효시인 타임 트라이얼 경주 장면.

드웨이가 문을 닫은 뒤로 독점적 지위를 누리며 호황을 누리게 된다. 덕분에 임대료가 한꺼번에 오르는 등 부작용도 있었으나 반대로 모터스포츠 산업을 정상화시키는 데 도움이 되기도 했다. 현재도 여전히 우리나라 모터스포츠의 한 축으로서 굳건히 자리 잡고 있다.

☎ 033 – 581 – 2400
www.tbracingpark.com

국내 서킷 소개

태백 경기장_코스별 공략법

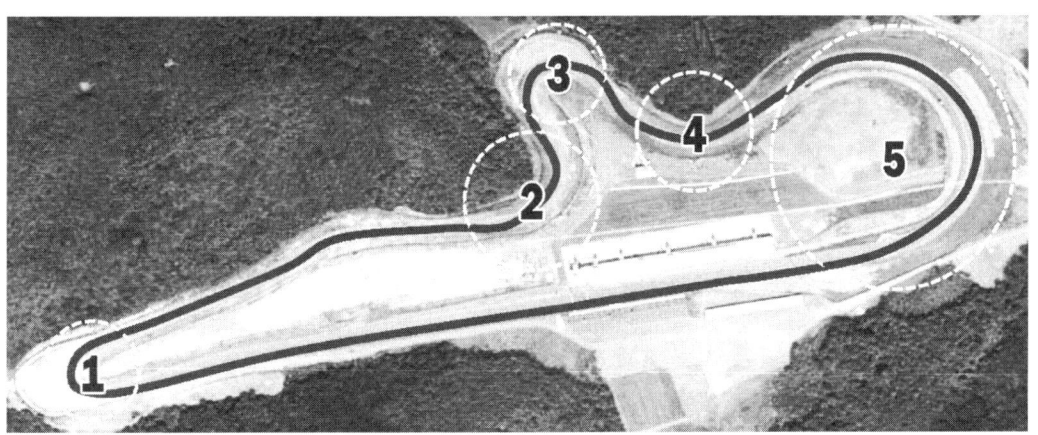

제1코너 공략법

공략 헤어핀도 종류가 많지만 라인을 그려가면서 갈수 있는 회전 반경(r)이 않나오기 때문에 코너 진입 때 어떻게 타는가가 코너의 전체를 좌우한다. 그렇기 때문에 브레이킹을 시작하여 조향할 때까지의 차량 균형 유지가 코너전체에 영향을 준다 해도 과언이 아니다.

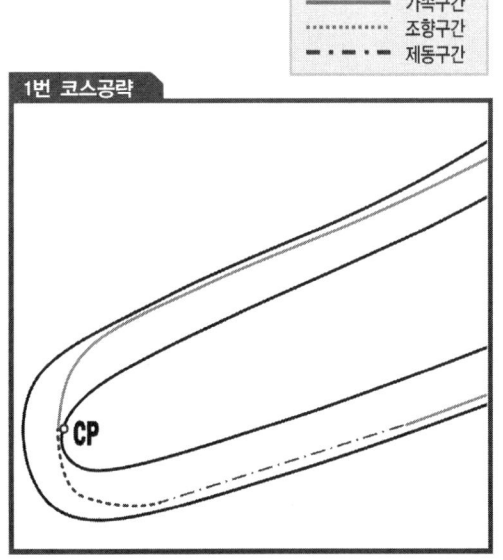

진입
브레이크 성능으로만 따지면 100m 표지판 들어가서 밟아도 가능 하지만 브레이킹 조작이 끝나고 핸들링을 할 때 앞 바퀴에 무리 할 정도로 하중이 이동되어 있어 타이어 그립이 떨어져 있어져 있기 때문에 정확하고 순발력 있는 차량 움직임을 얻을 수 없다. 이 코너는 진입이 가장 중요하기 때문에 조금은 안정적인 브레이 킹 기술로 승부를 걸어야 한다.

중간
헤어핀 코너이기 때문에 브레이킹 조작을 코너 깊숙이 밟고 들어 오는 사람들이 많을 것이다. 이때 주의해야 할 점은 앞바퀴굴림 차량은 크게 영향을 주지 않지만, 뒷바퀴굴림 차량은 가속에 영 향을 많이 받게 된다.
코너 진입 후 핸들링 시 강한 브레이킹을 한다면 앞바퀴에 무게 가 너무 많이 실려 가속을 하여도 복원하는 시간이 느려서 코너 탈출에 큰 손실을 주게 된다.

탈출
가속 시 핸들을 약간이라도 풀 수 있는 정도의 라인이라면 아주 정확하게 주행을 한 것이지만 탈출 때 아웃 쪽으로 밀려나가서 핸들을 끝까지 감고 있다면 코너 중간 지점에서 차량 회전이 부 족했기 때문이기 때문에 라인 수정이 필요하다.
이 코너는 좁은 헤어핀이라서 코너 진입 후 차량 회전이 초반에 대부분 이루어진다. 가속 때는 풀 가속을 하면서도 핸들을 풀면 서 탈출 할 수 있어야 한다.

제2코너 공략법

공략 이 코너에서 가장 중요한 점은 다음 헤어핀 코너를 진입하는데 있어서 영향을 많이 주지 않는 라인 선정이 중요하다. 연속 코너지만 코너 탈출시 풀 가속이 어려운 코너이기 때문에 코너진입에서의 속도와 라인 선정에 따라서 랩타임 차이가 크게 난다.

진입
차량의 세팅 상태에 따라서 브레이킹을 코너 깊숙이까지 가지고 들어갈 수도 있고 핸들링하기 전까지만 밟고 코너를 진입할 수도 있다. 이때 진입라인 선정은 언더스티어 차량의 경우 진입시 코너 아웃으로 빠져 코스 폭을 최대한 이용하며 핸들링 양이 줄어 들 수 있게 라인선정을 하고 핸들링시 브레이킹으로 회전을 좀 더 만들어 주행할 수 있도록 노력한다.
오버스티어 차량의 경우는 코너 깊은 곳까지 브레이킹 조작으로 진입속도를 최대한 맞추고 핸들링을 좀 더 부드럽게 가져간다.

중간
코너 중간에서 대부분 아웃 쪽으로 밀려 나가는데도 계속 같은 속도로 주행을 한다면 타이어가 스트레스를 너무 받고 컨디션도 급격히 떨어져 심하게 밀려 나갈 수도 있다.
이런 현상이 일어나면 진입 속도를 약간 떨어트리든가 코너 진입 시 차량 회전을 더 주어 핸들링 양을 줄여줄 수 있도록 노력한다.

탈출
이 구간은 아주 짧은 탈출 가속이 이루어진다. 가속을 하면 바로 다음 헤어핀 코너가 나오기 때문에 가속이라기보다 속도를 유지 해주는 정도의 액셀 컨트롤이라고 봐야 한다.
언더스티어 차량은 무리한 가속보다는 다음 코너를 공략할 수 있는 라인 선정이 더 중요하고 오버스티어 차량은 안정된 하중이동을 하며 가속에서 랩타임을 줄여나간다.

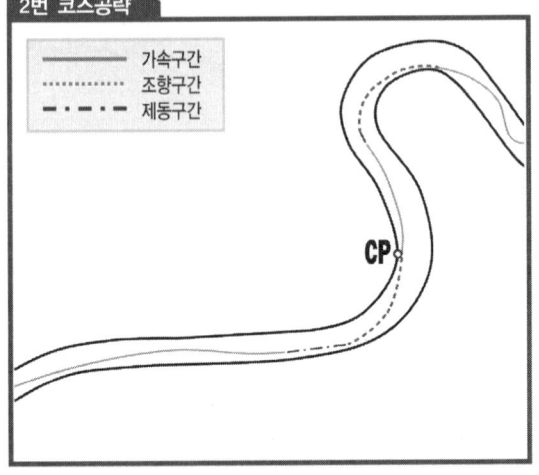

제3코너 공략법

공략 코너 진입 때 차량 무게 균형을 안정적으로 유지해야 빠른 속도로 코너 주행이 가능하며 탈출 역시 좌우의 하중 이동을 부드럽게 하는 드라이버만이 빠른 스피드를 유지하면서 주행이 가능해진다. 또한 헤어핀 중간 시야확보가 어렵게 때문에 가속포인트를 잡기가 힘들지만 반복적인 연습으로 감각을 높여 가속 포인트를 점점 앞당기는 연습을 하면 좋을 것이다.

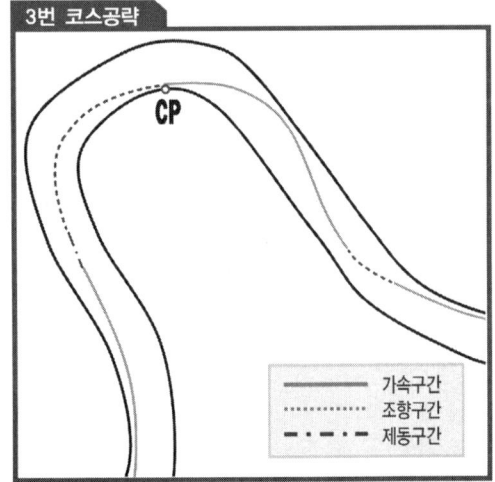

진입
아주 짧고 정확한 브레이킹 조작이 필요하다. 이때 브레이킹은 차량 속도를 줄이는 목적보다는 코너를 진입하기 위해서 무게 균형을 맞추어 주는 동작이라고 생각하면 된다.
핸들링시 언더스티어 현상이 많이 생기는 코너이다. 이유는 좌우로 움직이는 무게이동 속도와 핸들링 속도의 차이가 있기 때문에 차량 회전이 둔하게 느껴진다. 이점을 잘 이해하고 활용하면 빠른 코너진입이 가능해진다.

중간
코너 중간에서 탈출 라인이 안보이더라도 가속을 해야 하는 코너이다. 이 코너는 중간에서 최대한 속도를 잘 살려 탈출까지 가지고 나가야만 랩타임에서 이득을 볼 수 있다.
서스펜션이 부드러운 차량이라면 아웃 쪽으로 밀려나가는 현상이 생기는데 이때 연석을 활용하여 주행한다면 핸들을 좀 더 빨리 풀 수 있을 것이다.

탈출
코너 탈출시 라인에 따라서 다음 코너의 진입 라인이 결정된다. 빠른 가속도 중요하지만 적은 핸들링으로 탈출하여 다음코너를 공략하는 것이 더 중요하다. 코스 왼쪽 끝에서 오른쪽 끝으로 이동하는 것 자체가 랩타임 손실이 많다.
랩타임 손실을 줄이기 위한 여러 가지 테크닉이 필요하며 차량의 무게 이동을 부드럽게 하며 가속을 공략하는 것이 이 코너의 포인트다.

제4코너 공략법

공략 코너진입 때는 주행 라인과 핸들링 방법을 여러 가지로 시도하여 차량 특성에 가장 적합한 방법을 찾아 스피드를 최대한 살리면서 주행할 수 있게 노력한다. 코너 중간과 탈출 때 오버스티어가 자주 일어나는데 핸들링 양을 줄여 가면서 오버스티어가 안 날수 있도록 주의한다.

진입
가속을 하면서 코너를 진입해야 하기 때문에 라인을 잘못 잡으면 핸들 양이 많아서 코너진입 후 언더스티어 현상이 많이 생긴다. 하지만 속도를 줄이면서 까지 진입을 하면 코너 탈출 속도가 너무 떨어질 수 도 있다.
속도를 최대한 유지하며 진입 할 수 있도록 하며, 무게하중 이동을 적절히 활용해서 적은 핸들링으로 코너를 진입할 수 있도록 한다.

중간
언더스티어 특성을 가진 차량의 경우는 타이어에 무리가 안가는 정도로 안쪽 연석을 밟으면서 주행 라인을 잡는 것도 괜찮은 방법 중 하나다.
오버스티어 특성을 가진 차량의 경우는 연석을 피해서 주행하는 것이 미끄러짐 현상을 줄여줄 수 있어서 안정적이다.
코너 탈출 때 경사도가 내리막길이라서 코너 진입과 중간에서 차량의 회전양을 모두 마치고 핸들을 풀면서 탈출할 수 있도록 준비한다.

탈출
핸들을 풀면서 가속할 수 있도록 노력해야 하며 무게하중 이동을 부드럽게 하면서 가속할 수 있도록 한다. 태백에서 가장 랩 타임에 영향을 주는 코너는 마지막 코너이다.
그렇기 때문에 마지막 코너를 잘 타기 위해서 약간은 손해를 본다 생각하고 풀 가속하며 코너 탈출을 해야 하지만 다음 코너 진입을 잘 할 수 있도록 여러 가지 방법을 활용하여 라인 선정과 가속 포인트를 잡아가면 좋을 것이다.

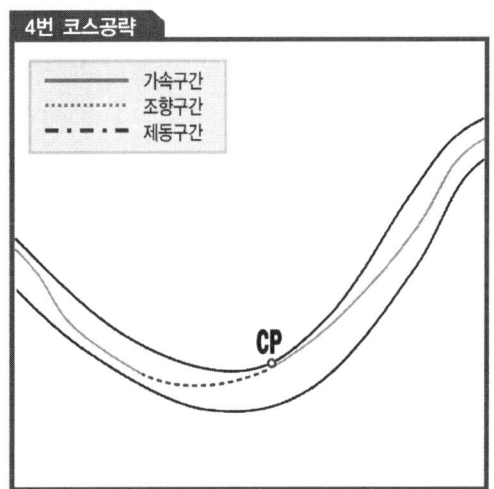

제5코너 공략법

공략 태백 서킷에서 랩타임 공략시 가장 많은 영향을 주는 코너이고 차량 세팅에서 가장 민감하게 반응하는 코너이다. 코너 진입은 빠른 속도로 진입해야 하지만 코너중간에서의 동작으로 탈출 때 영향을 많이 주기 때문에 코너중간 무리한 가속은 피하면서 탈출시 풀 가속 시점을 앞당길 수 있도록 포인트를 잡는다.
주행라인 또한 너무 바깥(아웃) 쪽으로 주행할 경우 노면에 타이어가루 및 이물질이 많아서 그립이 많이 떨어지기 때문에 코스 폭을 중간지점(미들) 이상으로 벗어나가지 않고 주행하는 것이 좋다.

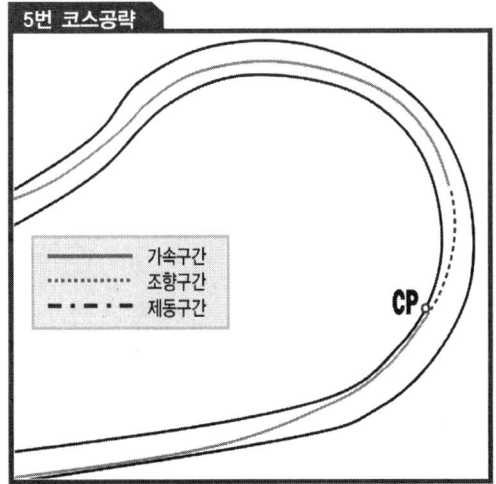

진입
급격한 내리막 경사도로 인해 코너 진입시 언더스티어가 심하게 생기는 특성을 가지고 있다. 진입 속도 또한 높게 가져가야 하기 때문에 무게 이동을 최대한 줄여주는 방법이 가장 좋은 코스 공략법이다.
핸들링 양을 최대한 줄여주고 무게 이동을 부드럽게 만들어야 하중이 몰리는 앞 타이어의 스트레스도 적게 주면서 무게로 인한 언더스티어 현상도 최소화시킬 수 있다.

중간
국내 서킷 중 유일하게 하중이동을 이용하여 회전을 만들어 주행을 해야 하는 코너이다. 이때 핸들링을 좌우로 흔들어 주면서 주행을 하여도 좋고 액셀러레이터의 강약을 조절하면서 하중 이동을 만들어도 괜찮다.
가속 구간이기 때문에 앞바퀴굴림의 경우는 액셀 컨트롤을 추천하며 뒷바퀴굴림의 경우는 핸들링을 좌우로 흔들어 주면서 하중 이동을 이용하면 좀더 높은 속도로 코너를 주행할 수 있을 것이다.

탈출
탈출시 시야 확보가 어렵기 때문에 풀 가속을 하면서도 불안한 주행을 해야 만 한다. 또한 울퉁불퉁한 노면 때문에 핸들링 양을 많이 가져간다면 미끄러짐 현상이 생길 확률이 높다.
그렇기 때문에 풀 가속시 핸들을 최대한 풀어줄 수 있도록 코너중간에서 차량 회전이 모두 이루어져야 하며 탈출시 시야확보는 최대한 멀리 볼 수 있도록 노력하면서 주행을 해야만 한다.

4 코리아 인터내셔널 서킷(KIC)

2010년 국내 최초의 F1이 열리기 위해 전남에 세계적 규모의 자동차 경주장이 건설되고 있다. F1 경주 장면

2009년 말 우리나라 최초의 F1 경기가 열릴 국제 자동차 경기장이 전라남도에 만들어졌다. 우리나라 최초의 국제 규모급 경기장인 이 경기장은 처음부터 F1을 염두에 두고 만들어지기 때문에 규모 및 시설 면에서 감히 최고라 할 것이며 이로 인해 많은 모터스포츠 발전의 주체로 많은 기대를 모으고 탄생하게 된다.

1990년 이후 중국 상하이와 터키 이스탄불, 말레이시아 세팡 등에 건립된 F1 서킷을 설계했던 세계적인 경주장 마스터플랜 설계사인 독일 틸케(Tilke)가 설계했고 전라남도와 한국 F1 프로모터인 M-브리지홀딩스가 약 4천 400억 원의 건설비를 투자했다.

서울특별시 마포구 성산동에 있는 서울 월드컵경기장의 20배의 이르는 185만 3,000㎡에 총길이 5.615㎞의 국제자동차경주용 트랙과 길이 3.045㎞ 규모의 상설 트랙 등 2개의 코스로 이루어져 있다. 높이 28m, 길이 340m에 1만 3,000석 규모의 그랜드 스탠드를 중심으로 레이싱 트랙을 둘러싼 주요 지점에 다양한 형태의 관람시설을 배치해 한꺼번에 12만 명을 수용할 수 있도록 설계되었다. 웅장한 지붕이 기와집의 처마를 연상시키는 그랜드 스탠드는 출발과 결승선 구역이기도 하다.

전남 국제 서킷은 총 길이가 5.684km에 달해 아시아지역 F1 서킷 가운데 최장거리 트랙이 된다. 현재 아시아 지역 F1 서킷은 일본 후지 스피드웨이가 4.563km, 중국 상하이 인터내셔널 서킷 5.451km, 말레이시아 세팡 서킷 5.540km, 바레인 국제 서킷 5.412km 등이다.

국내 서킷 소개

F1은 유럽 등 선진국 중심에서 차차 아시아로 그 개최지가 확대되고 있다. 바레인에 건설된 F1 경기장 모습

아시아 지역 뿐 아니라 F1이 치러지는 전 세계 모든 서킷을 통틀어서도 이탈리아 몬자 서킷(5.793km)에 이어 세계 2위권에 해당하는 규모다.

서킷은 총 3개 구간, 18개 코너로 구성되어 있다. 코스가 긴 만큼 전남 서킷은 코너 없이 직선이 계속되는 스트레이트 구간의 길이가 1.2km로 세계 최고 수준을 자랑한다. 1.2km의 직선 길이는 2006년까지 F1을 유치한 해외 서킷을 기준으로 보면 세계에서 가장 긴 명물 구간이다. 비록 2007년부터 새롭게 F1을 유치한 일본 후지 스피드웨이가 직선구간을 1.5km까지 늘리는 보수공사를 통해 최장거리가 되면서 2위로 밀렸지만 코스 규모나 직선 길이 어떤 면에서도 세계적인 위용을 자랑하기에 충분하다.

헤어핀 구간인 1번 코너를 돌아나가면서 이어지는 1.2km의 긴 직선구간을 확보함에 따라 구간 최고 속도가 시속 320km를 넘어설 것으로 예측돼 그 동안 국내에서 경험하지 못했던 극한의 스피드를 맛볼 수 있게 되었다. 또 직선 코스의 길이가 긴 만큼 경주차의 엔진을 최대치까지 사용하는 시간이 길어지고 공기저항 및 타이어 접지력의 중요성이 커져 자동차 성능 시험의 무대로도 각광받게 될 것으로 기대를 모으고 있다.

이번 전남 서킷의 또 다른 특징은 상황에 따라 변신을 할 수 있도록 설계를 했다는 데에 있다. F1처럼 큰 국제 규모의 경기를 할 때는 5.615km 트랙 전체를 사용하게 되지만, 좀 작은 규모의 국내 경기를 할 때는 3.045km로 줄인 상설코스로 변신하게 되는 하이브리드형 트랙이다. 그러므로 롱코스는 F1 때만 사용하고 평소엔 짧은 상설 코스만 이용한다.

07

코스를 나누다보니 패독(경주차를 보관하고 정비하는 시설)도 F1을 할 때와 일반 경기를 할 때 각각 사용할 수 있도록 두 군데 지어지는데 이러한 방식 또한 세계 최초다. 이처럼 패독 시설을 둘로 나눌 경우 F1 기간 동안 치러질 오프닝 경기 성격인 국내 경기가 열리더라도 패독 부족으로 인한 어려움은 겪지 않게 된다.

말레이시아는 국가 이미지 홍보 및 관광객 집객 수단의 하나로서 F1 유치에 적극적으로 나선 끝에 세팡 서킷을 건설하게 되었다.

기타 시설로는 최대 높이 14m의 F1 피트 빌딩과 컨트롤 타워(높이 13m, 3층 구조), 미디어 센터 F1팀 빌딩, 주차장, 위락시설 등이 있다.

전통의 봉수대와 F1 엔진을 형상화한 디자인그랜드 스탠드는 1만 3천명이 동시에 관전할 수 있는 중앙 관람석으로 주요 시설 가운데 가장 큰 규모를 자랑한다. 건평 5,000여 평 크기의 이 건물은 관람석을 감싼 대형 지붕과 8개의 웅장한 원통형 기둥으로 이루어져 있다.

이 기둥은 삼국시대부터 쓰여 온 전통적 교신 수단이자 가장 빠른 속도를 지닌 매체였던 봉수대의 이미지를 채택했다. 이 설계는 관중과 레이스가 하나되는 최적의 '커뮤니케이션 트랙'을 추구하는 한편, IT 강국인 대한민국의 위상을 전세계에 알리자는 취지를 담고 있다. 또 8개의 기둥은 봉수대의 형상과 함께 F1 경주차의 고성능 8기통 엔진을 떠올리게 하는 구조여서 동서양의 다양한 문물을 조화롭게 아우르고 있다.

끝이 살짝 치켜 올라간 지붕 역시 한국의 전통 양식인 처마끝과 F1 머신의 뒷날개 모양을 고루 닮았다. 이 지붕은 부분적으로 투명한 소재를 써 자연스럽게 빛이 흘러 들어오는 개방감을 느낄 수 있도록 고안되었다. 아울러 좌석에서 영암호의 자연경관이 시원스럽게 내려다 보이도록 해 다른 해외 F1 경주장에서 찾아보기 힘든 전망을 갖추었다.

피트와 메디컬 센터, 레이스 컨트롤 빌딩과 미디어 센터, 팀 빌딩은 독특한 그랜드 스탠드의 디자인과 통일감 있는 컨셉으로 설계되었다. 특히 2층 구조의 피트 건물은 경주차 정비 작업을 쉽게 내려다 볼 수 있는 입체적 구조를 하고 있다.

국내 서킷 소개

전남에 건설될 예정인 F1 서킷의 조감도. 전통의 봉수대와 F1 엔진을 형상화한 디자인의 그랜드 스탠드가 특징이다.

피트와 나란히 놓인 팀빌딩은 마치 수상 건축물처럼 영암호 수변에 붙어 있어 한국 F1 서킷의 경관을 대표하는 명물이 될 것으로 보인다.

코너는 총 3개 구간 18개로 구성되어 있으며 1번 헤어핀 코너를 돌아나가면서 1.2km의 직선 구간이 나타나게 된다. 이어진 코너를 돌아 만나게 되는 트랙 남쪽의 마리나 구간은 바다를 향해 구상되었기 때문에 환상 코스로 불리게 될 것이다.

이처럼 전남 서킷은 모나코, 인디애나폴리스 등 세계적인 명문 서킷들의 장점들을 두루 갖추고 있어 가장 한국적이면서 세계적인 F1 서킷이 될 것으로 기대된다.

마리나 구간에는 F1 트랙을 중심으로 모나코 그랑프리가 열리는 몬테카를로를 연상시키는 방사형의 신도시가 건립될 예정이다. 이 지역은 모터스포츠 및 자동차 관련 시설이 집중적으로 들어서는 동양권 최고의 모터스포츠 클러스터로 육성된다.

전남 서킷은 레이스 트랙의 전체 포장 구간만 83,150㎡이며 피트 레인(피트로 진출입하는 도로) 9,125㎡, 서비스 로드(진행요원 및 비상시 이동 경로) 33,500㎡, 안전지대 구간 49,650㎡ 등이다. 이 경주장은 2007년 10월 착공, 2009년 하반기 완공.

2010년 10월 22~24일 2010 F1대회의 17라운드로서 12개 팀 4,000여 명(선수와 팀 관계자, 임원 등)이 참가한 F1 코리아 그랑프리가 개최되었다. F1은 올림픽과 월드컵에 이은 세계 3대 스포츠 행사로 UN 협력기구인 국제자동차연맹(FIA)이 주관하는 세계 최정상의 모터스포츠 이벤트이다. 우리나라는 2016년까지 매년 1차례씩 코리아인터내셔널서킷에서 대회를 치르기로 되어 있다.

F1 중 시가지에서 열려 관심을 모으는 모나코 그랑프리의 모습. 바다가 내려다보이는 호텔 테라스에서 F1을 관람하는 것이 최고의 관광 상품이 되었다.

용어 Tip

- **그랜드 스탠드**(Grand Stand) : 자동차 경주장에서 가장 많은 관중이 모이는 중앙 관람석을 말한다. 보통 주요 시설이 한 눈에 내려다보이는 장소에 위치해 있어 공연장의 로얄석에 해당하는 고급 좌석이다.
- **피트**(Pit) : 레이스 도중 타이어를 바꾸고 급유를 하기 위한 시설이다. 트랙을 벗어난 지역에 만들어 지며 대부분의 경우 그랜드 스탠드와 마주보고 있다.
- **F1팀 빌딩**(Team Building) : 유럽에서 열리는 F1 경주 때는 각 참가팀이 모터홈이라 불리는 대형 트레일러 3~4대를 끌고 와 이곳에 임시 사무실을 마련한다. 그러나 아시아나 북미 등 F1팀의 거점지인 유럽에서 육로로 이동할 수 없는 지역에서는 별도의 건물을 필요로 한다. 현재 중국 상하이 서킷 등 일부 최신 경주장만이 F1팀 빌딩을 마련하고 있다.
- **레이스 컨트롤 빌딩**(Race Control Building) : 공항의 관제탑과 같은 역할을 하는 빌딩. 레이스 심판이나 진행 시설 등이 들어서며 보통 피트와 붙어 있다.

영암 경기장_코스별 공략법

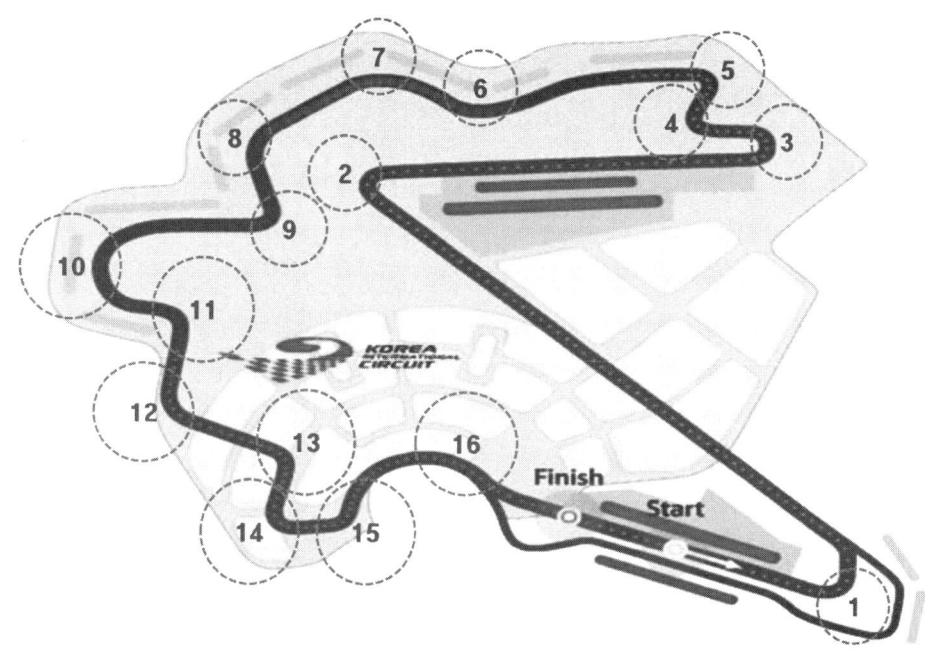

제1코너 공략법

공략 진입 보다는 탈출 시 랩타임 차이가 많이 나는 코너이며 드라이버가 느끼기에는 진입이 매우 까다로운 코너 중 하나이다. 또한 연석이 높기 때문에 조심은 해야 하지만 너무 연석에 신경쓰면서 코너 진입을 한다면 불안감 때문에 시야 확보의 어려움이 생길 것이다. 이점을 주의해서 공략해야 할 것이다.

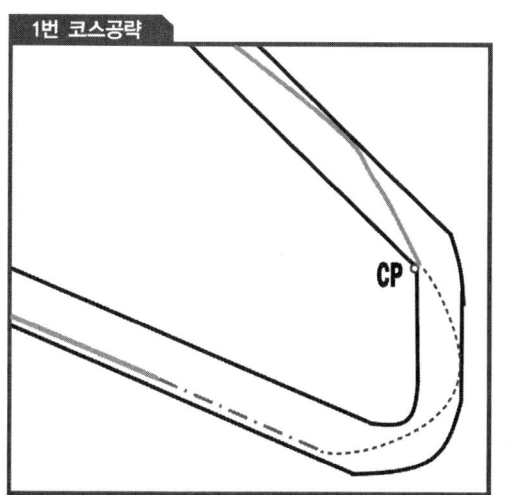

진입
거리(m) 표지판이 잘 보이질 않기 때문에 브레이킹 포인트 잡기가 많이 어렵다. 이점을 주의해서 제동을 해야 하며, 너무 무리한 속도로 진입하게 되면 코너링 전체의 균형을 떨어트리기 때문에 핸들링 전에 충분히 제동을 해야 한다.

중간
탈출각이 진입각보다 완만하기 때문에 가속 포인트가 빠르다. 즉 차량 회전이 빨리 끝나고 자리가 잡혀 풀 가속 포인트를 앞당길 수 있도록 한다.

탈출
코너 탈출 시 각에 비해 코너링 속도가 낮기 때문에 코너중간부터 풀 가속을 하며 치고 나온다. 이때 스티어링 각이 좀 더 적은 사람이 훨씬 더 유리하다. 또한 도로폭을 최대한 활용한 주행 라인이 매우 중요하다.

07

제2코너 공략법

공략 언더스티어가 많이 발생하는 내리막 경사도의 코너 진입 주행이기 때문에 앞쪽으로 무게 이동을 많이 하면 할수록 한계 속도가 떨어지는 쉬우면서도 상당히 어려운 코너이다. 무리한 코너 진입보다는 코너의 특성을 파악하고 이해하며 코너 공략을 하는 것이 중요하다.

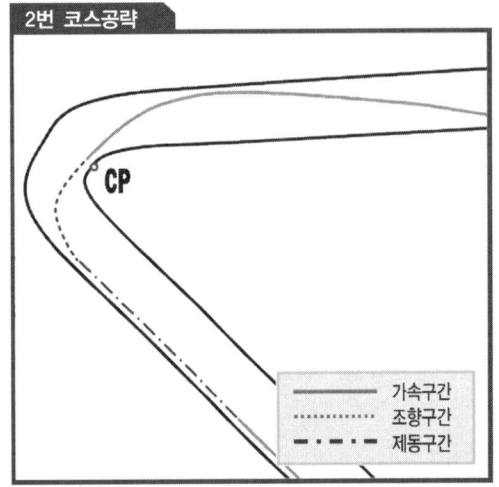

진입
브레이크 구간이 길고 브레이킹 테크닉이 어려운 코너이다. 200m 표지판 지나고 내리막 경사에서 브레이킹을 해야 한다. 이때 너무 늦게까지 풀 브레이킹을 하고 있다면 핸들링 전까지도 앞으로 향한 하중의 힘이 너무 커 조향 능력이 떨어지며 코스를 공략하기가 매우 어렵게 된다. 그렇게 때문에 이 코너에서는 핸들링 전 무게 밸런스를 안정적으로 가져갈 수 있도록 해야 할 것이다.

중간
필요에 따라서는 안쪽 연석을 밟을 수도 있지만 타이어 내구수명을 생각해서 밟지 않고 갈 수 있도록 주행 연습을 하는 것이 바람직하다.

탈출
생각 외로 코너 각이 많아 코너링 중 무리한 가속으로 차량의 미끄러짐 현상이 발생할 경우 rpm 손해를 많이 본다. 이 점만 주의해서 가속 포인트를 앞당겨 나가야 할 것이다.

제3~5코너 공략법

공략 3개의 연속 코너를 어느 한쪽만 치우쳐서 주행을 하는 것은 손실되는 부분이 커지기 때문에 바람직하지 않다. 또한 노면의 경사를 잘 활용하여 코스 공략을 해야 하는 구간이다 보니 본인의 드라이빙 스타일에 적합한 방법을 선택하는 것이 중요하다.

진입
헤어핀 코너이지만 연속으로 이어지는 코너이기 때문에 진입부터 다음 코너의 라인까지 생각하며 주행을 해야 한다. 드라이버의 특성에 따라서 약간 다르지만 각이 많은 코너다 보니 차량 회전이 코너를 진입하고 난 후 가장 많이 일어난다.
코너 중간까지 브레이킹을 하고 있다면 좀 더 그립 밸런스를 활용한 오버스티어를 만들어가며 안정적으로 진입을 할 수 있을 것이다.

중간
우측 방향의 코너인데 노면은 아웃 쪽이 아래로 내려와 있어서 핸들링의 느낌보다는 차량이 둔하게 움직이는 것을 느낄 수 있다. 이때 무게 하중을 이용한 코너링 테크닉을 구사한다면 좀 더 빠르고 안정적으로 주행이 가능할 것이다. 또한 이어지는 다음 코너를 위하여 코너링 중 안쪽 연석을 활용한 주행 방법도 추천한다.

탈출
탈출 가속 시 언덕을 치고 올라가야 하는 만큼 rpm을 잘 살리고 코너를 빠져 나와야만 빠른 스피드로 가속이 가능하다. 그러기 위해서는 코너 탈출 시 바깥쪽 연석을 밟아 진동을 주어 타이어 그립을 떨어뜨리는 것은 바람직하지 못하다. 가속 시 타이어 그립을 최대한 활용하여 빠른 풀 가속을 할 수 있도록 노력해야 할 것이다.

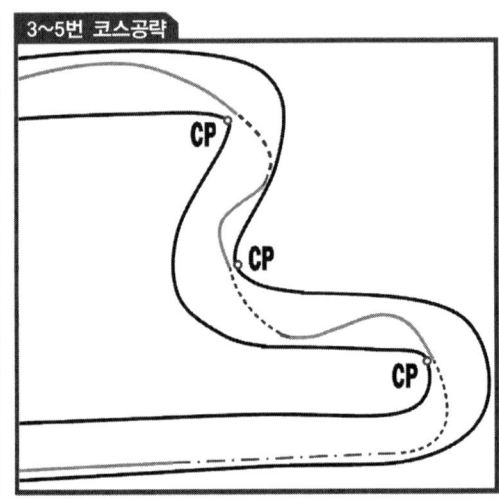

제6코너 공략법

공략 스피드가 높은 코너이면서도 풀 가속을 해야만 하는 부담감이 큰 구간이기 때문에 과감한 드라이빙을 필요로 한다. 언더스티어 현상이 강하게 생기는 코너 진입과 노면 경사도로 인한 원심력을 얼마나 잘 이해하고 공략하는가에 따라서 랩타임의 차이가 커질 것이다.

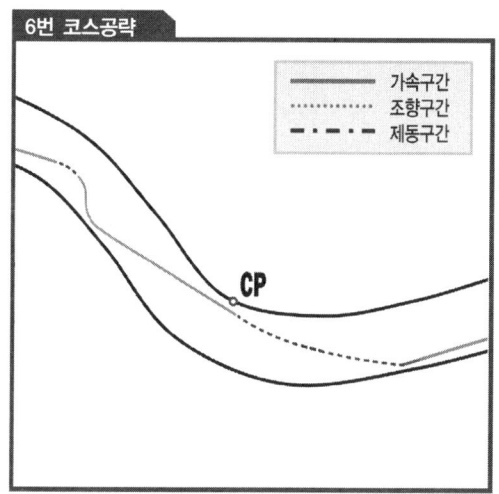

진입
내리막 경사도가 있기 때문에 진입시 무게 밸런스를 맞추기가 많이 어렵다. 조향성이 좋은 차량의 경우는 턱인을 활용하여 핸들링을 해도 괜찮지만, 대부분 투어링카의 경우는 운동성이 둔하기 때문에 강하고 짧게 브레이킹을 하여 핸들링시 차량의 회전을 좀 더 만들어가면서 주행하는 것이 좋다. 이 코너의 경우는 핸들링 회전 속도를 느리게 하는 것보다는 빠르게 하는 것을 추천한다.

중간
안쪽 연석을 활용하여 코스의 폭을 넓게 사용할 수 있도록 하는 것이 좋다. 또한 노면의 경사도 때문에 언더스티어 현상이 심하게 생기는 경우도 있으니 이점을 주의하면서 액셀 컨트롤을 한다면 빠른 속도를 유지하면서 코너를 빠져나갈 수 있을 것이다. 차량의 트랜스미션 기어비가 괜찮다면 엔진 블록을 높게 사용하는 방법을 추천한다.

탈출
코너 특성상 빠른 속도로 주행을 해야 하는 구간이며 차량의 앞쪽이 바깥쪽으로 심하게 밀려나가는 특성을 지니고 가속을 해야 하기 때문에 핸들링 구간과 가속 구간을 구분하여 정교하게 움직일 수 있도록 노력해야 한다.
또한 무게 하중 복원을 부드럽게 빨리 할수록 좋다.

제7코너 공략법

공략 매우 빠른 속도로 코너를 가속하면서 주행해야만 하는 고난이도 구간이다. 약간이라도 무게 하중 이동을 강하게 하거나 빠르게 줄 경우 오버스티어 현상이 나타나기 때문에 최우선적으로 부드러운 핸들링과 빠른 무게 이동의 복원이 중요하다. 그 만큼 부드러운 핸들링이 절실히 필요한 코너이다.

진입
좌우로 움직이는 롤링이 심하기 때문에 핸들링시 액셀을 살짝 오프(off)했다가 다시 밟는 것이 좋다. 또한 가속을 하면서 핸들링을 동시에 해야 하는 경우에는 부드럽게 천천히 스티어링휠을 돌리는 방법을 추천한다. 진입 초반에 차량 회전을 많이 줘야만 안전하게 이 코너를 돌아나갈 수 있기 때문에 핸들링과 액셀 조절의 타이밍이 중요할 것이다.

중간
연석을 밟고 주행해야 빠른 코너이다. 연석까지 코스라고 생각하면서 라인을 만들어 주행한다면 스티어링 각이 적기 때문에 바깥쪽으로 쏠리는 현상이 많이 줄어들 것이다. 또한 무턱대고 가속을 하는 것보다는 차량의 특성을 잘 파악하고 탈출시 풀 가속을 할 수 있도록 준비하는 것이 바람직하다.

탈출
풀가속을 하면서도 노면의 굴곡 때문에 후반 바깥쪽으로 심하게 쏠리는 경우가 생기는데 이 상황까지 감안하여 라인을 선정하는 것이 바람직하다.
만약 잘못 주행하고 있다면 아마도 코너 탈출이 끝났음에도 스티어링각 복원을 못하고 밀려나가고 있을 것이다. 그렇기 때문에 풀가속을 하면서 스티어링휠을 점점 풀어줄 수 있는 라인 선정과 가속 포인트를 잡아나가야 할 것이다.

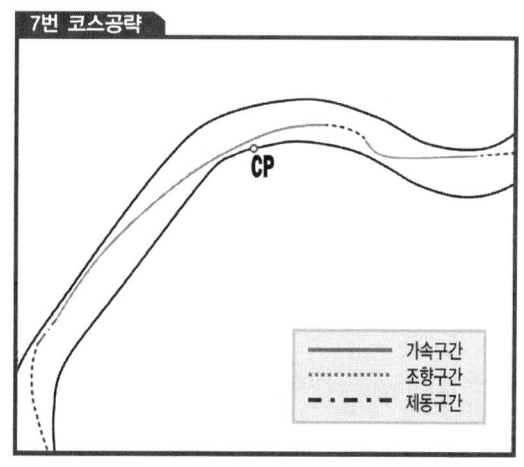

제8코너 공략법

공략 고속으로 코너링을 해야 하는 쉬우면서도 난해한 코너 중 하나이다. 의외로 탈출보다는 진입을 신경 써서 주행해야 하며 탈출 시 라인 선정에만 집중하는 것이 코너를 안정적으로 탈 수 있다.

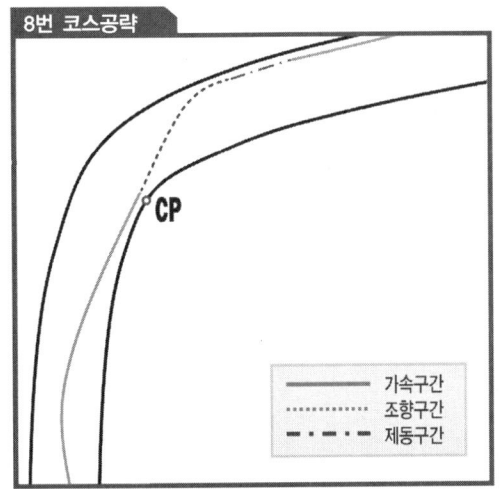

진입
진입 때 핸들링시 오버스티어 현상이 쉽게 일어나는 것을 주의하면서 코스 공략을 해야 할 것이다. 차량 세팅의 차이도 있겠지만 브레이킹 동작의 차이에 따라서도 심하게 일어나기 때문에 브레이킹을 활용한 오버스티어는 약하게 사용하는 것을 추천한다.
또한 진입부터 다음 코너를 어떻게 탈 것인가를 생각하고 라인을 정하여 주행하는 것이 바람직하다.

중간
고속으로 코너를 진입하기 때문에 무게하중 이동을 부드럽게 가져가는 것이 좋으며, 스티어링 양을 최대한 적게 움직이면서 코너를 빠져나갈 수 있도록 노력해야 할 것이다. 또한 코너링 중 너무 심하게 무게 이동이 생기면 탈출까지 영향을 주기 때문에 조금은 탈출 때 안정되게 주행할 수 있도록 해 주는 것이 좋다.

탈출
이 코너 탈출은 가속을 하여도 높은 스피드에 하중이동이 많이 되어 있어서 액셀 페달을 밟아도 높은 가속을 기대하기는 어려울 것이다. 또한 가속에 너무 신경을 쓴다면 다음 코너 진입에 많은 영향을 가져올 것이다. 그렇기 때문에 이 코너 탈출 가속은 속도를 유지해준다는 느낌으로 가속해야 하며 다음 코너의 진입을 잘 할 수 있도록 라인에 신경을 써야 한다.

제9코너 공략법

공략 앞바퀴굴림과 뒷바퀴굴림의 특성 차이가 있기 때문에 영향을 적게 받는 앞바퀴굴림보다는 가속시 큰 영향을 주는 뒷바퀴굴림 차량의 경우 빠른 속도로 코너를 빠져나오기 위해서 가속시 탈출 연석을 밟지 않도록 주의하며 진입 속도와 주행 라인을 잘 선정해야 한다.

진입
이 전 코너 탈출가속의 영향을 많이 받으면서 브레이킹을 해야만 하는 코너이다.
스티어링휠이 정중앙에 있어도 무게하중 밸런스가 맞지 않은 상태에서 브레이킹을 하는 경우가 많기 때문에 이점을 주의해야 한다. 하드 브레이킹을 해야 하기 때문에 되도록이면 무게 밸런스를 빨리 중앙으로 올 수 있게 하여 안정적인 브레이킹을 할 수 있도록 하는 것이 진입 포인트다.

중간
노면의 경사도 차이가 많기 때문에 드라이버는 이점을 사전에 잘 확인하고 라인 선정을 해야 한다. 또한 너무 높은 속도를 가져가려는 생각은 버려야 할 것이다.
코너 중간 핸들링에의 양과 주행 속도에 따라서 탈출 시 큰 영향을 주며 코너를 이탈할 확률이 높기 때문에 rpm을 잘 살려서 가속할 수 있도록 한다.

탈출
가속을 해 rpm을 살리면서 탈출하기가 상당히 어려운 코너다.
조금만 욕심을 부리면 코너 아웃 쪽으로 밀려나가 오히려 손해를 많이 보게 된다. 진입 속도부터 영향을 준 하지만 탈출 가속 시 아웃쪽 연석을 밟지 않고 가속할 수 있도록 하는 것이 중요하다.

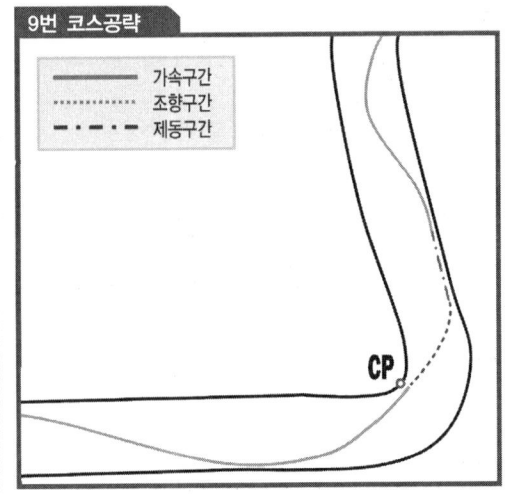

제10코너 공략법

공략 빠른 속도로 진입은 하지만 라인을 최대한 벗어나지 않고 주행할 수 있도록 하며 코너링 주행 속도를 최대한 유지하며 탈출할 수 있도록 노력한다. 또한 연속으로 주행해야 하는 다음 코너를 고려하여 탈출시 라인 손해가 있더라도 감수하고 안정적인 주행을 하는 것이 바람직하다.

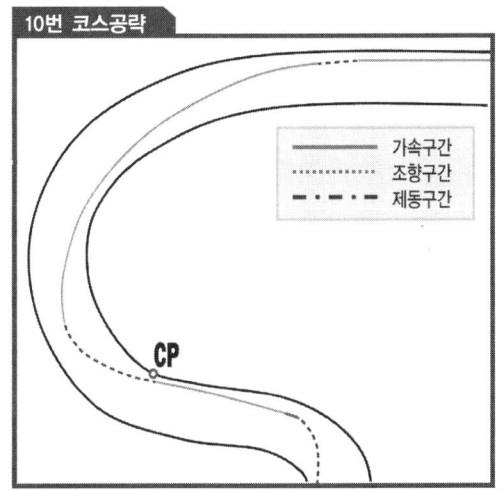

진입
언더스티어의 특성을 잘 이용하여 라인을 정하고 진입해야 할 것이다. 주행 차량에 따라서 약간씩은 다르겠지만 브레이킹 동작이 애매모호하기 때문에 제동보다는 무게 하중이동을 원활하게 할 수 있도록 하며 진입을 해야 한다.
특히 무게 하중을 차량 앞으로 실어주지만 너무 무리하게 실어서 초반 주행라인을 너무 벗어나 버리면 코너 중간까지 영향을 주기 때문에 이점을 주의해야 한다.

중간
탈출 속도를 높일 수 있는 라인을 선정하고 코너링 중 빠른 스피드를 유지시켜주며 주행할 수 있는 여러가지 테크닉을 구사해야 하는 코너이다. 앞바퀴굴림 차량은 액셀 컨트롤을, 뒷바퀴굴림 차량은 핸들링 컨트롤을 추천한다.

탈출
급격한 노면의 경사도 때문에 드라이버의 시야 확보가 어렵지만 이어지는 연속코너를 감안하여 탈출 라인 선정을 안쪽으로 잡는 것이 좋을 것이다. 안쪽 연석을 활용한 라인 선정도 추천한다.

제11코너 공략법

공략 노면의 경사도 차이가 심한 것을 이해하고 라인을 선정하며 노면의 영향으로 손실되는 랩타임을 최소화할 수 있도록 코스 공략을 해야 할 것이다. 또한 코너를 쉽게 이탈할 수 있기 때문에 안정된 페이스 조절에 신경을 써야 한다.

진입
오르막 경사도 때문에 진입시 클리핑포인트 시야 확보에 어려움이 많다. 처음 주행을 한다면 이점을 감안하여 코스가 익숙해질 때까지 너무 무리한 주행은 하지 않는 것이 좋으며, 진입보다는 탈출 위주의 주행 테크닉을 구사하는 것이 좋다.
아주 짧은 브레이킹을 해야 하기 때문에 왼발로 브레이킹을 하는 것도 좋은 방법이다.

중간
코너 중간부터 탈출까지 내리막 경사도가 심해서 안쪽 연석을 밟는 것은 바운싱을 만들어 가속에 영향을 많이 주기 때문에 되도록 밟지 않고 가속 포인트를 앞당기는 것이 바람직하다.

탈출
탈출시 스티어링휠을 풀면서 가속을 했다면 정확한 라인으로 주행했다고 봐도 될 것이다.
하지만 탈출시 아웃쪽 연석까지 밀리면서 핸들을 풀지 못하고 감고 있다면 풀가속을 못하기 때문에 주행 속도가 많이 떨어질 것이다. 그렇다면 코너 진입부터 중간까지의 라인을 수정하고 탈출 가속 속도를 높일 수 있도록 노력하는 것이 바람직하다.

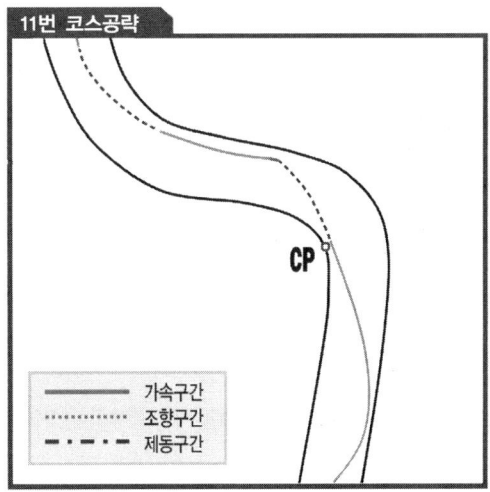

제12코너 공략법

공략 빠른 속도로 진입하면서 라인을 벗어나지 않도록 해야 하며 탈출보다는 진입을 더 신경써서 주행한다면 좀 더 좋은 기록을 볼 수 있을 것이다. 대부분 진입과 탈출 비율이 40:60이라면 이 코너는 50:50의 비율로 주행하는 것이라고 보면 될 것이다.

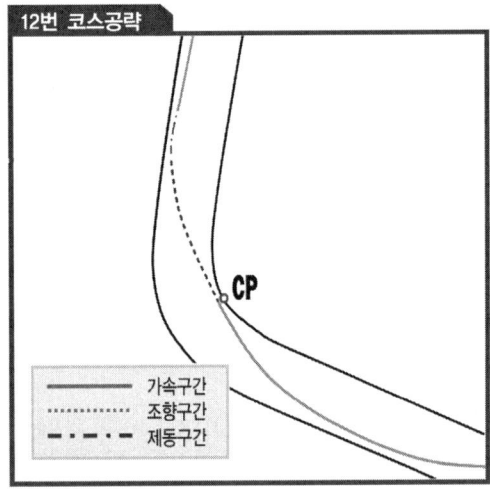

진입
드라이버가 보는 시야보다 코너 각이 더 적기 때문에 속도를 좀 더 높여서 들어가도 좋은 방법이다.
기어 단수 변화가 없다면 왼발로 브레이킹 하는 것도 추천한다. 너무 강하게 브레이킹하여 무게 하중 이동을 주면서 진입을 한다면 가속까지 영향을 주기 때문에 코너 특성상 부드러운 브레이킹 테크닉을 구사하는 것이 좋을 것이다.

중간
가속 포인트가 빨라 코너 중간부터 풀 가속을 해야 하기 때문에 탈출 시야 확보에 중점을 두고 공략을 해야 할 것이다.

탈출
풀가속을 하면서 최대한 핸들링을 빨리 복원하며 부드럽게 조작을 하는 것도 좋은 방법이다. 가속 시 최대한 롤링을 줄여줄 수 있도록 무게 하중 이동을 해야 한다.

제13코너 공략법

공략 이 코너 역시 가속 구간이 짧고 진입 스피드는 높기 때문에 50:50의 비중으로 주행하는 것이 좋다. 안쪽 연석까지 활용하여 코너링 스피드를 높여 진입하고 탈출시 롤링을 최대한 줄이면서 코스를 이탈하지 않도록 하는 것이 포인트다.

진입
짧고 강하게 하드 브레이킹을 하기 때문에 안정된 무게 밸런스가 요구되며 코스 폭을 최대한 이용한 라인을 선택하는 것이 유리하다. 특히나 진입 때 부드러운 핸들링을 필요로 하며 최대한 그립주행을 할 수 있도록 노력해야 할 것이다.

중간
빠른 스피드로 주행할 수 있도록 코스 폭을 최대한 활용하여 안쪽 연석을 이용한 주행법도 추천한다.
풀가속 포인트가 늦은 코너이기 때문에 코너 진입과 중간에서 차량 회전을 안정적으로 많이 줄 수 있도록 하는 것도 좋은 방법이다.

탈출
탈출시 가속을 너무 무리하게 하면 코스를 이탈할 확률이 높아지고 무게 하중 이동이 심할 경우 다음 코너까지의 직선 주로가 짧기 때문에 라인 선정하기가 어려워진다.
특히 핸들링 조작에 가장 큰 영향을 주기 때문에 롤링을 최대한 줄여주는 것이 바람직하다.

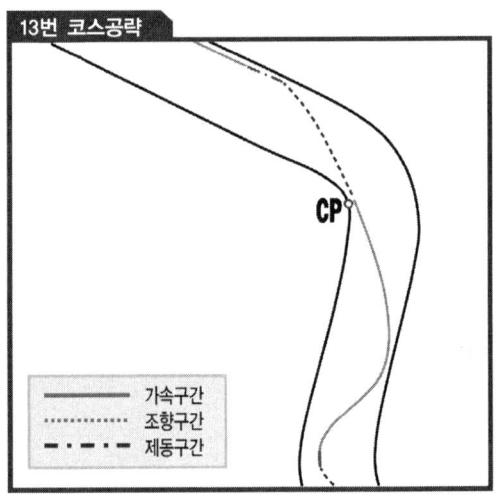

제14~15코너 공략법

공략 탈출은 가속을 위하여 진입을 안정적으로 할 수 있도록 하고 탈출 풀가속 포인트를 점점 앞당길 수 있도록 노력하며 동시에 조향 복원을 빨리 할 수 있도록 노력한다.

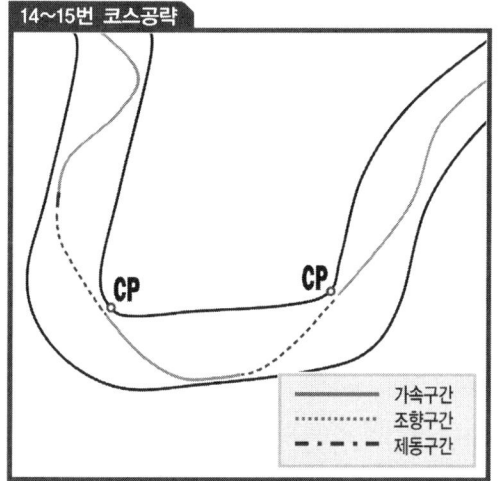

진입
탈출 위주의 주행 라인을 선정하여 약간은 진입 스피드의 손해가 있더라도 감안하고 라인을 정하는 것이 좋다.
브레이킹으로 속도를 다 맞추고 들어가면 너무 진입 스피드가 늦을 수도 있기 때문에 엔진 블록을 활용한 테크닉이 필요하다.

중간
같은 방향의 코너를 두 개 붙여놓은 연속코너지만 진입보다는 탈출 속도가 더 높은 것을 알 수 있다.
탈출시 빠른 가속을 할 수 있도록 코너 중간부터 준비해야 하며 시야 포인트를 최대한 멀리 볼 수 있도록 노력해야 할 것이다.

탈출
역방향으로 이어지는 다음 코너를 감안하여 스티어링휠을 부드럽게 조작한다면 롤링을 최대한 줄여줄 수 있을 것이다. 또한 풀가속을 하면서 동시에 핸들링이 들어가기 때문에 무게 밸런스의 복원이 늦을 수 있는 것을 주의하며 코스 공략해야 할 것이다.

제16코너 공략법

공략 메인 직선 주로를 빠르게 가기 위해 코너 탈출시 최대한 rpm을 살려 가속해야만 된다.
그렇기 때문에 코너의 비중이 진입보다 탈출 위주의 라인을 선정하는 것이 중요하며 무게 하중 이동의 양을 줄여주는 것도 하나의 방법이다.

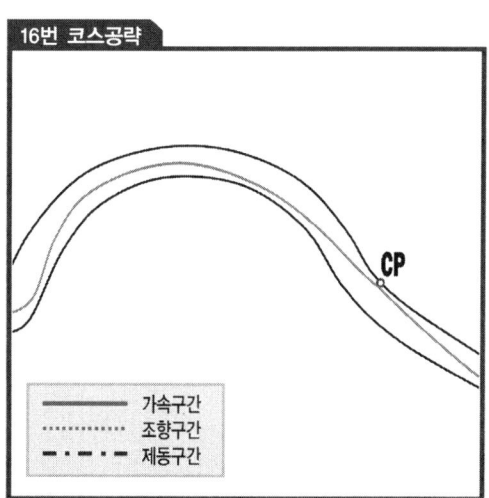

진입
진입부터 무게 하중을 많이 주면 코너 중간과 탈출 때 언더스티어 현상이 심하게 일어날 수 있기 때문에 이점을 주의하여 핸들링 한다. 풀가속하면서 동시에 핸들링이 들어가기 때문에 민감한 스티어링 조작을 필요로 하고 심하게 피칭이 일어나지 않도록 주의한다.

중간
안쪽 라인으로 붙어서 주행을 하지만 탈출 가속 rpm을 최대한 살려서 나갈 수 있도록 코너중간 라인을 정하고 코너링 속도를 높이기 위한 방법 중에서 핸들 양을 줄여줄 수 있는 라인과 테크닉을 구사하는 것을 추천한다.

탈출
풀 가속을 하면서 랩 타임을 줄여줄 수 있는 여러 가지 방법 중 적은 핸들 양으로 코너링 속도를 높일 수 있도록 하는 것이 좋으며 스티어링 복원을 빨리 할 수 있도록 탈출 위주의 라인 선정이 중요하다.

08 국내 서킷 공략법

용안 에버랜드 스피드웨이
코스별 공략법

1 용인 에버랜드 스피드웨이 코스별 공략법

우리나라는 용인 에버랜드 스피드웨이에서 자동차 경주의 90% 이상이 열린다. 규모는 작지만 교통이 편해 접근성이 좋기 때문이다. 또한 에버랜드가 바로 앞에 있어 관중 동원 및 노출도 비교적 쉬운 곳이기도 하다. 그러므로 자동차 경주에 참가하고 싶어하는 지원자들이나 취미로라도 서킷 주행에 도전해보고 싶은 마니아들에게 우선은 용인 에버랜드 스피드웨이 주행법을 익히라고 추천해주고 싶다.

또한 이곳은 최소한의 준비물만 갖추고 있으면 비교적 저렴한 비용으로 서킷 주행이 가능하다. 최소한의 준비물이란 헬멧 및 드라이빙 복장, 소화기 및 4점식 안전벨트 등이다. 또한 서킷 라이선스가 필요한데 간단한 교육만으로 취득이 가능하다.

※ 자세한 문의는 에버랜드 스피드웨이 031-320-8987번으로

08

제1코너 공략법

용인 스피드웨이에서 가장 속도가 많이 나는 코너이기 때문에 과감하게 코너를 진입할 수 있는 대담성이 중요하고, 코너 안에서의 속도가 높기 때문에 아주 예민한 핸들링을 구사하는 것이 포인트이다. 급격한 감속을 위해 브레이킹을 심하게 할 경우 무게가 앞으로 쏠려 차량이 앞으로 밀릴 수 있으니 주의해야 한다.

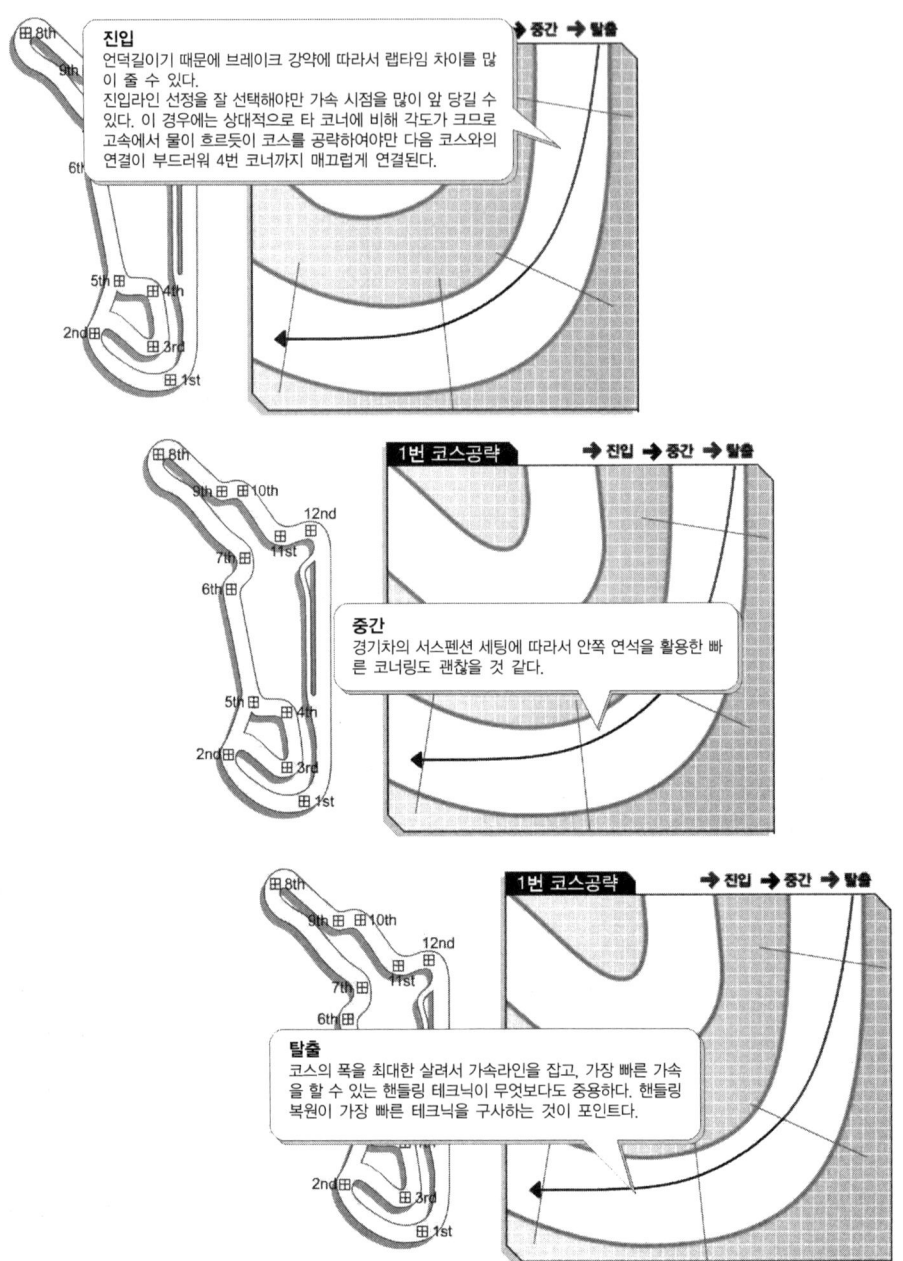

진입
언덕길이기 때문에 브레이크 강약에 따라서 랩타임 차이를 많이 줄 수 있다.
진입라인 선정을 잘 선택해야만 가속 시점을 많이 앞 당길 수 있다. 이 경우에는 상대적으로 타 코너에 비해 각도가 크므로 고속에서 물이 흐르듯이 코스를 공략하여야만 다음 코스와의 연결이 부드러워 4번 코너까지 매끄럽게 연결된다.

중간
경기차의 서스펜션 세팅에 따라서 안쪽 연석을 활용한 빠른 코너링도 괜찮을 것 같다.

탈출
코스의 폭을 최대한 살려서 가속라인을 잡고, 가장 빠른 가속을 할 수 있는 핸들링 테크닉이 무엇보다도 중요하다. 핸들링 복원이 가장 빠른 테크닉을 구사하는 것이 포인트다.

제2코너 공략법

헤어핀 중에서 가장 힘든 코너라고 봐도 과언은 아니다. 이 코스는 코너를 진입하여 탈출할 때까지 계속 내리막길이기 때문에 코스 공략을 무게중심의 이동을 잘 이용하는 라인과 테크닉을 연마하는 것이 가장 중요할 것이다. 2코너와 3코너는 연속되는 코너이기 때문에 2코너 탈출시 너무 아웃 라인을 탈 경우 3코너 진입이 어려워진다.

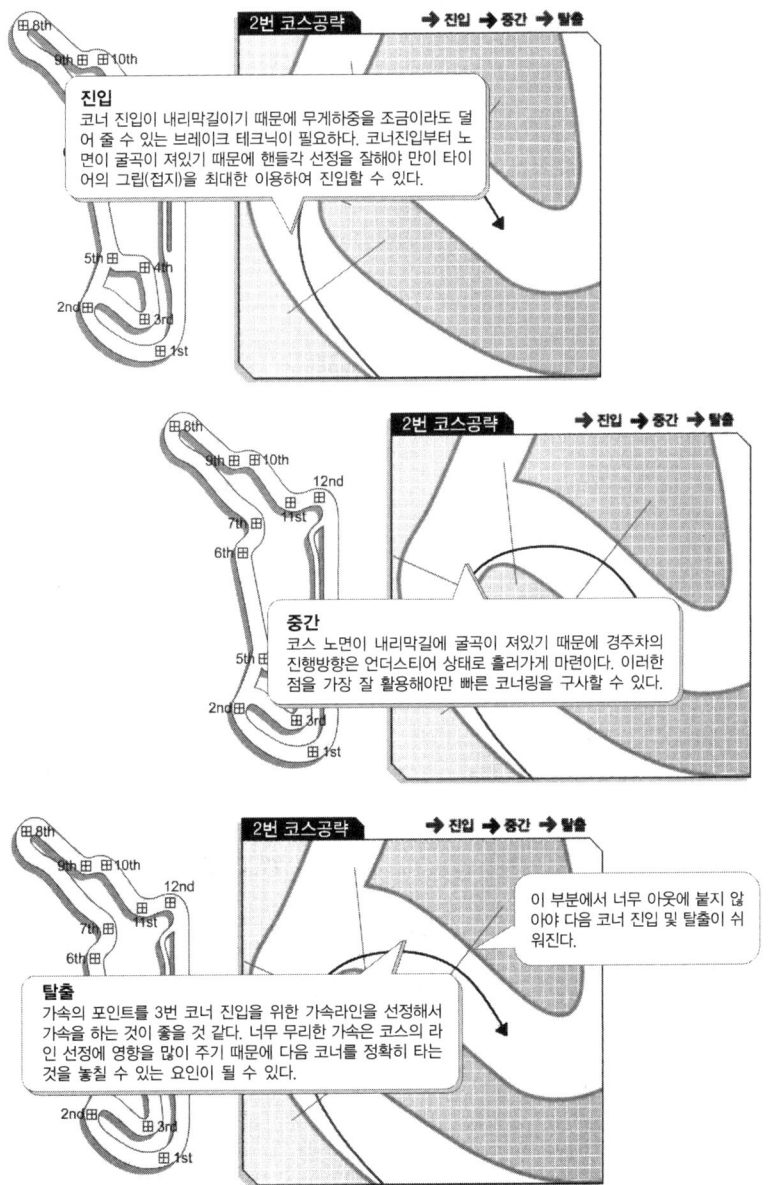

진입
코너 진입이 내리막길이기 때문에 무게하중을 조금이라도 덜어 줄 수 있는 브레이크 테크닉이 필요하다. 코너진입부터 노면이 굴곡이 져있기 때문에 핸들각 선정을 잘해야 만이 타이어의 그립(접지)을 최대한 이용하여 진입할 수 있다.

중간
코스 노면이 내리막길에 굴곡이 져있기 때문에 경주차의 진행방향은 언더스티어 상태로 흘러가게 마련이다. 이러한 점을 가장 잘 활용해야만 빠른 코너링을 구사할 수 있다.

이 부분에서 너무 아웃에 붙지 않아야 다음 코너 진입 및 탈출이 쉬워진다.

탈출
가속의 포인트를 3번 코너 진입을 위한 가속라인을 선정해서 가속을 하는 것이 좋을 것 같다. 너무 무리한 가속은 코스의 라인 선정에 영향을 많이 주기 때문에 다음 코너를 정확히 타는 것을 놓칠 수 있는 요인이 될 수 있다.

제3코너 공략법

흔히들 드라이버들간의 여담으로 용인 스피드웨이에서 가장 힘든 코너라고 많이들 이야기 할 정도로 라인 선정의 포지셔닝이 가장 어려운 코너이다. 코너를 진입하고 나서도 탈출 라인선정이 어렵기 때문에 반복적인 라인공략을 통해서 CP를 찾는 것이 중요한 코너이다. 무리하게 속도를 높이기 보다는 이어지는 다음 코너와의 연결선을 고려해서 코너링한다.

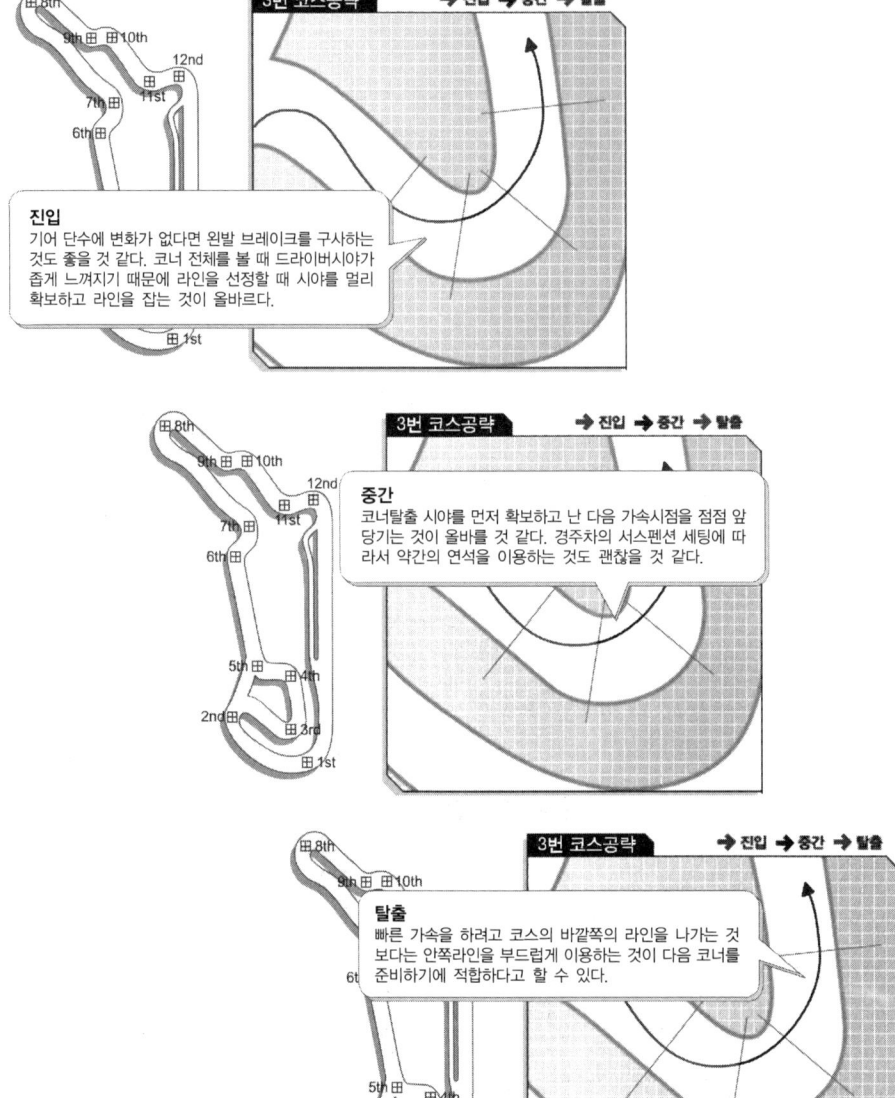

진입
기어 단수에 변화가 없다면 왼발 브레이크를 구사하는 것도 좋을 것 같다. 코너 전체를 볼 때 드라이버시야가 좁게 느껴지기 때문에 라인을 선정할 때 시야를 멀리 확보하고 라인을 잡는 것이 올바르다.

중간
코너탈출 시야를 먼저 확보하고 난 다음 가속시점을 점점 앞당기는 것이 올바를 것 같다. 경주차의 서스펜션 세팅에 따라서 약간의 연석을 이용하는 것도 괜찮을 것 같다.

탈출
빠른 가속을 하려고 코스의 바깥쪽의 라인을 나가는 것보다는 안쪽라인을 부드럽게 이용하는 것이 다음 코너를 준비하기에 적합하다고 할 수 있다.

제4, 5코너 공략법

시케인 코너 중에서도 코너 중간의 거리가 길기 때문에 코너중간의 라인 선정이 매우 중요하며 선수들의 스타일마다 각자 다른 라인을 선정하여 주행하기 때문에 어떤 라인이 빠르다고는 볼 수 없지만 4번 코너보다는 5번 코너를 좀더 빠르게 탈 수 있는 라인 선정이 이 코너의 포인트이다. 4번과 5번 코너 또한 연속코너이므로 4번 탈출 이후 너무 아웃 라인으로 붙을 경우 5번 코너 진입이 어려워지기 때문에 차량이 오른쪽으로 치우치는 것을 조심하여 이후 5코너까지 부드럽게 라인을 이어가도록 한다.

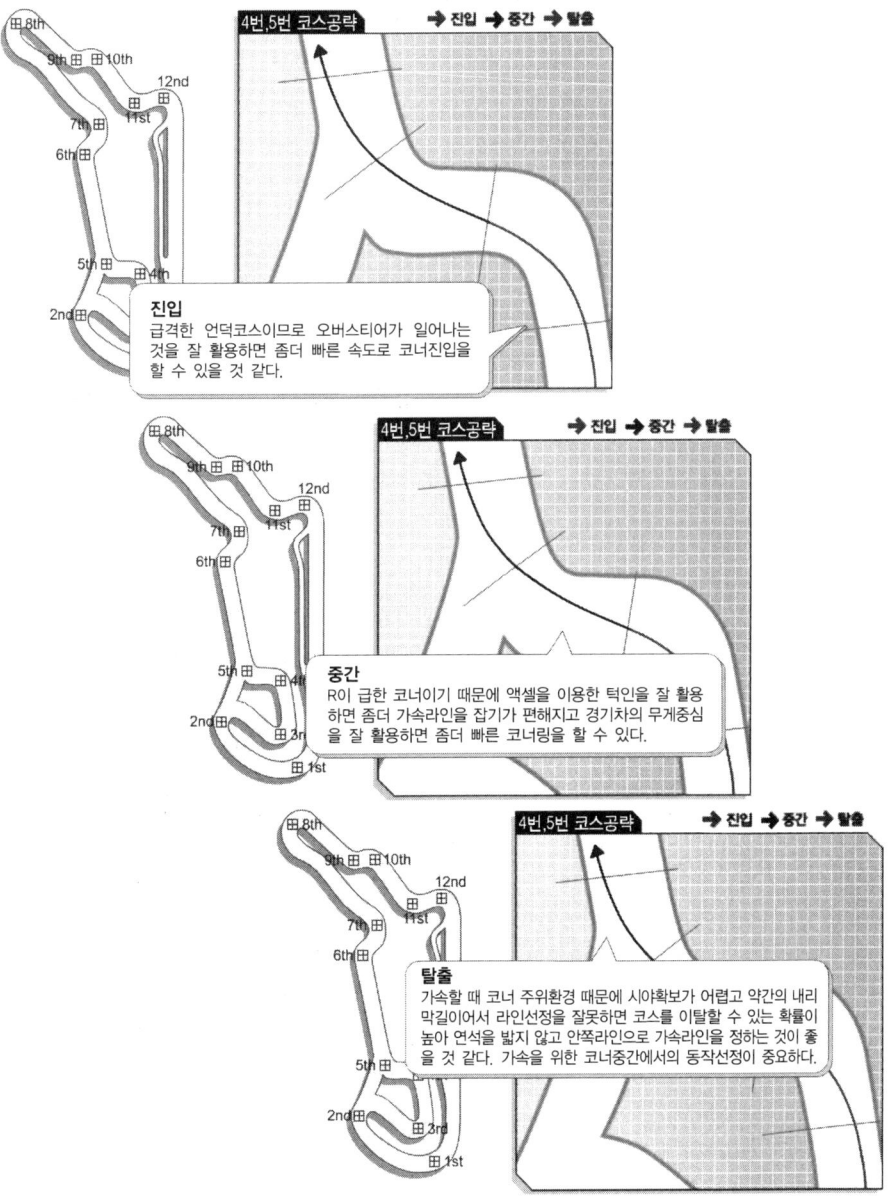

진입
급격한 언덕코스이므로 오버스티어가 일어나는 것을 잘 활용하면 좀더 빠른 속도로 코너진입을 할 수 있을 것 같다.

중간
R이 급한 코너이기 때문에 액셀을 이용한 턱인을 잘 활용하면 좀더 가속라인을 잡기가 편해지고 경기차의 무게중심을 잘 활용하면 좀더 빠른 코너링을 할 수 있다.

탈출
가속할 때 코너 주위환경 때문에 시야확보가 어렵고 약간의 내리막길이어서 라인선정을 잘못하면 코스를 이탈할 수 있는 확률이 높아 연석을 밟지 않고 안쪽라인으로 가속라인을 정하는 것이 좋을 것 같다. 가속을 위한 코너중간에서의 동작선정이 중요하다.

08

제6, 7코너 공략법

고속 시케인이므로 빠른 스피드의 컨트롤 능력이 중요하고 대부분 코너 진입시 직선에 가까운 라인 선정을 하여 다음 코너진입의 중요성을 놓치는 경우가 많은데 대부분의 시케인은 첫번째 코너보다는 두번째 코너의 라인선정이 중요하다는 것을 잊어서는 안 될 것이다. 6번 코너 진입시 7번 코너까지 염두에 두어 부드러운 라인을 그리며 7번 코너 CP 진입시 차량이 나아갈 방향을 향하도록 시야를 멀리 둔다.

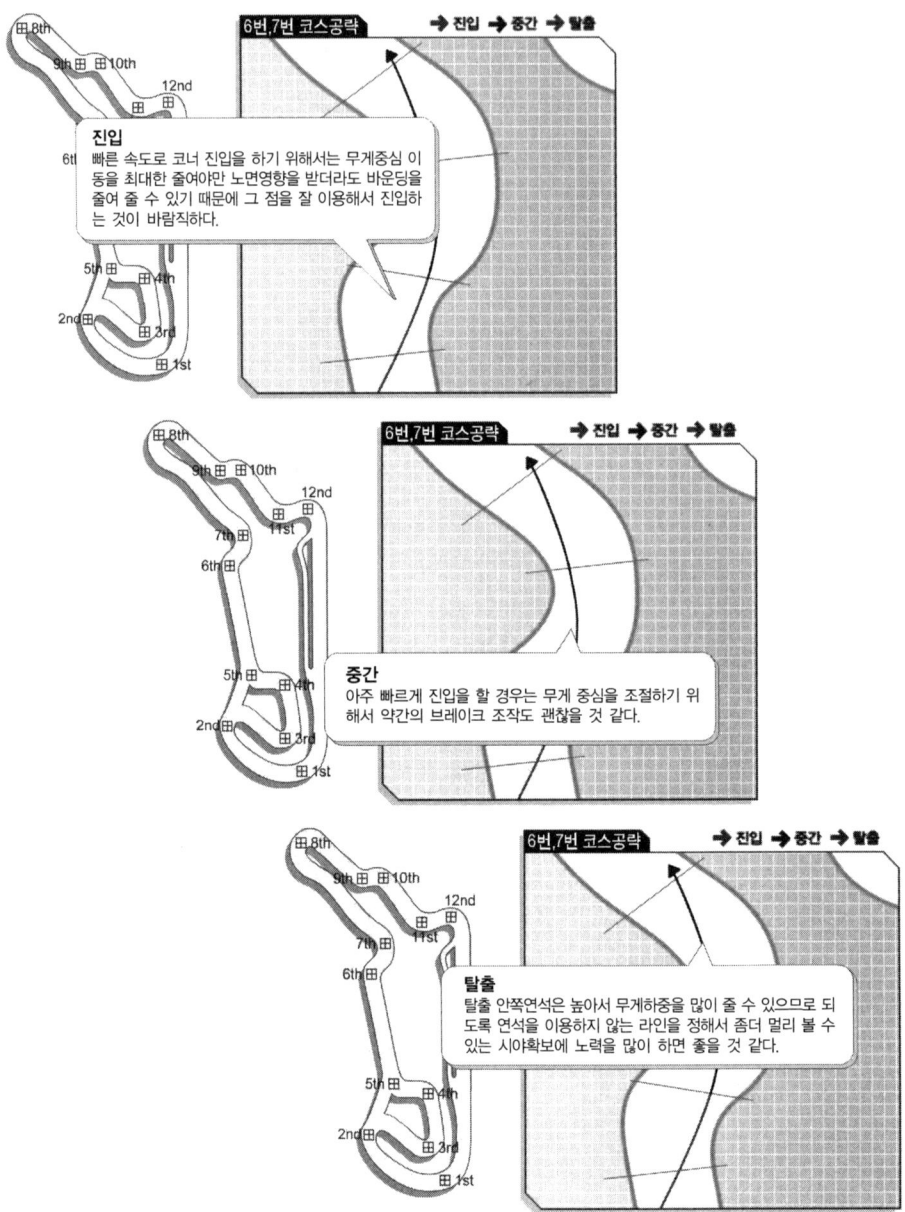

진입
빠른 속도로 코너 진입을 하기 위해서는 무게중심 이동을 최대한 줄여야만 노면영향을 받더라도 바운딩을 줄여 줄 수 있기 때문에 그 점을 잘 이용해서 진입하는 것이 바람직하다.

중간
아주 빠르게 진입을 할 경우는 무게 중심을 조절하기 위해서 약간의 브레이크 조작도 괜찮을 것 같다.

탈출
탈출 안쪽연석은 높아서 무게하중을 많이 줄 수 있으므로 되도록 연석을 이용하지 않는 라인을 정해서 좀더 멀리 볼 수 있는 시야확보에 노력을 많이 하면 좋을 것 같다.

제8코너 공략법

가장 평범한 헤어핀이나 다양한 각도로 이루어져 있다. 진입라인은 넓지만(25R×40R) 탈출라인은 급격한 R(12R)로 인하여 좁아지는 것을 느낄 수 있다. 이점을 주의해서 라인 선정을 진입할 때 눈으로만 보여지는 것만으로 CP를 선택하면 탈출 시 엄청난 무리가 따른다. 그러기 때문에 코너 중간에서 탈출 라인을 위해 기다려 주는 연습이 필요하다.

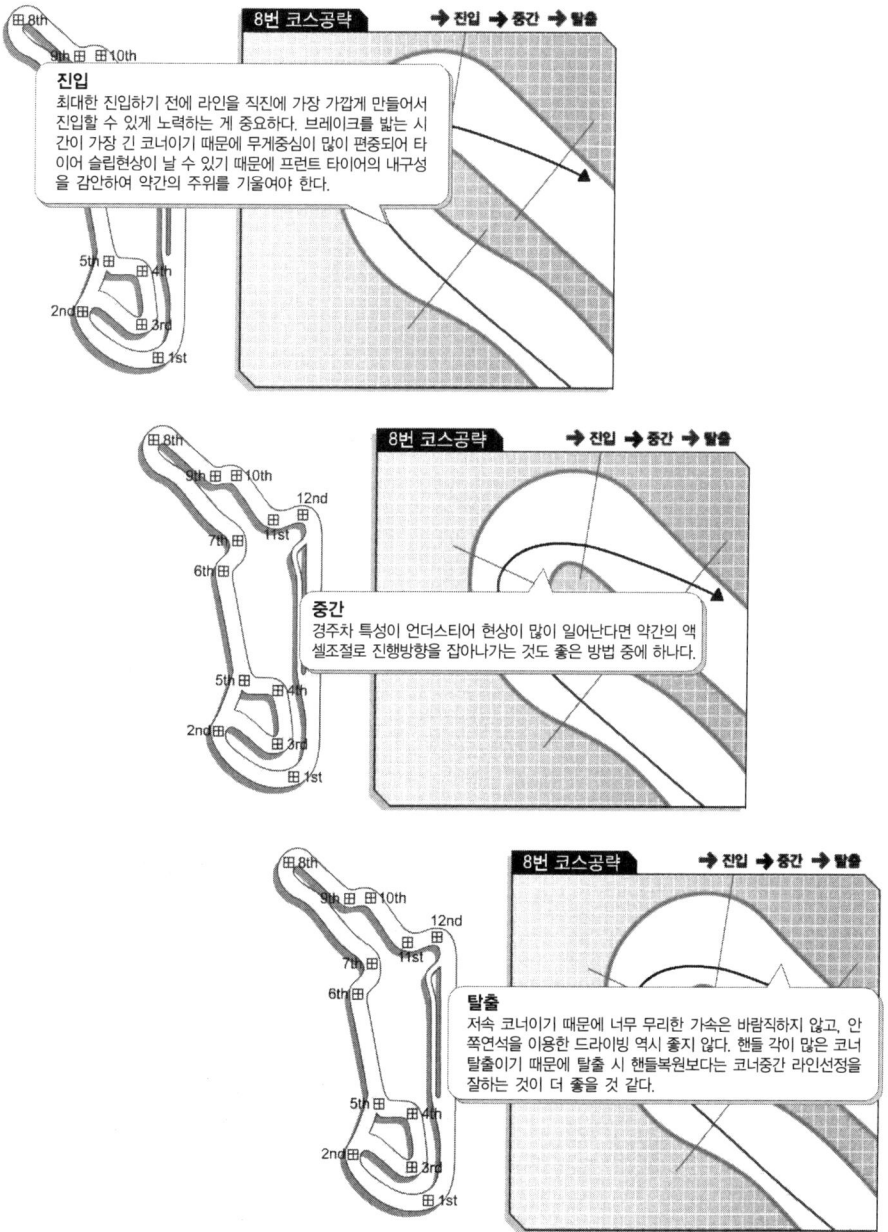

진입
최대한 진입하기 전에 라인을 직진에 가장 가깝게 만들어서 진입할 수 있게 노력하는 게 중요하다. 브레이크를 밟는 시간이 가장 긴 코너이기 때문에 무게중심이 많이 편중되어 타이어 슬립현상이 날 수 있기 때문에 프런트 타이어의 내구성을 감안하여 약간의 주위를 기울여야 한다.

중간
경주차 특성이 언더스티어 현상이 많이 일어난다면 약간의 액셀조절로 진행방향을 잡아가는 것도 좋은 방법 중에 하나다.

탈출
저속 코너이기 때문에 너무 무리한 가속은 바람직하지 않고, 안쪽연석을 이용한 드라이빙 역시 좋지 않다. 핸들 각이 많은 코너 탈출이기 때문에 탈출 시 핸들복원보다는 코너중간 라인선정을 잘하는 것이 더 좋을 것 같다.

제9, 10코너 공략법

짧은 시케인 코너지만 다른 시케인 코너와 좀 다르게 주행을 해야 하는 점이 이 코너의 틀린 점이라고 말할 수 있다. 다음 코너까지의 거리가 짧아서 탈출보다는 진입에 더욱 신경을 쓰고 탈출시에는 다음 코너를 준비할 수 있는 라인선정에 포인트를 맞추어 주행하는 것이 중요하다.

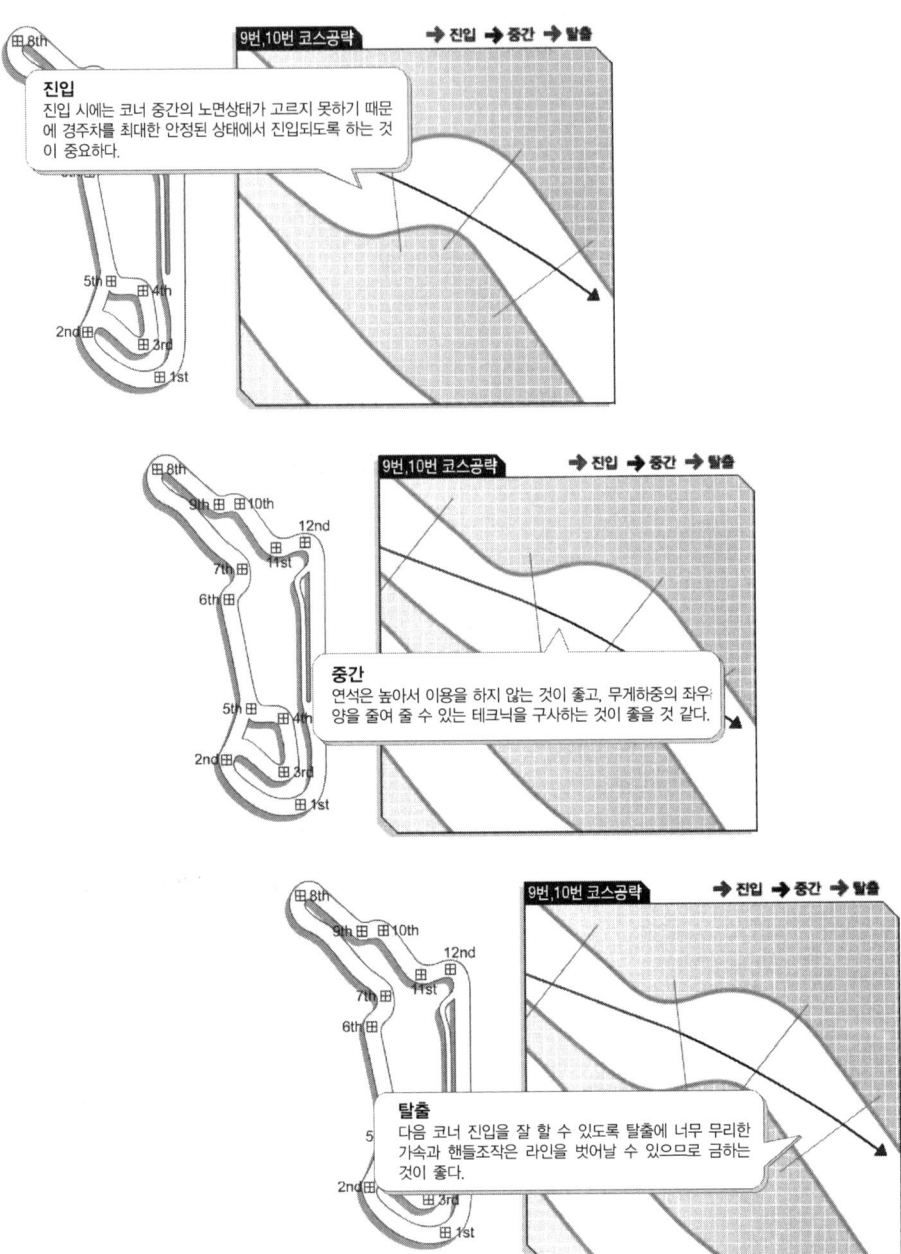

진입
진입 시에는 코너 중간의 노면상태가 고르지 못하기 때문에 경주차를 최대한 안정된 상태에서 진입되도록 하는 것이 중요하다.

중간
연석은 높아서 이용을 하지 않는 것이 좋고, 무게하중의 좌우양을 줄여 줄 수 있는 테크닉을 구사하는 것이 좋을 것 같다.

탈출
다음 코너 진입을 잘 할 수 있도록 탈출에 너무 무리한 가속과 핸들조작은 라인을 벗어날 수 있으므로 금하는 것이 좋다.

제11, 12코너 공략법

용인 스피드웨이 경기장에서 가장 중요한 코너라고 생각한다. 이 코너를 어떻게 타는가에 따라서 450m의 직선코스를 얼마나 빠르게 갈수 있는가가 달려 있기 때문이다. 레이스 결승 때 앞 차량을 공략하기가 가장 좋은 코너이기 때문에 코너 탈출의 중요성을 잘 생각하여 코너 공략을 해야 한다.

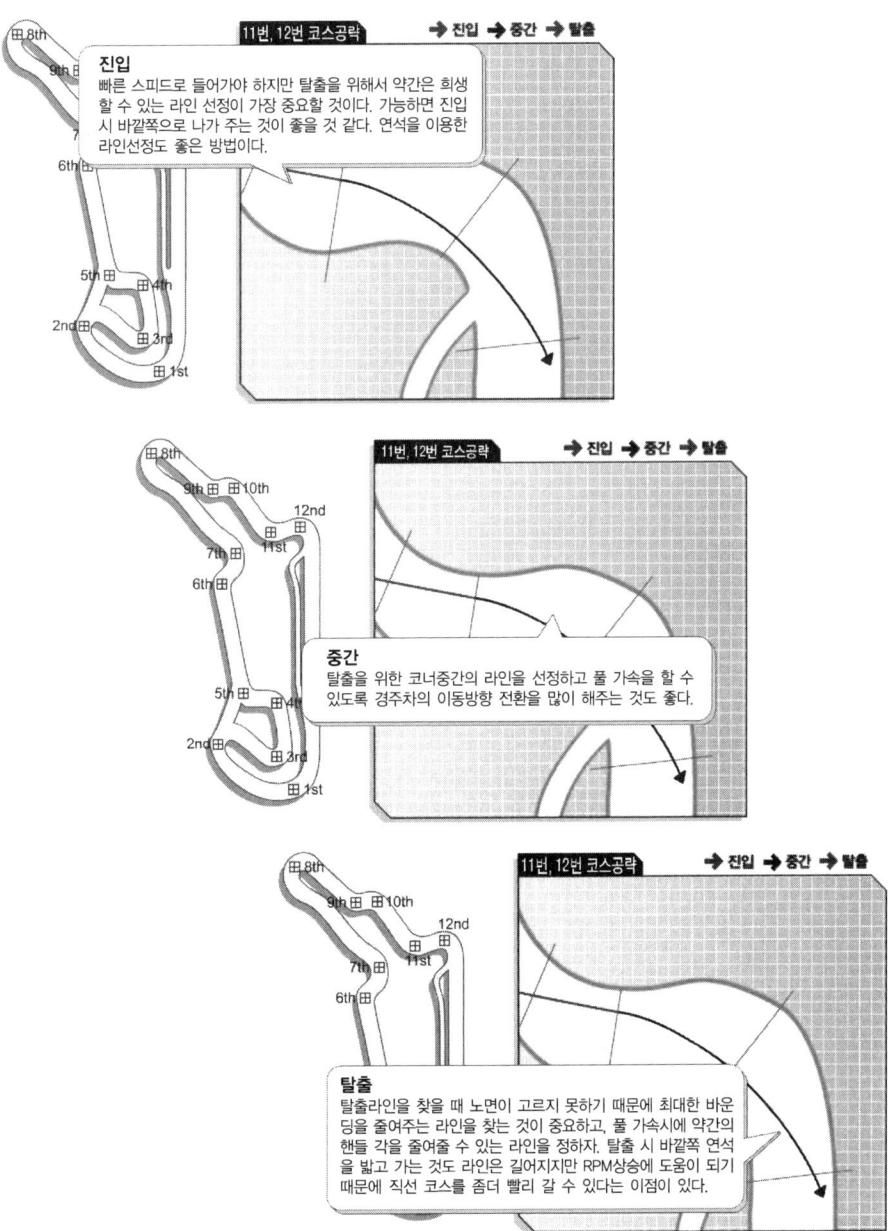

진입
빠른 스피드로 들어가야 하지만 탈출을 위해서 약간은 희생할 수 있는 라인 선정이 가장 중요할 것이다. 가능하면 진입시 바깥쪽으로 나가 주는 것이 좋을 것 같다. 연석을 이용한 라인선정도 좋은 방법이다.

중간
탈출을 위한 코너중간의 라인을 선정하고 풀 가속을 할 수 있도록 경주차의 이동방향 전환을 많이 해주는 것도 좋다.

탈출
탈출라인을 찾을 때 노면이 고르지 못하기 때문에 최대한 바운딩을 줄여주는 라인을 찾는 것이 중요하고, 풀 가속시에 약간의 핸들 각을 줄여줄 수 있는 라인을 정하자. 탈출 시 바깥쪽 연석을 밟고 가는 것도 라인은 길어지지만 RPM상승에 도움이 되기 때문에 직선 코스를 좀더 빨리 갈 수 있다는 이점이 있다.

09 라이선스를 취득하자

모터스포츠 참가에 필요한 라이선스
카레이서가 되고 싶다고요?

1 모터스포츠 참가에 필요한 라이선스는 3가지

서킷을 주행하려고 하면 라이선스가 필요하다. 이 점에 대해서는 의외로 많은 사람들이 혼동하고 있는 경우가 많아 이 기회에 정확히 알아둘 필요가 있어 자세히 설명하려 한다. 보통 자동차 경주에 참가하려면 세 가지의 라이선스를 필요로 한다.

우리가 일반 도로를 달리려 하면 운전면허가 필요하다. 경찰청에서 시행하는 필기 및 실기 시험을 모두 통과해야만 얻을 수 있는 자격증으로 일반 공도를 달릴 수 있는 라이선스라 할 수 있다. 이처럼 도로를 달리는 라이선스가 운전면허증이라면 서킷을 달리기 위해 필요한 면허가 있으니 그것이 바로 서킷 라이선스다.

서킷 라이선스는 말 그대로 서킷을 달릴 수 있는 라이선스다. 이 라이선스의 취득 방법은 의외로 간단하다. 해당 서킷에서 진행하는 강의에 참가하여 교육을 받으면 절차가 끝난다. 물론 연간 회비를 내야 한다. 예를 들어 용인 에버랜드 스피드웨이의 경우 보통 한 달에 한번 정도 라이선스 교육을 진행한다.

서킷은 레이스 개최 뿐만 아니라 레이싱스쿨 등 다양한 활동의 장이다. 특히 스포츠카를 소유한 사람들의 레이싱스쿨 참가 및 새로운 레포츠로서의 서킷 활용은 이미 선진국에서는 대세로 자리잡고 있다. 에버랜드에서 개최된 레이싱스쿨 장면
(www.racingschool.co.kr)

정규적인 시간 외에 단체가 신청하면 교육을 해주기도 한다. 만약 정규 교육 시간에 맞출 수 없을 때는 가끔씩 진행되는 단체 교육시간을 이용하는 것도 방법이다. 또한 서킷에서 인정한 레이싱스쿨에서 교육을 받을 경우에도 인정을 해준다.

그럼 왜 서킷 라이선스가 필요한 것일까? 운전면허가 있으면 누구나 쉽게 딸 수 있는 서킷 라이선스를 번거로운 절차를 걸쳐 발급하는 데에는 다 이유가 있다. 서킷은 항상 사고의 위험이 도사리고 있다. 그렇기 때문에 나름대로의 규칙이 엄격하다. 군대로 말하면 사격장 군기에 비교할 수 있을 것이다. 여러 사람들이 함께 이용하고 또 위험 사고가 도사리고 있는 만큼 엄격한 규정은 필수적이라 할 것이다

서킷에서는 앞에서 언급했듯이 모든 신호를 깃발로 한다. 넓은 지역에서 그것도 자동차의 머플러 소리가 시끄러울 수 있기 때문에 음성 신호로는 전달이 100% 되질 않기 때문이다. 그러므로 서킷을 주행하는 사람들은 이 깃발 신호의 의미를 정확히 알고 있어야 한다. 그래야 본인의 사고도 방지하고 남에게 피해를 주지 않게 된다.

두 번째는 **고장이나 사고가 났을 때의 대처법**이다. 서킷에서는 자동차가 사고도 날 수 있고 고장이 날 수도 있다. 그래서 주행이 불가능할 때 이에 대한 대처를 할 수 있어야 한다. 만약 대처가 제대로 이루어지지 않는다면 다른 주행차를 방해할 뿐 아니라 또 다른 사고로 이어질 수 있기 때문이다. 또 처리 방법을 몰라 본인이 서투르게 서두르다 더 큰 사고를 유발할 수도 있다. 피트에서 코스로 나가는 방법, 반대로 코스에서 피트로 들어오는 방법, 제한속도 등도 잘 숙지해두어야 한다.

세 번째는 **서킷주행 시 예절**이다. 서킷은 여러 대의 차량이 빠른 속도로 달리는 곳이기 때문에 서로에 대한 배려가 없다면 원활한 주행이 어려울뿐더러 사고를 일으킬 우려도 있다. 때로는 감정이 상해 서로 간에 다툼이 있을 수 있다. 올바른 주행 및 추월방법도 중요하지만 자기보다 빠른 차량을 배려하는 자세도 중요하다.

외국에서는 안전운전 교육이 널리 보급되어 있다. 사고 예방에 가장 탁월한 효과를 보고 있기 때문이다. 트럭에 보조 바퀴를 달아 코너링 연습을 하고 있는 교육 모습

서킷에서는 누구나 평등하지만 그 평등함을 인정받는 방법은 아이러니하게도 자신의 수준을 인정하고 자신보다 빠른 사람이나 차량을 인정해주는 것이다. 그러나 자기보다 빠르다 해서 무조건 비켜주는 것이 방법은 아니다. 때론 비켜주기 위해 차선을 변경하다가 더 큰 사고로 이어질 수 있기 때문이다. 뒤에서 빠른 차량이 다가오면 레코드 라인만 막지 않고 주행하거나 약간 속도를 줄여주어서 뒷차가 알아서 추월하도록 하는 것이 안전한 방법이다.

서킷 라이선스는 해당 서킷마다 모두 발급받아야 한다. 우리의 경우 서킷이 많지 않아 주로 용인 에버랜드 스피드웨이에서 발급받고 있지만 외국처럼 여러 군데의 서킷을 오가면서 경기를 치러야 한다면 각각의 서킷에서 모두 서킷 라이선스를 발급받아야 한다.

절차는 용인 에버랜드 스피드웨이의 경우 서킷 라이선스 신청서, 반명한 사진 1매, 운전면허증, 건강진단서(A라이선스만 필요) 등이 필요하다. 건강진단서는 A라이선스를 따려는 사람만이 필요하다. 보통 병원에서 할 수 있는 가장 간단한 건강진단서에 심전도 및 혈당만 추가되면 된다. A라이선스는 시합 그 중에서도 레이스에 참가하려는 사람들에게 필요하며, 레이스 외의 아마추어 경기나 단순히 서킷 주행만을 즐기길 원하는 사람들이라면 B라이선스로 충분하다. 비용은 연간 기준으로 A가 11만원, B가 6만원이다. B를 가지고 있다가 시합에 나가게 되면 그때 추가 비용 및 건강진단서를 내기만 하면 쉽게 A로 바꾸어 준다.

F1에 참가하려면 슈퍼 라이선스 필요

세 번째 라이선스는 선수 라이선스다. 한국자동차경주협회(KARA)에서 공인하는 경기에 참가려면 KARA가 발행한 라이선스(경기운전면허증)가 필요하다. 라이선스에는 국내B, 국내A, 국제C, 국제B, 국제A의 5종류가 있다(KARA 드래그 및 4X4는 별도). 2009년 국내에서 개최된다 하여 관심을 모으고 있는 F1의 경우는 어떤 라이선스가 필요할까? 세계 최정상의 선수들이 참가하는 경기인 만큼 당연히 슈퍼 라이선스가 필요하다. 이것은 국제A 라이선스를 소지한 것 그 이상으로 경력 등에 따라 FIA로부터 발급되는 특별한 라이선스다. 당연히 우리나라는 아직까지 발급받은 사람이 없다.

선수 라이선스는 KARA에서 발급하는 라이선스인 만큼 KARA 공인 경기에 참가할 경우에는 반드시 필요하다. 만약 KARA 공인을 받지 않는 소규모 경기나 아마추어 경기라면 굳이 필요하지 않다. 이처럼 KARA 공인 경기에 참가하려면 운전면허증, 서킷 라이선스 및 선수 라이선스까지 3가지 면허증이 필요하다.

국내B는 투어링B 경기에 참가가 가능하다. 그 외 투어링A 이상의 경기 및 포뮬러에 참가하고자 하면 국내A 라이선스가 필요하다.

신청시 필요한 서류는 신분증 사본 1통, 운전면허증 앞뒤 사본, 반명함판 사진 1매, 선수등록 신청서 외에 레이싱스쿨을 수료했을 경우 수료증을 복사하여 첨부하면 된다. 선수등록 신청서는 KARA 홈페이지(www.kara.or.kr) 자료실(3번)에서 다운로드받을 수 있다. 여기서 한가지 주의할 점은 보통의 선수 라이선스는 운전면허증이 필요하나 포뮬러의 경우는 예외 조항을 두고 있다. 포뮬러는 조기 교육의 필요상 면허증 취득 전이라도 일정 자격이 되면 A 라이선스를 발급받을 수 있다. 최근 청소년들의 포뮬러 데뷔가 이어지고 이 경력을 이용하여 대학에 특기생으로 진학하는 경우가 많아진 것도 라이선스의 조기 발급과 관련이 있다.

서킷 라이선스나 선수 라이선스 모두 1년에 한번씩 갱신을 해야 한다. 그러나 그 기간의 기준이 다르다. 서킷 라이선스는 발급받은 날부터 1년간 유효하나 선수 라이선스는 당해연도 1월 1일부터 12월 31일까지를 기준으로 한다. 보통 선수 라이선스는 시합을 나가려는 사람들이 주로 따기 때문에 시즌에 맞춰져 있다. 그러므로 가을쯤 선수 라이선스를 발급받으려 한다면 잠시 기다렸다가 그 해 마지막 달에 다음 년도 선수 라이선스를 신청하는 것이 바람직하다.

국제 라이선스와 공인경기

협회 공인 경기에 참가하려면 그 경기에 해당하는 라이선스가 필요하다. 협회 공인경기에는 국제 경기, 준국제 경기, 국내 경기, 준국내 경기 등등 등급이 나눠져 있다. 등급이 나눠졌다고 해서 특별히 더 높다거나 높지 않다거나 하는 문제는 아니다. 꼭 프로들이 참가하는 경기가 아니더라도, 예를 들어 초보자들이 참가하는 작은 경기에서라도 우승해서 입상한다는 것도 어려운 것이다. 물론 협회가 공인한 큰 경기에 나가 입상하고 이름을 날리는 것도 중요하지만 비용 등 여러 조건이 여의치 않을 경우가 있다. 이럴 경우에는 비공인 경기라도 작은 규모의 경기에 참가하여 참고 버티면서 미래를 기약하는 방법도 시도해봄직 하다. 단 협회의 공식 이벤트에서 자신의 순위가 어느 정도인지를 알고 있으면 자신이 이벤트에 참가할 때에도 한계를 알게 된다.

국내 경기를 벗어나 더 큰 규모의 이벤트를 꿈꾼다면 당연히 준국제 경기나 국제 경기가 될 것이다. 아직 우리나라 수준에서 볼 때 국제 규모급 경기가 많질 않지만 이럴 경우 국내A 라이선스로는 불가능하고 그 위 등급인 국제C 라이선스가 있어야 한다. 이것이 있으면 국내에서 행하는 KARA 공인의 경기 및 FIA 가맹국에서 개최되는 국제 스포츠 캘린다에 등록된 준국제 레이스, 국제 랠리, 스피드 경기에 운전자로 참가할 수 있는 자격이 주어진다. WRC(세계랠리선수권)도 이 라이선스로 출전이 허가된다.

아마추어 레이스인 스피드 페스티벌, 클릭과 세라토만이 참가 가능하다.

국제경기와 준국제 경기라고 하는 것은 FIA 국제 스포츠 캘린더에 등록되어 있고 KARA 국내 스포츠 캘린더에 등록된 경기를 말한다. 참가자격은 국제A, B(준국제는 C로 가능)가 필요하다.

대표적인 것은 포뮬러1 세계선수권(슈퍼 라이선스가 필요)과 포뮬러 GP2(과거의 F3000) 등이 있다.

국내 경기와 준국제 경기의 참가자격은 개최국의 라이선스 소지자로서 특별하게 제한을 두지 않으면 개최국의 국제 라이선스 소지자도 참가가 가능하다. 예를 들어 국내에서 코리아 F3 선수권, 코리아 랠리 선수권, 짐카나와 더트 트라이얼의 코리아 스피드 경기 선수권 등이 열린다고 가정하면 여기에 해당한다.

선수 라이선스 취득방법

한국자동차경주협회(KARA)가 2004년부터 선수 라이선스 비용을 대폭 삭감했다. 이로 인해 과거 10~30만원 대이던 라이선스 비용이 1/10 가격으로 저렴해져 누구나 쉽게 취득할 수 있게 되었다. 협회는 가격을 내린 대신 선수 라이선스 취득 자격을 강화한다고 밝혔다. 과거는 비용만 내면 누구나 선수 라이선스를 발급받을 수 있었던 것을 이제는 일정 자격 조건을 갖춘 사람에게만 발급한다는 것이다.

선수 라이선스 취득시 필요한 서류 및 가격은 다음과 같다.

1. 선수 자격(라이선스) 취득에 필요한 서류
1) 신분증 사본(주민등록증, 여권, 주민등록초본)
2) 운전면허증 앞, 뒤 사본
3) 반명함판 사진 1매
4) 선수등록신청서(협회 사이트 자료실- 3번 다운로드)

※ 첨부서류 : 본인 테스트(자격시험)를 대신하는 첨부서류 : 아래 내용 중 1부 선택
- 레이싱스쿨 수료증 복사본 1부
- 한국자동차경주협회 소속 레이싱 팀 교육 이수자 또는 팀장 추천서 1부

2. 금 액
※ 국내용 기본 라이선스
1) 라이선스 C (초급, 신인용)   : 라이선스비 10,000 + 기본 1년 회원비 30,000원
   (총 40,000원)
2) 라이선스 B (등급C에서 갱신) : 라이선스비 20,000 + 기본 1년 회원비 30,000원
   (총 50,000원)
3) 라이선스 A (등급B에서 갱신) : 라이선스비 30,000 + 기본 1년 회원비 30,000원
   (총 60,000원)

선수 라이선스 취득을 원하는 사람들은 위에서 언급한 서류를 모아 아래 주소로 우편발송해 주면 협회에서 처리하여 재 발송해준다.

주소 : (우) 138-050 서울 송파구 방이동 88-2 올림픽공원 내 테니스경기장 114호
(사) 한국자동차경주협회

2 카레이서가 되고 싶다고요?

먼저 꿈과 목표부터 정한다

카레이서를 되겠다고 문의하는 사람들이 무척 많다. 나이가 어린 학생들부터 나이가 지긋한 분들까지 다양한 연령층이 특징이다. 그런데 의외로 카레이서에 대한 정보가 부족하고 잘못 알고 있는 사람들이 많다. 여기서는 카레이싱에 입문하려는 사람들을 위한 곳이다. 어떻게 해야 카레이서가 될 수 있는지 어떤 과정과 준비가 필요한지를 살펴본다.

우선 왜 카레이서가 되려고 하는가부터 살펴보자.
"차가 좋아서."
"어릴 때부터 차를 좋아해서요."
"꿈은 있었으나 현실의 벽에 막혀 포기했는데 이 나이에도 할 수 있을까요?"
"팀에 들어가고 싶은데 테스트 받는 방법이 없을까요?"
"팀에 들여만 주세요. 어떤 일이라도 할 테니 시합만 나가게 해주세요."

사실 수많은 전화를 받으면서 안타까울 때가 한두 번이 아니다. 과거 외국의 유명한 카레이서가 찾아오는 선수 지망생에게 통장에 잔고가 얼마나 있는가부터 물었다는 일화가 있다. 산업사회에서 그것도 가장 자본주의적인 스포츠라 할 수 있는 자동차경주에 참가하는 것은 의외로 간단하면서도 장벽이 많다.

가장 큰 문제가 비용이다. 자동차 경주는 특성상 자동차가 있어야 하며 그 차를 경기용으로 개조하고 헬멧, 드라이빙 슈트, 글러브 등등 필요한 준비물이 다양하고 고가인 경우가 많다. 또 혼자서 하기가 쉽지 않다 보니 연습만 하는데도 비용이 꽤 들어간다. 그렇다고 포기할 필요는 없다. 과거보다 다양한 여러 가지 유형의 경기가 생겼기 때문에 자기 수준에 맞는 클래스를 선택하야 조금씩 준비해 나간다면 그 꿈이 보이기 때문이다.

처음엔 부모의 도움없이는 시작하기 어려워

카레이서가 되기 전 준비해야 할 첫 번째는 자신의 꿈과 목표를 설정하는 일이다. 카레이서가 되겠다는 꿈만 가진다고 모든 게 이루어지는 것은 아니다. 그 꿈과 목표가 구체적이고 현실적일 때 가능성이 생기기 마련이다.

우선 카레이서를 직업으로 가질지 아니면 단순히 취미로 삼을지를 먼저 결정해야 한다. 중년이 되어서 생활이 안정된 사람이 뒤늦게 포기하고 살았던 젊은 시절 꿈을 실현하기 위해 카레이서가 된다고 할 때 지금까지의 모든 생활과 수입을 포기하면서까지 카레이가 되겠다고 하지는 않을 것이다. 당연히 취미로 아마추어 수준의 레이스를 선택하기가 쉽다.

문제는 나이가 어린 카레이서 지망생들이다. 그들 대부분의 경우 재정적 자립능력이 없기 때문에 처음에는 부모님의 도움이 필요하다. 결국 부모가 적극적으로 도와주지 않는다면 카레이서의 꿈에 도전할 수조차 없다는 것을 이해해야 한다. 개중에 아르바이트를 해서라도 카레이서가 되겠다는 의지를 보이는 사람도 있으나 어린 사람들이 아르바이트해서 많은 비용이 드는 카레이서를 한다는 것이 쉽지만은 않은 게 현실이다.

처음 시작하는 사람은 이처럼 자신의 상황을 이해하고 그 상황 하에서 참가할 종목을 선택해야 한다. 예를 들어 장래 F1 드라이버를 꿈꾼다면 시작은 포뮬러가 유리하다. 그러나 투어링카를 꿈꾼다면 굳이 비용이 많이 드는 포뮬러를 쳐다볼 이유는 없다. 포뮬러로 시작한 사람은 나중에 클래스를 바꿔도 그다지 실패율이 적은 편이지만 투어링카로 시작한 사람은 나중에 포뮬러로 전환하기가 상대적으로 어렵다고 할 수 있다.

우리나라의 경우 포뮬러는 단일 종목이고 또 참가대수가 많지 않기 때문에 경쟁이 비교적 약하지만 비용이 많이 드는 게 흠이다. 반면 투어링카는 종목이 많고 다양하기 때문에 처음 시작하는 사람들에게는 아무래도 유리한 편이다. 특히 아마추어 경기도 활성화되어 있어 비교적 적은 비용으로 참가할 수 있다는 게 장점이다.

카트는 어린 학생들도 참가할 수 있다. 외국 유명 카레이서들도 어려서부터 필수적으로 거치는 과정이기도 하며 어른들에겐 즐거운 탈 것을 제공하기도 한다.

카트 뿐만 아니라 포뮬러의 경우도 학생 신분으로 참가가 가능하고 또 요즘 몇몇 대학에서 경주 참가 경력을 인정하여 특기생을 뽑기도 하기 때문에 자신이 원하는 자동차 관련학과에 가기 위해서 도전해볼 가치도 있다. 사실 어설프게 학원 다니면서 공부해도 대학가기가 쉽지 않은 요즘, 자신이 꿈꾸는 카레이서에 도전하면서 좋아하는 자동차과에 입학할 수 있다는 것은 확실히 구미가 당겨지는 유혹이다. 더군다나 포뮬러의 경우 참가대수가 5대를 넘지 못하기 때문에 조금만 열심히 하면 시상대에 설 수 있기 때문이다.

반면 투어링카는 너무 클래스가 많고 참가자도 많기 때문에 웬만히 잘하지 않고서는 눈에 뜨이지도 않거니와 이름을 알리기도 어렵다. 성적이 좋아서 다음 클래스로 넘어가려 하면 또다시 경주차를 마련해야 한다. 결국 처음에는 비용이 적게 드는 것 같지만 자신을 알리는 기회비용이나 차를 수시로 바꿔야한다는 점을 고려해볼 때 길게 보면 결국 만만치 않은 비용이 들게 된다. 만약 투어링카를 목표로 두었다면 가능하다면 처음부터 클래스를 높여 도전하는 것이 바람직하다. 차를 바꾸는 데 비용이 들지 않을 뿐만 아니라 새로운 경주차에 적응하는 시간도 줄일 수 있기 때문이다. 또한 클래스가 높아지면 자신을 알릴 기회도 따라서 높아져 투자가치를 따져볼 때도 한번 도전해봄직하다.

그러나 조금이라도 좋은 조건에서 경주를 시작하려면 그만큼 대가를 치러야 하는데 아무래도 자금이 뒷받침되지 않고서는 앞으로 나아가기가 쉽지 않다.

차를 사서 시합에 나가려 해도 이번엔 메인터넌스가 문제가 된다. 레이스는 혼자서 하기가 쉽지 않기 때문인데 특히 차량을 메인터넌스해주는 전문 숍을 구하거나 아니면 미캐닉을 구해야 한다. 메인터넌스도 어떻게 어느 정도까지 해주냐에 따라 비용이 달라지므로 자신의 수준에 맞추어서 선택해야 한다. 당연히 좋은 장소에서 자신의 차량을 메인터넌스하기 위해서는 많은 비용을 들여야 하는데 그렇지 않다면 대중적인 장소를 이용할 수밖에 없다.

연습도 혼자 하느냐 아니면 선배나 전문가(혹은 스승)를 동반하느냐도 차이가 난다. 연습을 하기 위해서는 선수 라이선스를 매년 갱신해야 하며 한번 서킷에 들어가 연습할 때마다 티켓을 끊어야 한다. 당연히 주행하는 만큼 주행비, 연료 등이 더 들게 되고 차량의 소모품도 빨리 닳게 된다. 차량 메인터넌스도 자주 해야 하므로 그 비용이 만만치 않다.

그러나 만약 취미로 모터스포츠에 참가하는 거라면 굳이 많은 비용을 들여서까지 차를 튜닝이나 메인터넌스할 필요는 없다. 연습도 자신의 시간을 고려하여 부담없이 참가한다. 물론 차량도 자기 수준에 맞게 중고차를 포함하여 폭넓은 선택을 해야 한다.

레이싱스쿨의 가장 첫째 조건은 안전운전이다. 자신의 안전을 보장할 수 없이 주행은 불가능하기 때문이다. 레이싱스쿨 교육 장면 (www.racingschool.co.kr)

가장 중요한 것은 드라이빙 테크닉 연마

아마추어건 프로건 어느 쪽을 지향하더라도 처음엔 차량에 비용을 많이 들이지 말고 자신의 드라이빙 테크닉을 높이는데 주력해야 한다. 처음에는 욕심내지 않는다고 해놓고서는 시합에 한번 참가한 뒤로는 마음이 변하는 사람이 많다. 물론 경쟁에서 지고 마음이 편한 사람은 없을 것이지만 패배의 이유를 차량 혹은 튜닝으로 몰아가는 것은 바람직하지 못하다. 그럴 경우 '만약 1등하는 선수의 경주차로 본인이 참가하면 우승할 수 있을까?'를 고민해볼 필요가 있다. 차 때문에 우승하지 못했다는 판단이 서면 차에 비용을 들여도 된다. 자신의 기술은 애써 외면하고 차에만 몰입하는 레이서가 오래 갈 수가 없다. 그만큼 비용이 더 들어 선수 생활을 지속하기 어렵고 또 기술이 향상되지 않아서도 좋은 성적을 내기 어렵기 때문이다.

혼자서 하기 어렵기 때문에 팀이나 혹은 전문 메인터넌스 전문점을 이용할 필요가 있다. 제대로 배우면서 시작하려 하는 사람에게는 레이싱스쿨을 찾아 상담하는 것도 바람직하다. 보통 팀의 개념을 잘못 이해하는 젊은이들이 많은데 이 기회에 제대로 알아둘 필요가 있다.

레이스는 다른 스포츠에 비해 아마추어와 프로의 경계가 불투명하다. 그렇지만 나름대로 룰은 존재한다. 축구, 농구, 야구 같은 다른 스포츠의 경우 초중고 혹은 대학까지 아마추어 생활을 하면서 기회를 엿보다가 뛰어난 성적을 냈을 경우에만 프로에 발탁된다. 레이스도 마찬가지다. 프로 레이싱팀에 발탁되기 위해서는 처음엔 자신이 노력하고 인정을 받아야 한다. 많은 사람들이 테스트 받아서 능력이 인정되면 바로 프로팀에 들어갈 수 있다고 믿고 있는데 경력이 안 되면 테스트조차도 볼 수가 없다는 점을 알아두길 바란다.

앞에서 처음에 혼자서 하기 어려우면 팀이나 레이싱스쿨을 찾으라 했는데 여기서 말하는 팀은 소규모 레이싱팀을 말한다. 이곳에 경주차를 맡기고 비용을 들여 메인터넌스하면서 자신과 비슷한 사람들과 함께 정보를 나누면서 레이스에 참가하는 것을 말한다. 이러한 팀이나 숍은 그 종류가 다양하기 때문에 충분한 정보를 가지고 선택한다. 레이싱스쿨의 경우 교육을 병행하여 체계적으로 선수를 육성하기 때문에 짧은 시간 안에 좋은 기록을 원하는 사람이 선택하면 좋다.

그러나 어떤 경우라도 2년 이상 레이스에 참가할 수 있는 자금이 확보되어 있지 않다면 전문 레이서로 뛰어드는 것은 바람직하지 않다. 그러나 2년을 참가해서도 그 길이 보이지 않는다면 빨리 포기하는 것이 미래를 위해 바람직하다.

만약 레이싱에 자질이 있거나 좋은 성적을 낸다고 해도 이번엔 매니지먼트 및 홍보를 게을리 할 수 없다. 현대 자본주의 사회에서 자신의 상품가치를 표현하지 못한다면 그 아무리 자질이 있고 성적을 내더라도 언론과 대중의 관심을 모을 수 없으며 당연히 후원사를 얻기 어렵게 된다. 처음엔 부모의 도움으로 시작했다 할지라도 단계적으로 그 비용을 충당하지 못한다면 레이스를 지속하기가 어렵다. 현물이건 현금이건 후원사를 구하는 것은 매우 중요하다. 그 중요한 역할을 해주는 매니저(혹은 매니지먼트사)를 구하는 것은 좋은 스승을 구하는 것 못지않게 중요하다.

09

국내 아마추어 경주의 효시인 Ecsta 타임트라이얼 경주 장면. 누구나 자신의 차로 부담없이 참가할 수 있다는 것이 이 경주의 최대 장점이다.

어느 정도 궤도에 올랐다고 하면 그 다음 목표는 선진 레이스에 대한 도전이다. 이젠 모든 분야가 다 글로벌한 마인드를 가지지 않고서는 발전할 수 없다. 그러므로 큰 꿈을 가지고 레이스에 뛰어든다면 어학 특히 영어 회화에 신경써야 한다. 또한 스스로 모든 일을 처리할 수 있는 자립심도 키워야 한다. 부모나 주변의 도움 없이도 혼자서 세상을 헤쳐 나갈 수 있는 능력을 키우지 않고서는 외국에 혼자 나가서 선수 생활을 하기 힘들다.

실력 못지않게 레이서에게 필요한 것은 전문인으로서의 소양이다. 카레이서는 밖에서 볼 때 화려해 보이지만 그게 다는 아니다. 또 조금 잘해서 언론에 나기라도 하면 우쭐대는 수가 많다. 그로 인해 자신의 본분을 잊게 된다면 주변에서 사람도 후원사도 다 떨어져 나가게 된다.

자신의 차를 사랑하는 마음가짐부터 가져야 한다. 연습이 끝나거나 시합을 앞두고 자신의 경주차를 닦는 것은 기본 중의 기본이다. 때론 그러한 것을 사소한 일로 여겨 미캐닉에게 모든 것을 맡기는 경우가 있는데 이는 자질의 문제라 할 수 있다. 항상 기본에 충실하고 자신의 본분을 지킬 줄 하는 마음가짐에서 모든 것이 시작된다는 점을 명심해야 한다.

학생의 경우 학생의 본분을 지키는 노력이 필요하다. 레이스에 올인하는 것이 항상 바람직하지만은 않다. 학업을 병행하면서 혹은 직업이나 아르바이트를 해 가면서도 얼마든지 카레이싱을 할 수 있다. 만약 대학을 갈 수 있다면 대학을 가도록 권하고 싶다. 카레이서라 해서 24시간을 몽땅 차에만 바치는 것은 아니다. 틈틈이 운동과 연습을 하면서 진행할 수 있기 때문에 공부를 할 수 있으면 병행하는 것이 바람직하다.

자동차를 좋아한다면 자동차과에 다니면서 아니면 자신이 원하는 학문을 공부하면서 신경을 쓰면 된다. 특히 자동차 경주는 일요일에 주로 열리기 때문이라도 학업 혹은 직업을 병행할 수 있다는 점을 꼭 명심해야 한다.

카레이서 되기 4단계 전략

제1단계 카레이싱에 입문하고 싶다고요?

카레이싱에 입문하기 위해서는 일단 목표를 세워야 합니다.

카레이싱을 취미로 할지 아니면 전업으로 할지를 먼저 정해야 합니다. 설사 미래 프로 선수의 꿈을 가지고 있다 하더라도 시작부터 대시할 지 아니면 처음엔 아마추어로 시작하여 나중에 꿈을 실현시킬지 등도 미리 정하고 시작하는 것이 좋습니다.

다음은 어느 종목을 참가할지를 정해야 합니다. 포뮬러를 할지 아니면 투어링카(박스카라고도 함 : 일반 승용차를 경기용으로 개조해서 치르는 경기)를 참가할지를 정해야 합니다.

요즘은 일반인들을 대상으로 한 아마추어 경기도 많이 활성화되어 있습니다. '스피드 페스티발' 이나 'ECSTA배 타임 트라이얼' 'DDGT' 등이 대표적 경우입니다. 가장 규모가 큰 대회인 'CJ 코리아 GT 챔피언십 시리즈'의 경우 신인전이 없어지면서 정식 레이스 중심으로 가고 있습니다. 그러므로 바로 진입하기가 쉽지 않으므로 아마추어 레이스를 거치는 것도 하나의 방법이 되고 있습니다. 위에 언급한 아마추어 레이스의 경우 모두 적은 비용 혹은 자신의 능력에 맞게 레이스를 즐길 수 있도록 다양한 경기 규정을 만들어 놓았습니다.

이처럼 종목과 정했으면 거기에 맞는 예산을 확보해야 합니다. 아무리 하고 싶은 욕구가 강해도 이를 실현시킬 비용이 뒷받침되지 않으면 한낱 신기루에 불과합니다. 아마추어냐 프로를 꿈꾸느냐 등에 따라 시작하는 방법이 확연히 다를 수밖에 없습니다. 그래서 신중히 선택해야 하며 시작 전 전문가의 조언을 구해야 합니다.

카레이싱에 입문하겠다고 마음먹었으면 우선 운전면허를 취득하는 것이 급선무입니다. 그러나 운전면허를 딸 수 없는 사람이라도 길이 없는 것은 아닙니다.

▶▶▶ **포뮬러에 도전한다** : 고등학생(때론 중학생) 이상이면 면허가 없어도 포뮬러 경기에는 참가가 가능합니다. 요즘엔 어린 학생들도 포뮬러에 많이 참가하고 있으며 또 좋은 성적을 내기도 합니다. 대학에서도 레이싱에 참가한 전력만으로 특기생을 뽑는 곳도 있어 젊은 유망주들이 참가하기도 했으나 비용이 많이 들어 그 수가 늘지 않고 있지요. 그러나 2010년 전남에서 F1 유치를 발표하는 등 제반 여건은 좋아지고 있답니다.

▶▶▶ **카트를 탄다** : 포뮬러를 하고 싶지만 비용적으로 부담가거나, 또는 포뮬러보다는 투어링(박스카) 경주에 관심이 많은 분이라면 면허 딸 때까지는 꿈을 미뤄놓고 그 사이 카트에 도전해보는 것도 좋은 방법입니다. 카트는 잘 알려진 것처럼 포뮬러의 축소판이라 어려서 레이싱 기본을 익히는 데 적합하며 또 어린 유망주를 발굴할 수 있는 기회를 제공하기도 합니다. 그러나 면허를 딸 나이가 되면 최소한 2종 보통 이상의 운전면허를 취득하여 경기에 입문하는 것이 좋습니다. 이 때 주의할 점은 오토 면허를 취득하지 말아야 한다는 점입니다. 경주차는 주로 수동 기어이기 때문입니다.

카레이서 되기 4단계 전략

제2단계 라이선스를 땁시다!

경기에 참가하기 위해서는 해당 라이선스가 세 가지 필요합니다. 라이선스에 대해서는 별도로 설명해두었으니 참조바랍니다.(라이선스 취득)

제3단계 이제 스포츠 주행을 해 볼까요?

서킷 라이선스를 취득하면 경기장 트랙을 달릴 수 있는 자격을 얻게 됩니다. 일반차도 소정의 안전장치(소화기, 4점식 안전벨트, 헬멧, 레이싱복)만 갖추면 쿠폰(30분당 25,000~35,000원)을 끊고 들어가 연습을 할 수 있는데 이를 스포츠 주행이라 합니다.

그러나 스포츠 주행 몇 번 했다 해서 금방 시합에 나갈 수는 없습니다. 서킷에 대한 적응력 없이 경기에 참가했다가는 사고를 당할 수 있기 때문이죠. 그래서 스피드웨이에서는 시합 참가 전 서킷 주행 10회 이상을 의무화하고 있습니다. 하루 종일 투자한다 해도 최소한 4일 이상이 필요합니다. 그러나 혼자서 서킷 주행만 열심히 한다고 해서 기록이 금방 좋아지지는 않습니다. 잘하는 프로 드라이버들이 타는 것도 보고 연구도 해야 하지만 처음에는 레이싱 스쿨을 받으면 빠르게 적응할 수 있습니다. 레이싱 스쿨 참여는 시행착오로 인한 시간 및 비용을 절감시킬 수 있어 장기적으로 보면 이익입니다.

제4단계 이제 경기에 참가해 볼까요?

라이선스도 따고 스포츠 주행도 해서 준비가 되었으면 시합에 한번 참가해 봐야죠? 그런데 시합이 혼자만 해서 되는 것은 아닙니다. 준비물도 많고 또 돈도 많이 드는데 그보다 더한 것은 정보를 얻을 수 없다는 것이죠. 이럴 때는 레이싱팀에 가입하는 것도 한 방법입니다. 아니면 전문적으로 메인터넌스를 하는 곳을 골라 차를 맡기는 방법도 있습니다.

본 스쿨 참가자들은 이러한 고민을 말끔히 해결할 수 있습니다.

팀에 가입해서 레이서 생활을 하고 싶다면 일단 자신의 부단한 노력을 통해 일정한 수준으로 팀으로부터 인정받아 스카웃되어 입단하거나 아니면 신인선수를 선발하는 팀에 가입해서 활동할 수 있다. 또한 팀에 입단했다 해도 정식계약은 성적결과에 따라 확정되는 경우가 많다.

※ 레이서 되기 문의할 곳
한국자동차경주협회 ☎(02)424-2951 www.kara.or.kr
레이싱스쿨 ☎(0505)612-0000 www.racingschool.co.kr

Ⅱ
부 록

아스팔트 속에 숨겨진 신비한 서킷 이야기
모터스포츠 관장 기구

supplement

아스팔트 속에 숨겨진 신비한 서킷 이야기

모터스포츠 관계자나 마니아 등이 전문주행로를 일컬어 '서키트' 또는 '서킷'이라고 명명하는데 외래어인 서킷(Circuit)의 사전적 의미는 'circum(주위에) + it(가다)'의 합성어로 순환 또는 순회, 일주의 뜻을 가지고 있으며, 국어사전에서는 명사로서 '자동차, 오토바이 등의 경주용 환상(環 고리 환 / 狀 형상 상) 도로'라고 칭하고 있다. 고리 모양의 도로를 의미하는데, 굳이 정리를 하면 서킷이란 모터스포츠 경주를 보다 안전하게 운영하기 위해서 특별히 건설된 순환하는 형태의 도로라고 할 수 있을 것이다.

1895년 미국의 최초 레이스가 시카고 부근 교외에서 개최되었는데 당시 우승자가 우유를 마신 것이 유례가 되어 이후로 인디(INDY)레이스는 우승자가 우유를 마신다. 삶과 죽음을 넘어 새로이 태어남을 축하하는 의미로서 우유를 마신다고 한다.

서킷은 아무래도 스피드를 겨루는 곳이다 보니 안전에 대한 규정이 엄격하다. 안전은 타협의 대상이 아니기 때문이다.

또한 레이스가 종료되었음을 알리는 체커(Checkers) 깃발은 검정색(Black color)과 흰색(White color)이 규칙적으로 배열되어 있는데 '죽음(Black)과 삶(White)' 교차가 연속됨의 순간이 끝나는 것을 의미한다.

이처럼 초창기의 레이스는 모험적인 요소가 매우 강하여 생명을 잃는 경우가 종종 있을 정도로 안전하지 못했다. 그리하여 모터스포츠인들은 자동차 경주가 보다 안전하게 개최되는 방법을 찾게 되었고, 그 동안의 지혜와 경험을 바탕으로 서킷이 탄생하게 되었다.

이번 장에서는 즐겁고 안전한 서킷 주행에 도움이 되고자 서킷(circuit)의 기본적인 지식과 국제 규정을 요약 정리하였다.

Supplement

서킷(Circuit)의 정의

서킷에 대한 국제자동차연맹(FIA : Federation International De L'Automobile)에서 정한 국제 규정의 개념정리를 통한 올바른 용어 및 이해에 대하여 알아보도록 하자.

코스(course)란 고유의 시설을 포함해서 모터레이스에 사용하는 코스(course) 또는 트랙(track)을 말하며, 코스 종류로는 그 시설의 특성 및 경기에 대한 적응성에 상응해서 상설 코스(permanent course), 준상설 코스(semi-permanent course), 임시 코스(temporary course) 등 3가지로 구분된다.

● **상설 코스**(permanent course)

코스 및 모든 시설이 상시적(常時的)이며 언제든지 모터레이스에 사용할 수 있는 것을 의미한다.

● **준 상설 코스**(semi permanent course)

부분적으로 상시적이며 모터레이스에 사용 가능한 코스를 말한다. 국내 사례로는 태백 서킷이 2004년 AFOS 대회 당시 공인을 취득한바 있다.

◀▲ 중국 상하이 서킷

일본 스즈카 서킷

▲ 일본 스즈카 서킷 피트 빌딩

▲ 일본 스즈카 서킷 놀이공원

● **임시 코스**(temporary course)

특정의 경기를 위해서 특별히 일시적으로 설치, 운영된 코스를 말한다. 대표적인 예로 마카오(F3), 호주 골드코스트, 캐나다 토론토 등(CHAMP CAR)이 이에 해당한다.

트랙(track)이란 경주에 사용하기 위해서 특별히 건설된 것으로 경주 전용으로 사용 가능한 코스를 의미한다. 반면 서킷(circuit)이란 동일한 점에서 레이스를 출발(start)과 종료(finish)하는 연속적인 코스 및 트랙 형식의 코스를 말한다.

일반적으로 사람들이 경기장을 서킷 또는 트랙으로 명명하지만, 사실 각각의 의미는 다르다는 것을 알 수 있다. 서킷이 트랙이나 코스 등을 포함한다고 단순 해석할 수도 있겠지만, 서킷은 이보다는 훨씬 진보한 과학기술과 인간의 생명에 대한 안전이 깊숙이 자리매김하고 있으며, 한 단계 더 나아가서 최근에는 단순히 모터스포츠를 위한 서킷보다는 스포츠와 레저 체험, 리조트가 복합된 테마파크(Theme Park)로서의 설계 구성과 배치가 어우러진 예술의 복합적인 결정체로서 진화하고 있는 추세다.

중국 상해, 터키 이스탄불에 건설된 서킷은 각 국가의 특색을 잘 살린 고전적인 아름다움과 현대 감각을 적절히 조화한 예술 작품이며, 일본의 스즈카 서킷은 1999년 푸치타운(Puchi Town)을 추가로 건립하여 세계 25위권(2003년 350만명 연간 입장객 기준)의 테마파크로 변화에 성공한 것이 대표적인 사례라고 볼 수 있을 것이다.

Supplement

◀ 일본 모데기 서킷 전경

일본 모데기 컨트롤 타워 ▶

서킷의 유형

서킷은 출발과 종료가 동일한 곳에서 이루어지므로 여러 가지 형태를 갖추고 있으나 크게 나누면 유럽 스타일의 클로즈드 코스(Closed Course)와 미국 스타일의 오벌 코스(Oval Course)로 분류할 수 있다.

● **클로즈드 코스**(Closed Course)

규칙적인 형태보다는 부지의 고저(高低)차 및 평면(平面)성의 자연지형을 최대한으로 활용한 서킷을 의미하며, 차량의 성능과 한계, 드라이버의 능력 등을 가늠할 수 있는 장점과 한눈에 전체 경주로를 볼 수 없는 단점이 있으나 국제자동차연맹(FIA)의 트랙 공인 경기 대다수가 클로즈드 서킷에서 개최되고 있다. 여기서 클로즈드(폐쇄)되었다는 의미는 초기 경주가 일반 공도에서 열린 데 반해 어느 지정된 닫힌 공간에서 열린다는 의미를 담고 있다.

- **오벌 코스** (Oval Course)

미국이 자국민의 성향과 자국차량 성능의 우수성, 레이스의 재미를 배가시키기 위해 자국의 기준을 별도로 선택한 코스형태로서, 주로 타원의 모양으로 구성되어 경기를 한눈에 관전할 수 있고 최고 스피드를 느낄 수 있다는 흥미로운 코스다. 1909년 인디애나폴리스(Indianapolis)에 가장 큰 트랙을 개장하였고 '인디 500레이스(Indy 500 Race)'의 시초가 되었다.

전 세계에 국제자동차연맹(FIA)의 공인을 받은 경주장은 미국의 오벌코스(Oval Course)를 제외하더라도 약 110개소에 달하며, 그 중 유럽이 대다수의 공인 서킷을 보유하고 있고 아시아에서는 F1을 개최하는 바레인, 중국, 말레이시아와 일본(8군데) 아메리카는 캐나다, 미국, 멕시코, 브라질 등이 공인 서킷을 보유하고 있다. 이러한 서킷에서 개최되는 대회는 무려 연간 약 1천회 이상이다. 하루에 약 2.7회 이상의 크고 작은 경주가 이루어지고 있다는 계산이 나오게 된다.

한국에서는 1995년 용인 에버랜드에 개장을 시초로 2002년 태백 서킷이 명맥을 유지하고 있고, 국제공인 서킷을 목표로 전남 F1 서킷이 예정되어 있다.

서킷의 구성

국제규모의 서킷을 구성하는데 있어 국제자동차연맹(FIA)의 규정에 따라 최소한의 시설을 갖추어야 하는데, 가장 중요한 요소는 안전기준이며 안전기준의 정도에 따라 크게 6가지 등급으로 구분되어진다.

서킷 안전 등급	개최 대상 이벤트
1	포뮬러원 (F1)
2	포뮬러GP2, 챔프카, IRL, 포뮬러 니폰 등
3	GT(GT1, PSCR, JAF) 나스카 등 2,000cc 이상
4	F3, F/Atlan, ASIAN F/2000 등 2,000cc 이하 G2, GT3 등
5	그룹 N(양산차), A(투어링카), CTN306(AUS) 등
6	6A : 오토크로스 (모든 클래스) 6B : 랠리크로스 (모든 클래스)

평면적 구성

서킷은 특별한 규정이 없는 한 직선코스와 곡선코스로 구성되는데 관련되는 모든 사항은 직선부와 곡선부의 기하학적인 형태가 아니고, 어떤 구간에서도 최고 성능의 차량이 그릴 것이라고 예상되는 실제의 타이어 궤적(모터스포츠 표현은 레코드 라인)에 입각한 계산을 기초로 구성된다. 설계상 이 예상 타이어 궤적은 최단거리를 주행하기 때문에 직선부분을 늘이고 곡선부분을 줄이게 되는데 코스를 설계하거나 개정할 경우에는 설계자가 예상 근거 수치를 가지고 계산한 후 이를 적용하여 설계에 반영하게 된다.

- **직선부** (straight line)

직선부를 설계하거나 건설할 때 주행차량의 속도와 주행로의 폭 그리고 경사도에 관한 규정을 제외하고는 특별한 규제가 없으나 자연지형을 최대한으로 활용하여 설계한다.

- **곡선부** (curve)

주행로 폭에 대한 규정이 엄격히 적용되며, 속도가 시속 125km를 넘는 곡선부 또는 직선에 의해서 멀어짐이 없는 연속되는 곡선, 다시 말해서 원심력에 대한 저항이 적은 부분은 그 반경이 점차 증가하든지 최소한 일정하게 변화를 주어 설계되는 것이 바람직하다.

곡선부에 접근하는 장소에는 기하학적 곡선부의 바로 앞이나 감속점 바로 앞에서 운전자가 정확히 확인 가능하도록 100m 간격마다 거리 알림 표지판을 설치해야 한다. 설치 개수와 위치는 서킷의 구성에 따라서 결정되며 곡선부의 기하학적인 선형이 시작되는 지점 즉, 코스 진입까지의 거리를 나타내도록 한다.

- **서킷 폭** (width)

트랙의 최소 허용 폭은 9m 이상으로 한다. 속도와 비례하므로 아래 표와 같이 폭의 변화를 줄 수 있으나 최대 허용 폭은 15m로 제한되어 있다.

폭이 더 넓은 장소에서는 15m 지점에 흰색 페인트로 그 한계선을 반드시 그어야 하며, 트랙의 폭이 더 넓어지거나 좁아질 경우에는 그 변화가 가능한 한 완만하게 해서 어떠한 경우라도 그 비율이 1 : 20을 넘어서는 안 된다. 또한 곡선부의 시작지점의 최소 폭은 12m로 한다.

구 분	트랙 허용규정 폭
최소 허용 폭	9m 이상
200km부터 250km 까지	10m 이상
250km부터 300km 까지	11m 이상
300km 이상	12m 이상
최대 허용 폭	15m 이하

입체적 구성

트랙의 구성 중 자연 지형 이용과 밀접한 관련이 있는 것이 부지의 고저차이다. 이를 적절히 이용하여 개발을 하지만 허용 범위만큼은 별도로 규정하고 있다. 서킷의 평균 레벨을 기준하여 높낮이를 구분하는데, 주직선 주행로(main straight track)를 평균 레벨로 선정하는 것이 바람직하다.

● 길이 방향의 단면

오르막의 최대 허용 경사는 20% 내리막은 10%를 초과 할 수 없으며, 경사도 변화는 다음 공식에 의해서 산출된 최소의 수직 반경이 적용된다.

$$R = \frac{V^2}{K}$$

R : 반경, V : 시속, K : 일정계수

R은 반경을 의미 하는데 m(미터)로, V는 시속을 뜻하는데 km/h로 표기하며, K는 일정계수로서 오목한(∪) 형태로 들어가 있는 단면의 경우에는 20을 적용하고 볼록한(∩) 형태로 돌출되어지는 단면의 경우에는 15로 한다.

R의 값은 근접(approach), 이완(release), 제동거리(braking distance)를 고려해서 곡선부의 진입부분에서는 적절하게 증가시키고, 이러한 구역 내에서는 경사가 변하는 것을 되도록 피해야 한다. 또한 시작지점(start)과 종료지점(finish)의 경사는 2%를 넘지 않도록 한다.

Supplement

- **가로 방향(橫方向) 경사**

직선부를 따라서 배수를 목적으로 하는 횡방향의 경사는 트랙의 양쪽 끝, 또는 중심선과 가장자리의 사이에서는 3%를 넘어서는 안 되며, 1.5% 이하여서도 안 된다. 곡선부에서 뱅크(bank ; 트랙 바깥에서 안쪽으로의 경사)는 10%를 넘어서는 안 된다 (높은 속도 주행을 요하는 오토드롬 트랙과 같은 특별한 사항은 제외한다  oval track).

반대 방향의 경사는 일반적으로 특별한 경우를 제외하고는 허용되지 않는데, 일본의 스즈카 서킷이 이러한 경우에 해당된다. 예외의 경우라도 진입속도가 시속 125km를 넘지 않는 범위에서 구성하도록 규정하고 있다.

횡 방향 경사의 변화는 특히 트랙 테두리 부분을 끼고 선형으로 변화하는 곡선진입 부분에서는 타이어 궤적(레코드 라인)과 평면적 구성, 길이방향 단면을 고려해서 적절한 경사 변화를 주어야 한다.

시 계 (視界)

코스를 주행할 때 시야는 안전에서도 가장 중요한 요소이므로 코스의 어떤 지점도 최고속도의 차량을 드라이버가 트랙을 따라서 주행할 때를 가정하여 그 차량의 제동거리(braking distance)와 동일한 전방의 시계를 확보해 주어야 한다.

이러한 조건을 충족시키지 못하는 지점에서는 전방의 위험을 드라이버에게 경고하기에 적합한 일정한 장소에 깃발이나 신호등에 의해서 신호를 보낼 수 있는 설비를 설치하도록 하고 있다.

균일하고 평탄한 지면에서의 제동거리는 다음 공식에 의해서 산출되며

$$\frac{V^2}{340} \qquad V : 시속(km/h)$$

오르막 경사나 내리막 경사로에서의 제동거리를 산출하는 공식은 다음과 같다.

$$\frac{V^2}{340 \pm 260\,i}$$

오르막 경사의 경우에는 260i를 가산하고 내리막 경사일 경우에는 260i를 감하여 계산하는데 이때에 i 는 경사를 %로 나타낸 수치를 의미한다.

> **예** 오르막 5%의 경사로에서 시속 250km의 속도로 주행하는 차량의 제동거리는 얼마나 되는지 알아보자.
>
> ➡ V^2 = 62,500 , i = 0.05를 대입하여 계산하면
> 62,500 / 340 + 260 × 0.05 = 177.05m 가 산출된다.
> 따라서 최소한 **177m 이상**이 제동거리라고 봐야 할 것이다.

트랙의 가장자리 및 안전지대

가장자리 및 안전지대는 트랙보다 오목(∪)하거나 볼록한(∩) 면이 있지만, 대체로 평탄한 표면을 지니며 단단히 굳힌 안전지대(가장자리와 제1방호선 사이의 공간)를 트랙 양측의 전 구역에 설치한다. 이러한 안전지대에는 고정되지 않는 자갈이나 모래가 있어서는 안 되며 잔디가 적당한 높이(5cm)로 자라 있는 것이 바람직하다.

안전지대는 트랙의 가장자리 양 측면에 연속해서 있도록 하고 트랙과 가장자리 사이에는 턱이 지거나 벌어지지 않고 일정하게 접속되어야 한다. 또한 안전지대가 넓어지거나 좁아질 경우에 면적의 증감은 점차적으로 일정하게 변화 되도록 하며 수직반경은 최소 50m가 되도록 설치한다.

트랙과 제1방호책(**예** 가드레일, 안전펜스 등) 사이에 배수구를 설치 할 경우에는 배수구의 마무리 양측부분의 표면을 매끄럽게 처리하여 설비한다. 예를 들면 평탄한 금속 격자망 등을 이용하며 잔디가 자라는 경우에는 동일한 높이로 자라도록 관리한다.

연석(kerb stone)을 설치할 경우 안전지대는 연석의 상부 표면과 동일한 높이로 하여야 하며 안전지대의 폭은 최소 3m 이상이 되어야 한다. 곡선부의 바깥쪽이 가드레일로 방호되어 있을 경우 또는 육교, 지하도로, 건물 등 장애물로 인하여 최소 거리를 유지하는데 무리가 있을 때에는 예외가 인정되어 트랙과 제1방호책 사이의 안전지대

폭을 최소 1m로 할 수는 있지만 권장하지는 않는다.

이러한 경우 폭의 감소 비율을 되도록 점차적으로 하고 안전지대의 바깥은 1/20 이하(서킷 폭 참조)의 비율로 트랙과 접근시켜야 한다. 안전지대는 트랙의 가장자리에 완만한 경사로 접하고 경사가 있는 경우 코스 표면의 횡단면을 오르막 경사는 25% 이하, 내리막 경사는 12% 이하가 되도록 한다.

트랙의 양 끝은 뚜렷하게 보일 수 있도록 연속한 실선을 흰색 페인트로 표시하고, 안전지대가 트랙과 동일한 재질로 포장되어 있는 경우에도 트랙의 끝부분에 흰색 페인트 선으로 표시하여야 한다.

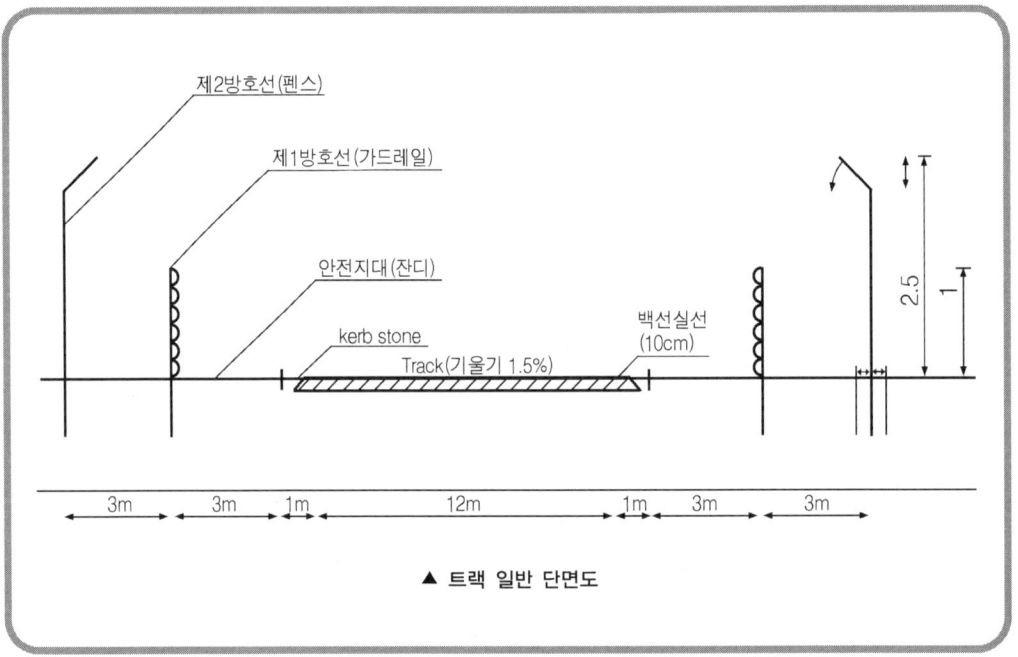

▲ 트랙 일반 단면도

트랙 위에서 차량의 타이어 궤적(레코드 라인)이 안전지대와 접하는 선형이 생길 경우에는 트랙의 방향으로 횡 단면을 기울이고 적어도 바깥의 연석은 5m, 안쪽의 연석은 2.5m 길이에 동일한 재질의 콘크리트 연석을 깔아야 한다.

안전지대는 동일한 거리 간격에 걸쳐서 연석의 윗부분 높이까지 경사가 완만해야 한다.

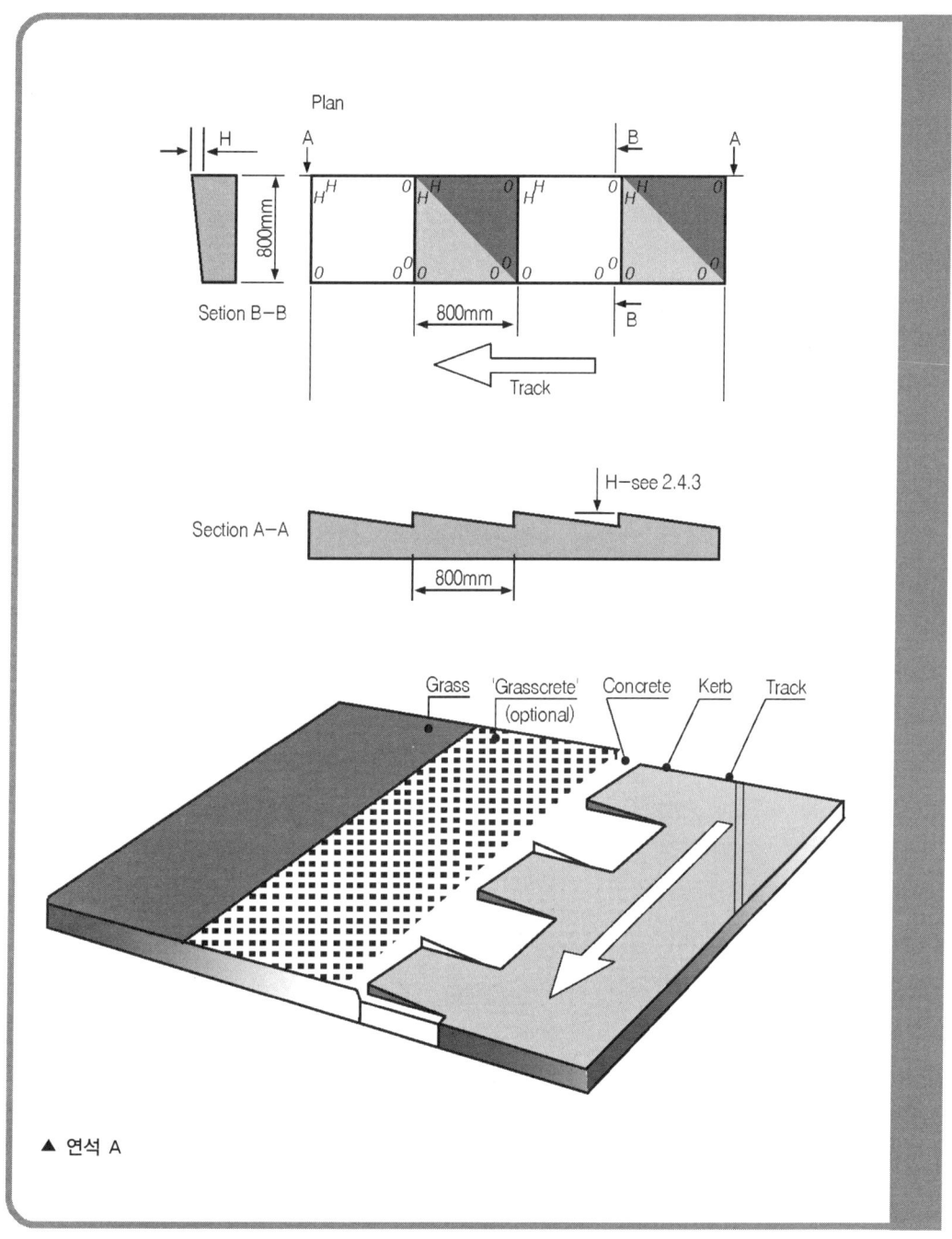

▲ 연석 A

Supplement

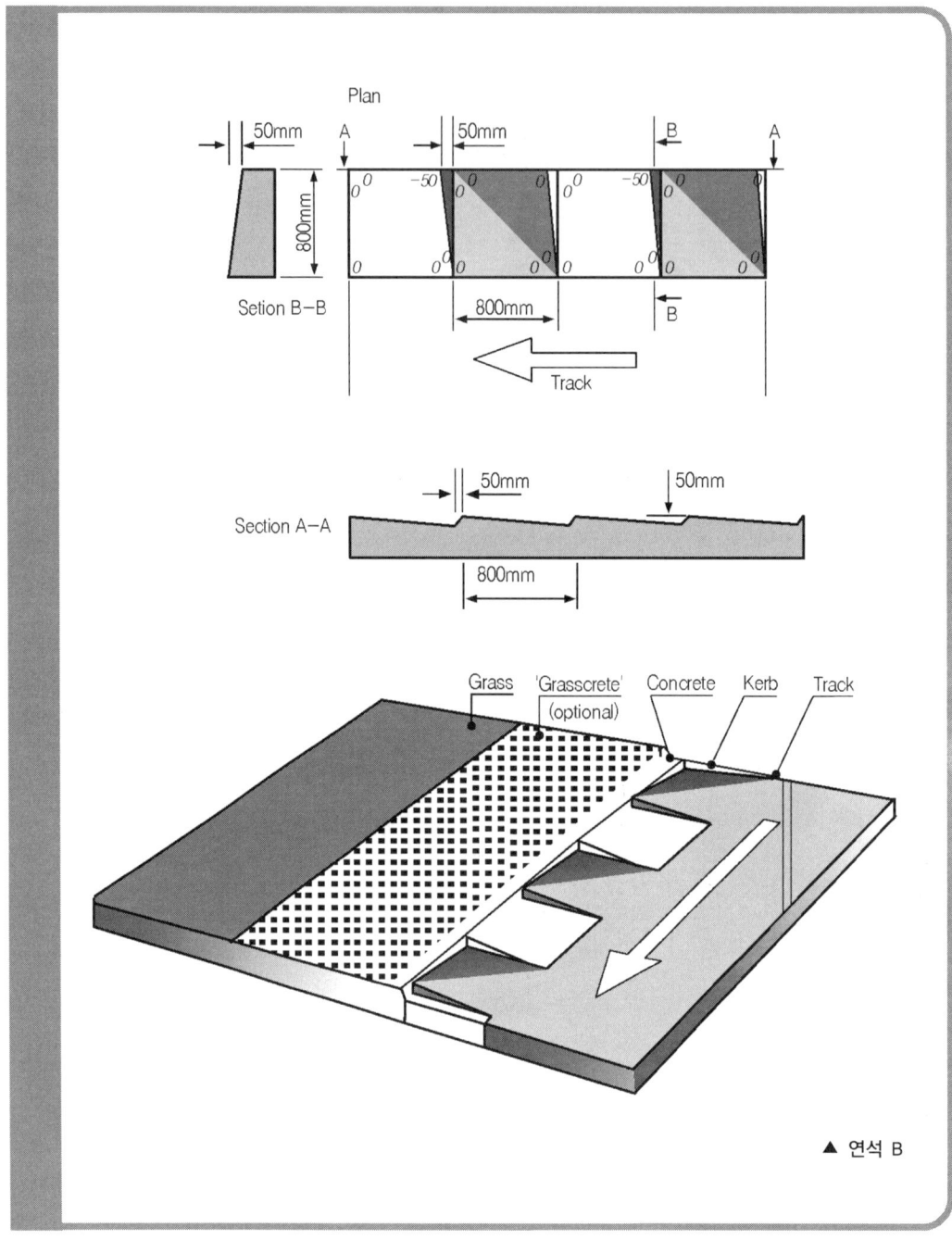

▲ 연석 B

트랙의 노면

세계 각국에서 생산되는 골재는 각 나라의 기후와 지질에 따라 탄성, 강도, 염도 등 재질이 다르다. 따라서 특정 국가의 골재를 기준으로 하기보다는 그 해당 국가의 고속도로에 사용되고 있는 동종의 재료로 매끄럽고 투수성이 우수한 재질의 골재를 이용하여 노면을 포장하는 것이 좋다. 이러한 투수성은 비와 기름 또는 연료로 인한 액체 피막이 형성되는 것을 방지하는데 차량의 이상적인 주행 조건을 제공하는 효과가 있다. 노면은 트랙의 전체에서 동일한 재질로 사용하는 것이 바람직하다.

노면의 보수나 재포장을 하는 경우에는 종단면과 곡선부의 변화가 있는 지점에 급브레이크 또는 가속이 더해지는 지점의 노면에 변형이 생기지 않도록 섬세하게 설치하여야 한다. 또한 어떠한 경우라도 대회 60일 이내에는 노면의 보수나 재포장 공사를 실시할 수 없으므로 그 시일 이전에 완료해야 한다.

서킷의 방호책(防護柵 : 안전 울타리)

안전 대책을 결정할 때에는 코스의 특징과 트랙위의 모든 지점에서 발생할 수 있는 속도를 고려(layout, 인접지역, 건물과 축조물)해서 적용하고 있다. 방호책은 트랙 주행 중 방향을 잘못 잡은 차량이 트랙 밖으로 벗어나거나 이탈하는 것을 방지하여 관람객, 드라이버, 경기 임원 및 서비스 요원의 보호를 목적으로 마련된 시설을 말한다.

어떠한 방식의 트랙 방호책을 적용할 것인가는 부지의 면적과 충돌 각도에 의해서 정해진다. 일반적으로 충돌 각도가 낮은 경우(30°미만)에는 연속되는 평평하고 넓은 수직 방벽이 바람직하고, 충돌 각도가 높고(30°이상) 여유의 지면이 충분히 있을 경우에는 감속 방호책이나 정지 방호책을 사용한다.

미국 롱비치에 설치된 가설 스탠드 설치 모습. 서킷은 임시 가설 스탠드가 50% 이상을 차지하고 있다.

감속 방호책

● 넓은 공지 (wide open spaces)

차량의 속도를 자연적으로 감속시키는 가장 이상적이며 안전한 방법이지만 트랙과 관람석과의 거리가 지나치게 멀어져서 레이싱 경주 관람에 현장감이 조금 떨어지며 서킷의 공지가 필요 이상으로 넓어져서 과도한 건설비용이 투자되는 단점도 있다.

● 자갈 바닥 (gravel bed)

최소 25cm 깊이에 직경이 5mm에서 15mm의 균일한 크기의 둥근 알갱이 자갈로 구성하되 분쇄한 자갈은 사용할 수 없다. 이는 차량에 손상을 주지 않고 마찰계수를 높여 효과적으로 감속하기 위함이며, 우리나라 용인 에버랜드 스피드웨이를 비롯한 많은 서킷에서 일반적으로 설치하여 효과적으로 사용되고 있다.

정지 방호책

● 가드레일 (guard rail)

3자 형태의 단면을 가진 금속제 빔(beam)을 말뚝에 부착시킨 것으로서 다른 종류의 방호책과 비교하여 설치가 용이하고 그 안전성이 검증되어 있기 때문에 가장 일반적으로 쓰이고 있는 방호책이다.

주행 중인 드라이버 눈에 쉽게 띄도록 밝은 색(노랑, 빨강, 파랑, 백색 등)으로 칠해져 있으며, 접촉하였을 때에는 금속재료의 탄성으로 차체의 충돌에너지를 흡수하는 안전 방호책이다.

가드레일의 모든 부분은 연강판에 아연도금을 한 제품을 사용하며, 금속소재의 말뚝은 땅속에 깊이 120cm(1989년 이후) 이상까지 원칙적으로는 콘크리트 기초를 사용하지 않고 직접 박아 넣는다. 단, 규정 높이만큼(3단 103cm 이상) 지상에 노출되도록 말뚝의 일부분을 콘크리트로 굳히는 것은 바람직하다. 이때 금속말뚝이 최상단 가드레일 보다 위쪽으로 노출되어서는 안 되며, 1983년 이후에 설치하는 모든 가드레일의 말뚝 간격은 최대 200cm 이하로 하고 있다.

말단부분의 마지막 말뚝 3본은 콘크리트에 굳히든가 피트로드(pit road) 입구와 같이 가드레일 끝 부분을 마지막 말뚝 3본의 주위에 50cm의 반경으로 180°로 구부려야 한다.

아스팔트 속에 숨겨진 신비한 서킷 이야기

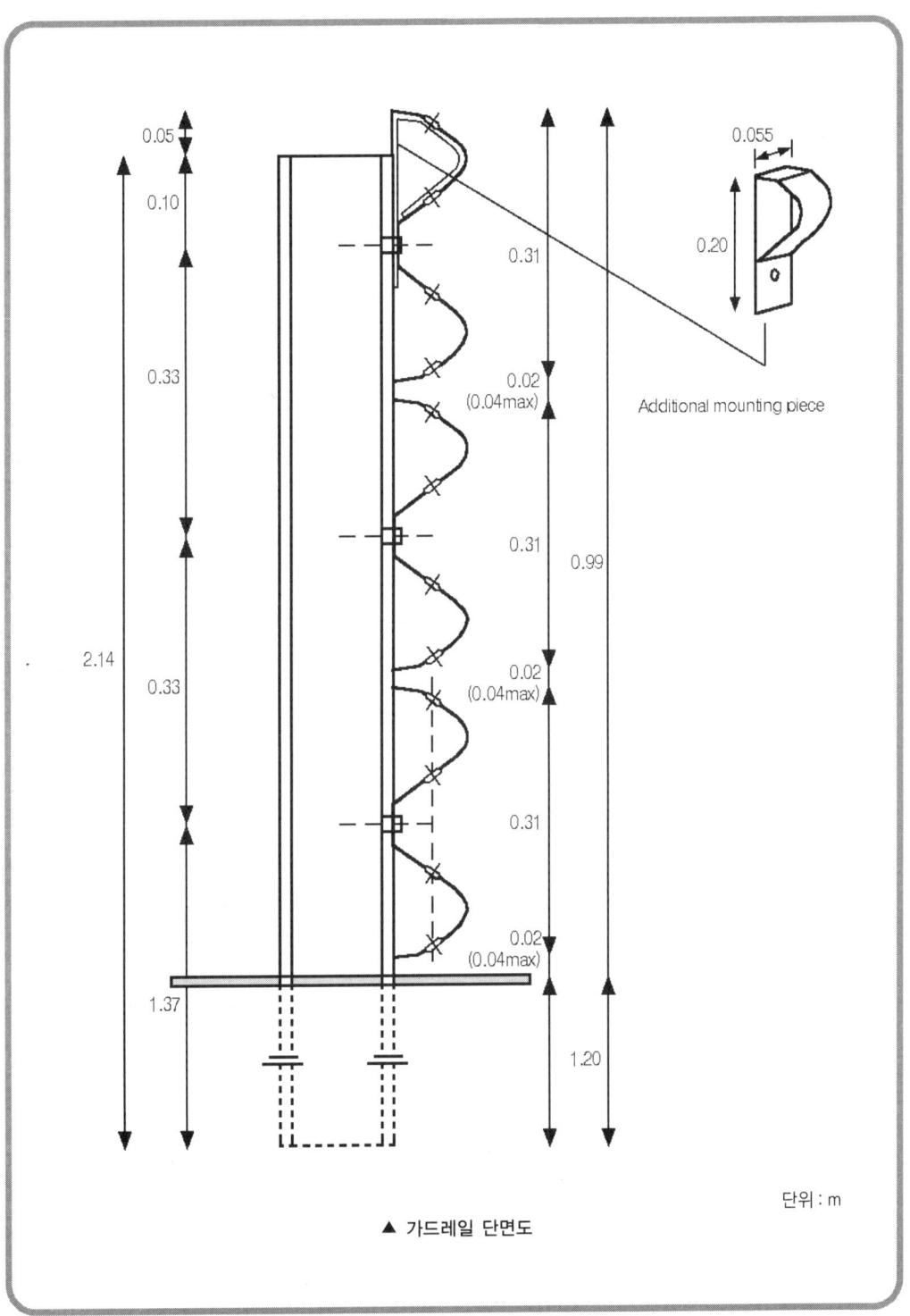

▲ 가드레일 단면도

단위 : m

- **콘크리트 벽** (concrete wall)

정지 방호책 중 가장 확실한 방법이지만 차량의 파손이나 드라이버의 안전이 위협받을 수 있어 직선 주행로나 축조물, 관중과 엄격히 분리되어야 하는 주요 장소에서만 설치를 한다. 도로상에서 개최되는 이벤트의 경우(임시 코스)에는 설치 철거가 쉽게 블록 형태로 제작하는데, 안전지대 확보가 여의치 않다보니 관중의 보호차원 목적이 강하다고 할 수 있다.

한국에서는 1999년 경상남도 창원 F3그랑프리(1999~2003년)에 공공도로의 임시 코스에서 사용한 적이 있으며 안산 서킷에도 설치가 되어있다.

고정식 콘크리트 벽의 높이는 지상 1m 이상으로 하며 상 단부 두께는 최소 20cm 이상으로 한다. 트랙에 면하는 부분은 콘크리트를 목재 합판, 금속판 또는 플라스틱 틀에 양생하여 평평하고 연속하는 수직면이 되도록 한다. 열 신축에 의한 균열발생을 방지하기 위해서 너비 2cm 이하의 팽창 이음매를 지역 기후를 고려하여 일정한 간격으로 설치한다. 또한 콘크리트 벽에는 일정한 간격으로 구멍이 있는데, 이는 모터사이클 경기의 타이어나 그 밖의 방호책을 콘크리트 벽에 고정하거나 배수목적으로 사용되는데 직경 3cm 정도의 크기로 1m에서 2m 간격으로 설치한다.

이 같은 콘크리트 벽은 트랙을 주행할 차량 중에서 가장 무거운 차량이 해당 지점에서 최대 가능한 속도로 20°각도에서 충돌했을 경우 견딜 수 있는 구조로 설치되어야만 한다.

- **급경사의 제방** (dike)

자연 상태이거나 인위적으로 쌓아서 조성하는 둑 형태의 정지 방호책으로서 자연 경사가 있는 곳을 활용하여 별도의 가드레일이나 콘크리트 벽의 설치가 없어도 무관한 장소를 선택한다. 관중의 안전 확보를 위한 일정한 거리를 두고 제2방호책인 안전 펜스로도 충분히 대체가 가능하게끔 한 것이 특징이며 바닥은 적당한 높이의 잔디로 처리한다.

- **타이어 방호체**

가드레일, 콘크리트 벽, 급경사의 제방 등 이모든 시설에는 타이어 방호체를 함께 사용해야 한다. 동일한 직경의 차량용 타이어를 겹겹이 쌓아서 너비 3열 이하, 높이는 75cm 이상의 균질의 방호체를 형성하여 항구적인(가드레일, 콘크리트 벽, 급경사의 제방 등) 방호책의 전면에 고정한다.

마모가 심한 타이어는 충격 저항이 적기 때문에 사용해서는 안 되며, 신품으로

'규격 미달'의 타이어가 이상적이며 지역 타이어 메이커로부터 입수하게 되는 경우가 많다.

2007년 슈퍼 신인 F1 레이서 해밀턴의 역주 모습 뒤로 타이어 방호벽이 보인다.

타이어 방호체는 다음과 같은 사항을 주의해서 설치하여야 한다.
a. 타이어는 가능한 한 여러 곳에서 대재(帶材 : 서로 연결되어 띠를 이룬 재료)로 서로 강하게 결속한다.
b. 타이어 방호체는 가벼운 와이어 그물 속에 넣는다.
c. 사용 가능한 가장 강한 접착력의 나일론 테이프 또는 대재를 이용한다.
   (파괴 뒤틀림 정도는 297kg/m², 최대 신장력은 14.4% 이상)
d. 앞 타이어에 결속된 줄은 뒷줄에 고정해야 한다.
e. 타이어의 하부 및 전방의 2m 구역은 단단하며 매끄러운 면이어야 한다.
f. 타이어 방호체의 상단부에는 경기 운영진이 점검할 수 있도록 컨베이어 벨트를 설치하는 것이 바람직하다.
g. 방호책에 고정되지 않은 타이어 방호체는 특별한 경우(예 비상 대피로의 중복 방호체)에는 FIA의 승인을 받을 수 있으나 높이는 1m 이상으로 해야 한다.
h. 오랫동안 자연 상태로 노출되면 고무의 성능이 떨어지므로 타이어 방호체는 충분한 탄성을 가지고 있는지 및 충격으로부터 버틸 수 있는지 여부를 점검해야 한다.

Supplement

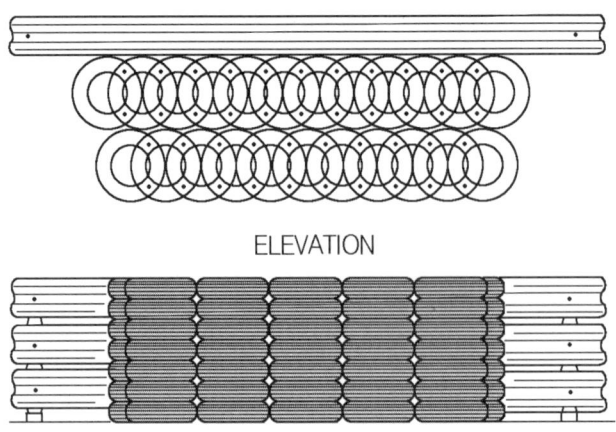

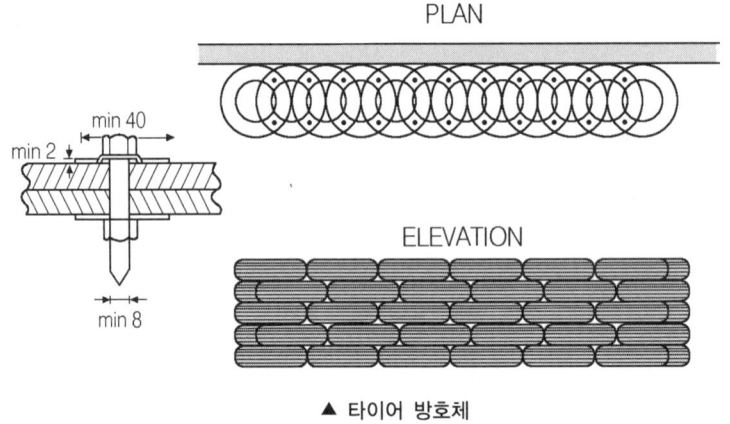

▲ 타이어 방호체

서킷의 안전 방호선

서킷은 차량이 고속으로 주행하며 이를 지켜보는 관중이 있기 때문에 관중과 드라이버 및 운영진의 안전이 무엇보다도 중요하다. 따라서 앞에서 기술한 대로 차량과 관중의 안전 확보를 위해서는 철저한 동선의 분리가 원칙이다.

효과적인 동선을 위해서는 속도, 빈도, 하중의 3요소를 충족하여 설계상에 반영하는데 안전 동선은 제1방호선과 제2방호선, 일반인 출입금지 구역, 서킷 위의 장해물 시설로 구분된다.

제1방호선

● **직선부분**

　방호책은 배수, 신호, 서비스 도로의 필요성이나 지면의 상태를 고려해서 사용된다. 통상적으로 이 방호책은 앞에서 설명한 정지 방호책의 콘크리트벽 또는 파형 강철성(波形鋼鐵性)의 3단 가드레일로 구축되어 안전지대의 바깥선을 따라서 위치하고 트랙 가장자리 끝에서 5m를 넘어서는 안 된다.

　트랙에 접한 이 방호책의 표면은 수직이어야 하며 또한 안전지대가 트랙 끝에서 제1방호선까지 위쪽으로 신장(넓게 펴지거나 뻗침)되어 있지 않는 한 방호책 표면은 안전지대 면과 수직으로 해야 한다.

● **곡선부분 안쪽**

　방호책은 차량의 타이어 궤적과 평행해야 하며 지면의 상태 및 구급작업의 필요에 준해서 트랙의 가장자리 끝으로부터 떨어져 시계의 필요조건에 일치해야 한다. 또한 방호책이 정확하게 중복되는 곳에 출입구를 설치하여야 한다.

　코너 출구 후방의 방호책 정면에는 넓은 공지(wide open spaces)나 자갈바닥(gravel bed)과 같은 감속 방호책 설치가 요구되는 경우도 있다.

● **곡선부분 바깥쪽**

　　a. 필요로 하는 공지(空地)가 곡선부의 바깥에 있는 경우에는 트랙과 같은 수평면상에 있어야 하며 다음과 같은 규격으로 설치한다.

　　　기하학적 곡선부 시점의 트랙 가장자리로부터 접선을 따라 방호책의 바깥쪽까지의 거리는

$$\frac{V^2}{300m}$$

와 같은 공식으로 구한다.

　　여기서 V는 (ⅰ) 해당 트랙 곡선부에서 예상되는 속도의 평균치 또는, (ⅱ) 해당 트랙 곡선부 입구에서의 속도 중 큰 값으로 시속(km/h)으로 나타낸다.

감속방호책의 자갈바닥 설치할 경우에는 위에 표시한 거리를 50% 줄일 수 있다. 이때 주의 사항은 긴급차량의 진입에 지장을 주지 않도록 최소 3m의 통로를 정지 방호책 앞부분에 남겨 두어야 한다.

b. 기존 서킷에서의 이용 가능한 공간이 a의 조건을 충족시키지 못하는 경우에는 트랙의 가장자리에 근접한 자갈 바닥과 그 배후에 정지 방호책을 설치해서 FIA의 심사 및 승인을 받아야 한다.

제 2 방호선

제1방호 울타리는 철선으로 보강된 울타리(fence)로 설치하며 지면에 시점을 가지고 상단은 트랙 선으로부터 2.5m 이상 높아야 하며, 제1방호선의 후방 3m 지점 또는 공간이 좁고 가드레일이 제1방호선이 되는 경우에는 해당 가드레일 후방 50cm 되는 지점에 위치한다. 울타리는 서킷 해당부분에서 차량이 최대 속도로 30°의 각도로 코스를 뛰쳐나왔을 경우에 발생하는 충격을 흡수하는 성능을 지녀야만 한다. 관중의 안전을 위한 울타리(제2방호 울타리)는 보강된 울타리(제1방호 울타리)의 3m 후방에 위치한다.

관중의 출입구역이나 자연 관람 장소가 트랙 가장자리보다 최소 2.5m 이상 높을 경우에는 보강 울타리(제1방호 울타리)를 생략할 수 있으며, 관중 안전 울타리는 보강 울타리(제1방호 울타리)의 3m 후방 또는 트랙 가장자리에서 6m 지점에 위치하는 것으로 한다. 관중의 위치가 트랙으로부터 극히 후방에 있는 경우에도 관중 안전 울타리(제2방호 울타리)를 생략 할 수 있는데, 소요거리는 각 경우에 상응해서 FIA 안전 검수원이 결정한다.

일반인 출입금지구역에 근접한 지역

일반인 출입금지 구역은 트랙 바깥 가장자리의 동일한 평면상이거나 그것 보다는 높아야 한다. 만약 경사면에 위치하고 있을 경우에는 그 구역이 대지나 완전한 그랜드 스탠드(grand stand)가 아닌 이상 경사도는 1 : 4 이상이 되어서는 안 되며, 높이 1.2m의 금속제 재질의 울타리나 동등한 구조물로 대중(大衆)의 안전을 보장해야 한다. 서킷에서의 모든 일반인 출입금지 구역은 관중의 출입 구역과 마찬가지로 연속한 방호책으로 충분히 둘러싸여져야 한다.

서킷 상의 장해물

트랙의 안전지대나 비상 대피지역에는 원칙적으로 장해물이 있어서는 안 된다. 대체적으로는 제1방호선 만으로 장해물 방호를 하도록 규정에 맞추어야 하지만, 경기진행을 위한 경기임원의 포스트(marshal post)나 다른 장소로 이동이 불가능한 장해물에 대해서는 예외로 한다.

위험한 장해물이나 지형(배수로, 비상구, 암석 수목 등)이 제1방호선의 바로 뒤에 있는 경우에는 3단 가드레일 또는 이와 동등한 방호수단을 설치한다. 육교(over bridge)는 트랙 면 위로부터 최소 4m의 높이를 유지하며, 육교 아래 부분의 안전지대는 3m폭 이상을 유지한다. 육교의 위치가 트랙 상에서 시계의 지장을 초래하지 않도록 하며, 교량의 구조에 따라서 제동거리 이하의 거리를 두어서는 안 된다.

▲ F1이 열리는 경주장의 그랜드 스탠드 모습

Supplement

서킷의 시설

100년 이상의 레이스 이벤트가 진행되면서 서킷은 안전뿐만 아니라 시설면에서도 최첨단 과학 장비(위성 미디어센터, 디지털 컨트롤타워 등)를 갖추면서 진화하고 있다. 중국, 바레인, 터키, 2007년 F1그랑프리를 새로이 개최하는 일본 후지 스피드웨이는 리뉴얼 공사(Renewal)를 통해 고품격 서킷으로 거듭나고 있는데 2010년 우리나라 전남의 F1서킷은 어떤 모습으로 탄생 할지 초미의 관심사다.

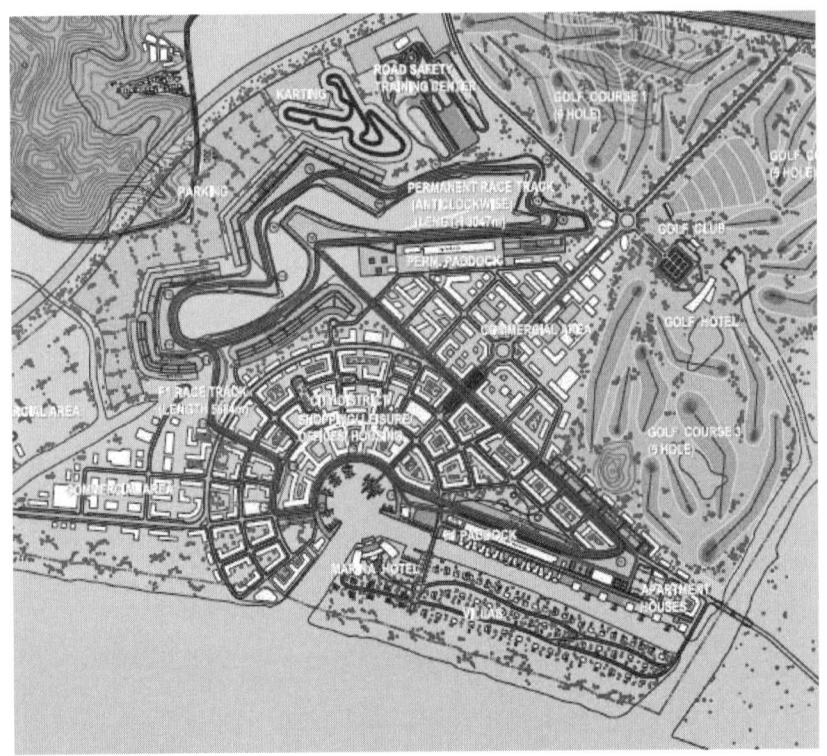

▲ 전남 F1 서킷 조감도

피트 (Pits)

피트는 차량을 보관하거나 레이스 도중에는 연료보급, 타이어 교체, 경정비 등을 행하는 곳으로 팀웍(team work)이 레이스의 승패에 미치는 영향도 적지 않기 때문에 레이스의 볼거리 중 빠질 수 없는 중요한 장소다. 여기서는 F1 그랑프리의 피트와 F1 이외 기타 레이스 이벤트 피트를 알아보도록 한다.

● 위 치

피트와 피트 에어리어(pit area)는 원칙적으로 직선부 또는 충분한 시계를 확보한 대반경곡선(大半徑曲線)의 안쪽 부분에 출입구 레인과 트랙과의 교차지점에서 주행하는 차량이 방해받지 않도록 위치를 선정해야 한다.

● F1 그랑프리 대회 이외의 경기용 피트

각 피트의 최소 길이는 4m로 하고 피트 수는 해당 레이스에 참가하는 차량 수 이상으로 설치한다. 필요에 따라 피트를 F1용으로 전용하기 위해서는 평균길이 5m 이상으로 유지하는 것이 바람직하다. 이는 피트스톱(pit stop : 타이어 교체, 연료 보급)을 동반하는 레이스에 대해서는 피트 전면에 각 차량 당 5m를 확보하지 않으면 안 되기 때문이기도 하다.

피트 길이의 총 합계는 230m 이하로 하며, 이것은 5m 피트 46대분에 해당한다.

피트의 최소 너비는 3.5m로 하고 각 피트는 2.5m 폭 이상의 정면도어 또는 전면 개구부(開口部), 배면(背面)도어(door)가 있어야 한다. 피트 배면의 공간은 10m 후방으로 늘이고, 피트에는 안전을 위해서 피트레인과 피트요원 사이에 방호 구조물을 설치한다.

● F1 그랑프리대회 피트 : 기존시설과 병행된 단일의 독립구성 피트

3대 팀(레이스 차량 2대 / 테스트 차량 1대)의 피트 규격은 아래 표와 같다.

피트 길이	피트 너비(폭)
15m	8m
12m	10m
면적 : 120m²	

2대 팀(레이스 차량 1대 / 테스트 차량 1대)은 전면 길이를 30% 감소하여 사용한다. 피트 배면은 후방으로 10m 이상 연장되어야 하며 각 피트에는 전후면으로 폭 2.5m 이상의 도어를 설치한다. 피트의 총연장 길이는 184m 이상 230m 이하로 한다.

피트 레인 (pit lane)

레이스 중 연료 주입이나 타이어 교체 등의 작업을 수행하기 위해서 코스에서 피트로 진입하거나, 코스로의 복귀를 하는 목적의 도로인 피트로드(pit road)와 연료 주입이나 타이어 교체 등의 작업(피트 웍 : pit work)을 수행하는 공간을 피트 레인이라고 한다.

- **피트 레인** (pit lane)

피트 전방의 피트 레인의 폭은 최소 10m 이상이며, 피트 레인에는 적어도 작업 지역에 대해서는 포장부분(콘크리트 포장 등)을 두어야 한다. 포장 부분의 경사도는 배수 문제와 피트작업에 지장이 없는 최소한의 기울기(1% 이하)로 설치하는 것이 바람직하다. 이 지역은 매우 엄격하게 출입을 통제 할 수 있는 관리 방안도 필요로 한다.

- **피트 사인대** (pit-sign area)

피트 사인을 표시하기 위한 지역은 피트레인과 트랙의 안전지대 사이에 설치하며, 안전지대의 폭은 피트 에어리어를 따라 평행한 방향으로 2m까지 줄일 수 있다. 피트 사인대의 폭은 1.2m 이상으로 하고 지표면으로부터 35cm 이상의 높이가 되지 않을 경우에는 피트레인 방향으로 35cm의 방호책(콘크리트, 가드레일)을 설치하여 차량으로부터 보호되도록 한다.

방호책의 길이는 제1피트 및 최종피트 보다 각각 25m 이상 연장되어 설치하도록 하며, 이는 모든 서킷에 공통적으로 적용되는 일반적인 사항이다.

피트 사인대의 벽에는 어떠한 물건이나 도구를 두어서는 안 되며, 이 지역의 출입은 기본적인 경기 진행 요원과 경기 출전 차량 1대당 3인(F1대회 5인)까지로 제한되어 있다.

사인대의 출구 끝 부분에는 트랙 위의 차량 및 피트를 나오는 차량에서 확인할 수 있는 황색 점멸등을 설치하도록 되어 있는데, 트랙 위의 차량과 피트를 벗어나는 차량에 추돌의 위험을 경고하고자 할 때 경기 진행 요원에 의해서 조작되도록 한다.

기타 시설물

서킷에서 각종 경기를 치루기 위해서는 반드시 갖추어야 할 시설물이 있다. 해당 서킷의 규모와 특성에 맞게 설치되지만, 국제 규정에서는 안전에 관련되는 구조적인 기준을 정할 뿐 형태에 대한 규정은 경기 운영에 지장이 없는 한 특별한 제약을 두지는 않는다.

● 파킹 및 검차장

패독(paddock) 내에 위치하고 경기용 차량이 사용할 수 있는 서비스 도로를 포함해서 포장되어야 하며, 관중으로부터 독립적으로 보호되도록 한다. 차량검사를 위한 지붕을 갖춘 공간에는 저울 및 서류 심사를 위한 설비가 갖추어져야 한다.

● 감시 포스트 (marshal post)

포스트 주임 및 보조원이 경기 중 트랙의 감시의무와 깃발 표시의무 등을 수행하도록 설치되는 공간이며, 가장 간단한 형식으로 트랙에 인접하여 요원 및 설비를 경기차량과 비바람으로부터 충분히 보호되도록 한다.

포스트의 수는
    a. 코스의 어떤 부분도 감시가 누락되지 않고
    b. 앞뒤 포스트 간 시각적으로 연락이 가능한 거리
    c. 포스트 간 최대 간격은 500m 이하로 설치한다.

기본적으로 신호등, 날씨상태 등 서킷의 특성을 고려하여 결정된다.

● 레이스 컨트롤 타워

레이스의 원만한 진행을 위해서 트랙위의 안전과 운행을 감시 및 지령을 수행하는 중심부의 공간이며 서킷 및 경기 진행요원들이 그 임무를 적절히 달성하기 위한 작업 시설을 구비해야 한다. 기본적으로 관제요원만 출입이 허가되는 방음 설비가 구비된 2층에 위치하며, 포스트 실은 피트레인으로 전용 출구가 있는 피트 근접한 곳에 트랙 및 피트레인 전체를 시계 확보되도록 피트건물 윤곽선에서 돌출한 곳에 위치한다.

설비 조건은
    a. 감시 포스트, 주요 긴급 포스트를 일반 서비스 망에 접속되는 구내전화
    b. 유선 전화(긴급, 시내 등)

c. 트랙 위의 경기 진행 요원과 연락 가능한 인터폰
d. 같은 설비를 갖춘 구난차량과 포스트와의 무전시스템
e. 피트와 접속되는 마이크로 폰 또는 확성기
f. 폐쇄회로 텔레비전(CCTV : Closed Circuit Television) 및 모니터, 조정장치, 녹화장치 등 경기에 사용되는 모든 통신설비 등을 기본으로 갖추는 것을 권장하고 있다.

그 밖에도 여러 시설물들은 대회가 거듭될수록 점차 첨단화되고 있으나, 안전에 관련된 문제는 매년 국제자동차연맹 안전위원회(FIA Circuits and Safety Commission)에서 채택 의결된 사항을 규정으로 정하고 있다.

◀호주 F1 경기장

서킷 건설에 관련한 체크 포인트

우리나라의 국토는 70% 정도가 산악 지형으로 형성되어 있고 70년대부터 각종 개발 사업에 의해 분지 등은 미개발 지역을 찾아보기 힘들다. 따라서 서킷 건설을 위해서 적합한 부지를 찾고자 할 때는 산림지역과 바다를 매립한 간척지역이 주요 대상지가 되었다.

산림지역을 대상지로 검토 할 경우라도 "국토이용에 관한 법률"에 의거한 각종 인허가 규제가 매우 까다로워 서킷 건설에 어려움을 안고 있는 실정이다. 간척지의 경우도 매립목적에 따라 간척지의 부지 사용용도가 결정되고, 한번 결정된 목적은 쉽게

변경이 되지 않아 마찬가지라 할 수 있겠다. 한국의 모터스포츠의 발전과 중흥을 위해서는 국제적인 서킷 건설이 반드시 필수 요소다.

입지 선정

서킷 건설 대상지 주변의 시장성, 교통 접근성, 군집성 이 3요소의 충족 여부에 따라 최적의 입지 선정을 검토하게 된다.

● 시장성

대상지 반경 50km 이내에 최소 인구 200만 명 이상이 밀집한 도시와 수요자가 확보되는 지역을 기본으로 고려한다. 우리나라의 경우는 광역도시근처가 충족요건을 갖추고 있다.

● 교통 접근성

수십만 명이 이용하는 서킷이라면 고속도로 및 국도에서 5km 이내, 주요지에서 대중교통 수단으로 20분 이내, 국제공항에서 1시간 정도의 거리 등 오고 가는데 불편함이 없는 교통망을 갖춘 지역을 선택하는 것이 바람직하다.

● 군집성

서킷에서 국제대회를 개최하기 위해서는 호텔, 종합병원 등의 배후 시설이 필요로 하지만 막대한 비용이 투입되어야 하는 부담을 안게 된다. 따라서 서킷 주변에 이 같은 인프라 시설이 구축된 관광지나 대도시 근처가 적당하나 일본의 스즈카시처럼 서킷이 들어선 후 개발이 되는 경우도 있다.

대상지 분석

입지 분석과 환경, 지형, 지질, 동선과 방위 등을 체크하는 부지의 분석은 서킷 개발 계획에 있어 매우 중요한 포인트라고 할 수 있다.

● 환경 분석

소음을 고려해서 주택지에서 최소한 1km 정도의 간격을 두며, 100m 거리에 75db(데시벨) 이하로 유지하는 것이 바람직하다. 소음 대책 방법으로는 주변 주택가의 성향 등 충분한 사전조사와, 조사를 통한 인허가 가능성 여부, 주민 지원 동의서 취득의 가능성 검토, 자연지형의 활용과 방음벽 설치, 방음림에 의한 소음 낮추기 등을 고려

할 수 있다.

　미관은 주변 경관 보호, 자연환경 이용 등을 고려하고 원래의 지형을 배려하여 시설물을 설치하거나 이미지에 반영한다. 또한 교통 혼잡과 우수(雨水), 오수(汚水)처리 등에 대한 고려도 충분히 분석해야 한다.

- **지형 및 지질**

　건설비용을 감안 할 때 평지와 경사지는 5% 이내의 편차와 산악지형은 10% 이내의 고저차가 이상적이지만, 이보다 편차가 더 있는 경우에는 조성 공사와 매립 부분의 침하방지 등이 감안되어야 한다. 또한 암석 지질, 연약지질(간척지 등)일 경우 침하방지의 비용이 증가하여 전체적인 서킷 공사비용이 토사 지질보다는 일반적으로 증가하게 된다.

- **동선과 방위**

　진입로의 방향은 주요 연결도로와 관련이 있으나 교통량의 흐름이 효율적이어야 하며, 서킷의 주요 시설 및 트랙은 가급적 서향을 피해야 한다. 그리고 가급적 각 시설물의 동선과 방위가 일관성 있게 배치하는 것이 바람직하다.

서킷 개념(concept) 결정

- **서킷의 의의와 특징**

　서킷은 첨단 모터스포츠와 레저가 사람들의 생활 속에 정착하는데 기여하고 사회에 미치는 파급효과와 그 역할에 대해서도 큰 의의를 가지고 있다.

　　a. 모터스포츠 레저의 근거지 제공 : 남녀노소 일반 대중에서도 특히 젊은이들을 중심으로 하는 건전하고 안전한 모터스포츠 레저를 체험하고 보급하기 위해서 서비스를 제공할 수 있는 장이 된다.

　　b. 사회 교육의 장 제공 : 모터스포츠를 통해서 일반인에게는 안전운전교육과 유소년에서 청소년에 이르기까지 건전한 사회교육과 여가 활용의 장으로서 공헌한다.

　　c. 모터스포츠 관련 산업에 대한 공헌 : 모터스포츠와 관련되는 직접산업과 관중 모으기에 따른 간접산업의 파급효과가 국가 경제 및 지역 경제 활성화에 공헌하고 있다.

　　d. 지역 이미지 향상 : 서킷의 존재로 인한 독특한 이미지, 시대를 선도하는 패셔

너블(fashionable)한 이미지로 해당 지역의 홍보에 지대한 효과가 있다.

● 개발 목적

서킷을 신규 사업으로 추진하고자 할 때에는 방향을 설정하게 되는데 그 유형을 살펴본다면 다음과 같이 5가지 정도로 분류해 볼 수 있겠다.

- a. 기존 토지의 효율적 활용형 : 농지, 산림, 간척 매립지, 공장지역 또는 그 외의 유휴지(노는 땅)를 활용하여 부가가치가 높은 개발로 이용하는 방법
- b. 모터스포츠, 레크리에이션 진흥형 : 지역 주민의 문화 수준의 향상과 청소년의 교육 등 을 위해서는 모터스포츠를 통해서 스포츠 진흥에 앞서가고 지역사회에 기여하도록 모터스포츠 및 레크리에이션의 근거지를 개발하는 방법
- c. 지역 개발 진흥형 : 신규 산업의 도입을 통한 지역 산업의 협력과 발전, 지역 주민의 생활환경 정비의 일환으로 개발하는 방법
- d. 리조트 개발형 : 주변의 좋은 자연경관을 갖은 입지환경을 바탕으로 자연의 효율적 활용 또는 관광 자원을 만들어 감으로서 장기 체류형 리조트와 복합된 스포츠 테마 지역으로 건설하고, 수익성 확대와 가족 중심의 참여를 유도하는 방법
- e. 리쿠르트형 : 회사의 복리 후생의 일환으로 젊은이들에게 인기가 있는 모터스포츠를 도입하고 이에 맞는 기업 이미지 향상과 리쿠르트(recruit) 효과를 목적으로 하는 방법

● 사업 방향성 설정

개발 목적을 근거로 하여 어떻게 사업을 전개 할 것인지 방향성을 구체적으로 설정하는 것이 바람직하다.

- a. 사업 목적은 어디에 초점을 맞출 것인가?
  레이스, 스포츠, 레저, 기타 등
- b. 이용 고객의 타깃(target)은 어디로 맞출 것인가?
  마니아(mania)층, 스포츠 참여(Do Sports !)층, 가족중심, 회원제 등
- c. 운영의 형태는 어떻게 할 것인가?
  경기 개최, 자격증(라이선스)발급, 코스임대, 안전운전교육, 카트(레저/레이싱), 기타(시승회 각종 이벤트) 등

Supplement

한국의 서킷

국내 자동차 경주에 참가하고 있는 연예인 레이서 류시원과 안재모

지금까지 우리는 서킷을 안전하게 주행하기 위해서 서킷이 가지고 있는 기본적인 특성에 대해서 살펴보았다.

여기에 언급한 내용이 정의라고 단언하기는 어렵지만, 한 가지 분명한 점은 점차 속도가 빠른 차량이 등장하면서 서킷의 구조 및 규정 등도 진화되어온 것처럼 모터스포츠와 서킷은 동반자의 성격을 가지고 있어서 그 시작이 같고 앞으로도 일치 할 것이라는 사실이다.

우리나라에는 현재 1995년 개장한 용인을 최초로, 2002년에는 태백이 서킷을 완공하여 운영 중이지만 아직까지는 이렇다 할 국제규모의 서킷이 전무한 상태다. 모터스포츠가 대중의 관심에서 외면당해 왔던 것이 사실이지만 전 세계적인 사례를 살펴보면 확실한 수요와 장래성이 전망된다.

최근 우리나라도 여러 곳에서 긍정적인 움직임이 보이고 있는데, 대표적으로 2010년 전남에 들어설 예정인 F1서킷이 그것이다.

세계 어느 나라와 견주어도 손색이 없는 웅장한 국제 서킷이 하루 빨리 건설되어, 모터스포츠가 국민의 사랑을 받는 대중적인 문화로 자리매김하기를 기대해 본다.

supplement

모터스포츠 관장 기구

국제 관장기구

FIA는 UN 경제사회이사회의 자문기관으로서 1946년 현재의 국제자동차연맹(Federation Internationale DE L'Automobile : FIA)으로 명칭이 바뀌어 세계 각국의 자동차에 관한 모든 부분을 관장하고 있다.

FIA 내에서 모터스포츠의 입법, 행정, 사법을 행하는 기구는 종래에는 '국제자동차 스포츠 연맹(FISA)'이라고 불렸으나, 1993년 말부터 FIA에 흡수되어 '국제 자동차 스포츠 위원회(Commission International Sporting)'로 바뀌었다. 118개의 회원국과 146개의 단체(2000년 기준)로 구성되어 있고, 스위스 제네바에 그 본부를 두고 있다.

FIA의 기능

a. 전 세계 모터스포츠를 비롯한 자동차 관련 국제적 업무를 총괄하는 역할수행
b. 국제모터스포츠 법령(경기, 차량, 안전 규정 등)을 제정하고, 매년 변경 조정
c. 각종 대회의 국제 기록 공인제도 수행
d. 모터스포츠 홍보, 국제대회의 승인(F1, 랠리, 투어링카 등) 및 국제이벤트 주관
e. 전 세계의 국제 서킷 공인 및 검수
f. 각국 자동차 제작사들로부터 경기용 자동차 인증(호몰로게이션) 제도 실시
g. 국제 선수 드라이버 라이선스 발급
h. 자동차 안전에 관한 일련의 업무(도로, 시설물, 자동차 안전기술 등)
l. 미래 자동차 산업기술 개발 촉진 역할 수행

Supplement

국내 관장기구

한국자동차경주협회(KARA)는 국제자동차연맹으로부터 1개국 1단체에 부여받은 ASN(Authority Sporting National)이며, 한국내의 자동차경기 및 기록 향상을 조장하고 그들을 총괄하기 위한 규정을 제정하고 실시하는 국내 유일의 단체다.

또한 실행에 있어서 생겨나는 분쟁을 해결하고 최종 심의하는 제정기관이며, 한국의 모터스포츠 대중화와 활성화에 노력하는 단체다.

KARA의 권한 및 목적사업

  a. 국내외 모터스포츠에 관한 총체적인 업무 관장
  b. ASN으로서의 모든 권한 행사
  c. FIA의 자동차 경기 규정에 의거한 국내경기 규정 및 차량규정 제정
  d. 국내, 국제 라이선스 및 의료수첩 발급
  e. 각종 국제 및 국내 자동차 경주대회 공인
  f. 차량 호몰로게이션 및 경주용 차량 용품 인증
  g. 국내 및 국제경기장 심사와 공인
  h. 자동차 경주의 주관 및 주최
  I. 국내 및 국제 경기장 건설 및 승인
  j. 모터스포츠 관련 이벤트 및 행사의 주관 및 주최

ASN(국가 자동차 스포츠 권능 단체)

FIA가 1국가 1단체에 부여하는 자격이며, 그 나라의 모터스포츠를 총괄하는 기관을 말한다. ASN의 권한은 KARA의 권한과 같다.

www.kara.or.kr.

 **저자 약력**

◆ 飯塚昭三(いいづか・しょうぞう)
　　　　　　이이즈카 쇼조

1942년 12월 동경 출생. 1965년 동경전기대학 기계공학과 졸업. 같은 해 주식회사 산해당 입사. 모터스포츠 전문지 '오토 테크닉' 창간 멤버. 취재를 통해 모터스포츠에 관계하는 한편 직접 레이스에 다수 참가하여 편집자 드라이버의 선구자가 된다. 편집장 역임 후 1987년 짐카나를 주 테마로 한 모터스포츠지 '스피드 마인드'를 창간. 마인드 출판을 거쳐 현재는 프리랜서 '라이터 편집자'로서 출판활동에 종사. 저서로 '짐카나 입문'(그랑프리 출판)이 있다.

 **역자 약력**

◆ 이 동 훈　(現) 레이싱아카데미(레이싱스쿨) 대표
　　　　　　　　 경기공업대학 자동차과 겸임교수 / 명지 자동차 튜닝 아카데미 운영자
◆ 장 순 호　(現) 카레이서
◆ 조 대 희　(現) 자동차 경주장 연구가

 **저자 약력**

◆ 飯塚昭三(いいづか・しょうぞう)
　　　　　　　　　이이즈카 쇼조

1942년 12월 동경 출생. 1965년 동경전기대학 기계공학과 졸업. 같은 해 주식회사 산해당 입사. 모터스포츠 전문지 '오토 테크닉' 창간 멤버. 취재를 통해 모터스포츠에 관계하는 한편 직접 레이스에 다수 참가하여 편집자 드라이버의 선구자가 된다. 편집장 역임 후 1987년 짐카나를 주 테마로 한 모터스포츠지 '스피드 마인드'를 창간. 마인드 출판을 거쳐 현재는 프리랜서 '라이터 편집자'로서 출판활동에 종사. 저서로 '짐카나 입문'(그랑프리 출판)이 있다.

 **역자 약력**

◆ **이 동 훈**　(現) 레이싱아카데미(레이싱스쿨) 대표
　　　　　　　　경기공업대학 자동차과 겸임교수 / 명지 자동차 튜닝 아카데미 운영자
◆ **임 성 택**　(現) 카레이서
◆ **장 순 호**　(現) 카레이서
◆ **조 대 희**　(現) 자동차 경주장 연구가
◆ **조 홍 석**　(現) 레드스톤 카트 레이싱팀 단장

나도 **카레이싱**을 할 수 있다　서킷공략법　　정가 25,000원

2008년 1월 7일 초판 발행	著　者 : 飯塚昭三
2021년 8월 10일 제2판2쇄발행	譯　編 : 이동훈, 임성택, 장순호, 　　　　조대희, 조홍석
	발 행 인 : 김길현
	발 행 처 : (주)골든벨
	등　　록 : 제 1987-000018호
	ⓒ 2008 *Golden Bell*
	I S B N : 978-89-7971-759-4

㉾ 043 16 서울특별시 용산구 원효로 245(원효로 1가 53-1)골든벨빌딩 5~6F
TEL : 영업부 (02) 713-4135／편집부 (02) 713-7452 • FAX : (02) 718-5510
E-mail : 7134135@naver.com • http : // www.gbbook.co.kr

※ 파본은 구입하신 서점에서 교환해 드립니다.

이 책은 일본의 그랑프리 출판사와 한국의 도서출판 골든벨과 한국어판 독점 출판 계약을 맺었으므로 무단전제와 무단복제를 금합니다.

❶ 원서명 : サーキット走行入門